藍學堂

學習・奇趣・輕鬆讀

O週學會跟錢好好相處，踏上財富自由、身心平衡之旅

財富喜悅

富喜悅學院創辦人 **肯恩**和**瑪麗・奧科羅福爾**——著　唐傑克——譯

Ken & Mary Okoroafor

Financial
Joy

nish Debt, Grow Your Money
d Live Joyfully in 10 Weeks

通人就做得到的「財富喜悅」法則——
一生最值得追求的財富，不是帳面上更多的金錢，而是兼顧物質與心靈的美好生活。

商業周刊
藍學堂

| 各界推薦 |

「這是一本值得細細品味的佳作,肯恩和瑪麗精心設計了閱讀方式,讓讀者享受閱讀的過程。書中規畫了 10 週的旅程,循序漸進地帶領讀者實現財富自由的目標。而且充滿喜悅與樂趣!」

——吉姆・柯林斯(J L Collins),暢銷書《簡單致富》作者

「在許多人的人生中,關於金錢和財務一直籠罩著恐懼和錯誤資訊,但情況並非如此。這正是《財富喜悅》橫空出世的原因——它是個人理財、規畫和財富自由的權威指南。本書不僅教導,還能賦予你改變規畫的能力,讓你的財務之路清晰且充滿信心。它不只單純談財富增長,而是要打造一個充滿喜悅、沒有遺憾的財富生活。對於任何打算重塑自己財務方向的人來說,本書必讀。」

——尤蘭達・布朗(YolanDa Brown OBE DL),
音樂獎得主、媒體人、英國留聲機協會主席

「我們一直缺少這種書,讀起來可以學到東西,又充滿趣味。」
——凱特・弗蘭德斯(Cait Flanders),暢銷書《不消費的一年》作者

「在這本精彩的書中,肯恩和瑪麗完美地結合鼓勵和實務,幫助任何人按部就班累積財富。閱讀本書,付諸實踐,體驗掌握財富的喜悅吧!強烈推薦!」
——彼得・馬修(Pete Matthew),Meaningful Money 創辦人

「本書是最有趣的理財書。金錢與幸福快樂有時會讓人覺得是對立的，尤其是當我們認為彼此難以並存。在《財富喜悅》中，肯恩和瑪麗告訴我們如何改變這種思維模式，不僅如此，他們還提供了將《財務喜悅》新觀念付諸實行的實用方法。」

——賽琳娜・弗拉維烏斯（Selina Flavius），《黑人女子理財書》作者

「本書對於想要認真理財並改善金錢觀念的人來說，真是一份寶貴的禮物。作者以實務和研究並重的方式，陪伴您迎接理財挑戰，逐步建立積極的理財觀。這就像一本理財界的近藤麻理惠寫的《怦然心動的人生整理魔法》，幫助自己逐步建立『財富之家』。」

——布蘭達・艾曼紐（Brenda Emmanus OBE），製作人

「如果你想學習建立財務自由的生活，無論你目前的生活狀況為何，本書將為你提供循序漸進、詳細的方法，引導你實現目標。」

——沈慧卉（Kristy Shen），《財務自由實踐版》作者

「這本精彩的理財指南書，其提供的財務方法歷久彌新。閱讀這本書就像與兩位關心你的朋友促膝長談，他們相信你並希望你在財務上取得成功。我想毫無疑問，如果你只需要一本指導你金錢之旅的書，就是這本。」

——查德・卡森（Chad Carson），《跟著卡森教練投資不動產》播客主持人

「今年如果只想讀一本書，《財富喜悅》應該是首選。肯恩和瑪麗將全程陪伴，全面檢視你的財務生活，並引領你發現埋藏在內心深處的快樂寶藏。」

——朱利安及科思坦・桑德斯（Julien and Kiersten Saunders），《Cashing Out》作者及 richandregular.com 網站創辦人

「《財富喜悅》是一本走入理想生活的指引，將財務智慧與幸福感和目標融為一體。對於任何想要改變金錢與生活的關係，更自由地實現人生目標的人來說，這本書都是完美之選。」

——鮑勃·羅帝齊（Bob Lotich, CEPF®），
財務顧問以及《財務自由21天改造計畫》作者

「本書讀起來令人愉悅，講述了兩位充滿決心、達成財富自由且快樂的人，想要分享財富、幸福以及行為改變的簡單訊息。內容讀起來令人愉快，強烈推薦給各年齡層，需要堅定而溫柔的提醒，確信財富自由是可以實現的讀者。」

——大衛·麥昆（David McQueen），QSquared執行長

「肯恩和瑪麗就像是每個人生活中所需要的理財魔法師！本書旁徵博引、鼓舞人心，並且實用有效……《財富喜悅》正是我們每個人都需要的，更快樂、更自由的財務生活！」

——安娜·威廉森（Anna Williamson），媒體人、作家、人生顧問

「這本關於金錢理財的書絕對是你讀過最重要的書之一。」

——提摩西·阿姆（Timothy Armoo），創業家、投資人及全球演講者

「這是一本簡單、詳細又有趣的路線圖，無論你的起始點為何，它都能幫助您累積財富。本書將改變你看待金錢的方式，並幫助你改變人生。」

——朱利安·莊思路（Julian Johnsrud），作家、播客、顧問

| 推薦序 |
財富自由，更要財富喜悅！

精算媽咪珊迪兔

媽媽商學院創辦人／精算媽咪的家計簿主持人

　　金錢是我們日常生活中不可或缺的一部分，無論是日常開銷、子女教育，還是退休規畫，都離不開財務管理。因此，很多人努力學習理財，追求財富自由，希望透過累積資產來換取無憂無慮的生活。

　　但是，當我們把所有目標都放在「賺更多錢」、「提早退休」、「增加投資報酬率」時，在這些過程當中是否曾問問自己：「我真的快樂嗎？」

　　作為一位媽媽，我深刻體會到，我最喜悅的時候不是看財務報表賺錢的時刻，而是我們的心是開闊、自由的。真正重要的不只是「財富自由」，更是財富喜悅。許多人一生都在為了金錢奔波，沒有思考過自己的內心需求與幸福感，導致即使賺到了財富，內心卻依然充滿焦慮與不安。這正是《財富喜悅》這本書最觸動我的地方——它不僅提供實用的財務管理策略，更帶領我們思考金錢與快樂的關係，幫助我們重新建立對財富的正確心態，進而真正活出自由、幸福的人生。

財富與快樂的關係——為何富有不代表幸福？

　　當一個人的基本生活需求得到滿足後，財富的增加並不會顯著提升幸福感。真正決定快樂的，不是財富的多寡，而是我們如何看待金錢，如何運用金錢來提升生活品質與內心的滿足感。

我提倡透過正念（Mindfulness）的方式，覺察自己對金錢的情緒、價值觀，以及它對我們內心狀態的影響。當我們能夠以一種平衡、正向的態度來看待財富，就能減少對金錢的焦慮，真正享受財務帶來的自由感與喜悅。

專注於當下，對自己的情緒、思維與行為保持有意識的觀察，而不被過去的經驗或未來的不確定性所困擾。這種心態不僅可以幫助我們減少焦慮與壓力，還能讓我們更有意識地做出財務決策，從而提升財務健康與幸福感。

過去，我也曾經對財務感到迷惘，擔心家庭的經濟壓力，害怕自己無法為孩子提供足夠的資源。但後來，我開始學習簡單而有效的理財方法，並透過正念的方式重新審視自己與金錢的關係，才發現幸福不在於擁有多少財富，而在於我們如何運用財富來創造一個充滿愛與自由的生活。

現在，我的財務管理方式變得簡單而有意識，我不再為金錢感到焦慮，而是學會了如何運用金錢來提升生活品質。例如，我更專注於投資能帶來長期價值的事物，如孩子的教育、健康的生活方式，而不是盲目追求短期的物質享受。我也學會了透過財務規畫，讓自己擁有更多選擇的自由，而不是被金錢控制。

這些轉變，讓我不僅獲得了財務上的穩定，更擁有了真正的內心平靜與快樂。而這正是《財富喜悅》這本書所傳遞的核心理念——財富自由不是終點，而是一種能讓我們活得更快樂、更自在的生活方式。

如果你曾經為了金錢感到焦慮，或者在追求財富自由的過程中迷失了生活的樂趣，那麼這本書將會帶給你全新的財富視角。透過書中的十週練習，你將學會如何與金錢建立健康的關係，如何透過正念管理財務，讓財富真正成為你人生的助力，而不是壓力的來源。

願我們都能在這趟旅程中，不只獲得財富自由，更擁抱真正的財富喜悅！

| 譯者序 |

他們做得到，我們也做得到

唐傑克

如果你的身家夠多，這輩子、下輩子、下下輩子都花不完，或是：

- 買一戶三千萬以上的房子不覺得有壓力
- 養一輛五百萬的豪車不會對財富有什麼影響

請你立刻闔上這本書，好好去享受你的人生吧！這本書只會浪費你的生命，不值得一讀。就像一張十元美鈔掉在比爾・蓋茲（或是馬斯克、貝佐斯、巴菲特、黃仁勳……）的腳邊時，他最好別去撿，因為花在撿鈔票的這一秒鐘，他都能賺更多的錢。

不過，大部分的芸芸眾生（包括我自己），無法豪擲千萬不皺一下眉頭，老覺得賺錢只是為了還錢，知道該投資卻不知道為什麼要投資，或許根本還沒想過自己退休後有沒有著落。那麼這本書還是有用的。本書的目標讀者，正是大多數辛勤努力為事業、家庭、孩子打拚的周遭你我。努力賺錢、努力還錢，偶爾買買ETF配點股息，有時換到日圓甜甜價，來一趟小確幸的旅行。

財富自由是很個人的、主觀的。你覺得「一簞食、一瓢飲、居陋巷」自有其樂；他想要「採菊東籬下，悠然見南山」欲辯忘言；有人認為「乘肥衣輕、賓從如雲」才是真生活。因為財富自由帶來的喜悅見仁見智，然而，達到財富喜悅的旅程，卻要搭配許多客觀的因素：如果每個月還要還房貸、車

貸、學貸，還有小孩永無止盡的支出，恐怕無法對每個月入帳的薪水斷捨離；銀行帳戶裡沒什麼存款，收入都在敗家血拼中成為過眼雲煙，恐怕也放不下手頭上的那份工作；害怕投資虧損，只敢放定存，要達到財富自由的可能性也不高。作者把「無債、省錢、投資、充實自己」當作全書想要傳達的核心理念，並且貫穿全書各個章節，無論最終目標是要財富自由，還是財富喜悅：

無債：趕快還債，越貴（利率越高的債就越貴）的債就要越早還。不得已有債，也要欠有生產力的債，也就是可以累積資產的債，同時盡可能降息利息支出。我們的環境一直鼓勵我們用力花錢並依賴債務，殊不知實現債務自由才是財富喜悅生活的關鍵（見第六週）。

省錢：減少支出、搬回家和父母住、自己做飯，不要開好車……。省下來的錢拿來投資、儲蓄或其他更具效益的地方，創造被動收入（見第三週）。

投資：學會評估投資的風險和報酬，為長遠的資產增值作準備。找到適合的ETF或指數基金，定時定額，不要贖回。行有餘力，可以投入房地產，創造不間斷的現金流。另外其他增加額外收入的方法，像是拍賣家中物品、把多餘的房間出租等（見第七週）。

充實自己：投資自己是最值得的，無論是進修拿學位（最好老闆出學費），或是考證照、拿認證。人力價值的提升，將來能轉化為長期資本，在主業上升職加薪，開拓更多商機及人脈，最終有助財富累積（見第八週）。對於想開創副業，或是直接創業的讀者，第八週的內容也提供了許多可用的方向。打破員工思維是最重要的心態；運用自己擅長的技能，在熟悉的領域提供服務或製造產品；加上價值階梯和銷售漏斗的行銷手法，建立人脈、廣結善緣。產生人生的第一筆被動收入都變得可能。

書中幾乎每一章節都有已經財富自由、提前退休的案例。其中，他們可能經由創業、成長、出售公司賺了人生第一桶金，從此過著財富喜悅的自由生活，擁有百萬、千萬英鎊的資產，但要說上巨富，卻也不至於。而且，他們當中大部分，即使達成了自己心目中的財富喜悅，仍然繼續在工作，憑著

興趣和熱情在工作。

　　這些例子背後意思是：他們做得到，我們也做得到。

　　本書從英國人的角度出發，引用的制度、政策、稅制都以英國為準。有些制度目前台灣並不存在，讀者參考即可。像是國家儲蓄及投資銀行（NS&I）發行的樂透債券、個人信用評分（見第五週）。有些則是法令規章的不同，像是買賣房地產的貸款限制，房地產投資的稅制（書中提到每二年買一戶，十年擁有五戶房子的案例，在台灣有炒房之虞，恐怕早就被央行和國稅局盯上）、買房出租的貸款成本和限制（貸款條件與買房自住不同）、10% 超額還款上限的房貸（見第九週）。另外，目前台灣除了勞工、職工、公務員等有相關退休金帳戶外，並沒有個人儲蓄帳戶（ISA）、個人終身帳戶（life-time ISA）、自行投資個人退休金（SIPP）的設計，這些帳戶之間各自有不同的稅賦，甚至影響到退休後的提領順序（見第四週、第九週）。據聞台灣金管會和相關公會正在研擬台版的個人儲蓄帳戶（TISA），如果成真，會是讓台灣追上與國際資產管理潮流的一大步。

　　即便如此，本書還有很多值得看的建議，像是退休金累積期間的目標設定（你要過基本、中等、還是舒適的退休生活？），退休後投資的安全提款率（Saving Withdrawal Rate, SWR）和護欄提款策略（Guardrails Withdrawal Strategy）設計（見第九週）。關於投資，無論方法手段為何，背後的邏輯不外乎是低買高賣、不追高不殺低、定期檢視再平衡（rebalance）、長期投資等等。這些放諸四海皆準的原則，在本書中轉化為各種投資需求的實用方法。還有，本書提供了多個網址連結，以下免費下載的程式（同時會自動加入其會員，請視自身需要決定）。像是退休計算器（見第九週）是個滿實用的工具，可以設定自身的條件和需求、期望的退休生活來評估自己還要多努力。筆者自己也試者算了一下……嗯，還不錯，看來可以提早幾年退休。

　　最後，以近期看到的一則新聞，作為本序的結尾：

　　故事主角現居新加坡，在 Google 工作 8 年，同時在新加坡的國立大學兼

課、經營 YouTube 頻道，創造多元的收入。

然而，2024 年 2 月他被裁員了，Google 的豐厚薪資戛然而止。然而他並不擔心沒了薪水而陷入經濟困境，現金流出問題，原因是這段期間內，已累積了 200 萬美元的資產。

在這 8 年期間，他奉行二個前提，四個原則來累積資產：

前提一：薪水存一半投資在指數型商品（ETF）

多數人認為很難拿出這麼高的比例，不過故事主角在正職之餘，還有其他副業收入，讓現金流得以維持不斷，也能拿出較高的薪水比例來投資。

前提二：每年將投資獲利及股利收益的 4% 用來花費

剩下 96% 的獲益再持續投資，著眼於長期而非短期，用錢滾錢，用時間把餅作大。

原則一：不要讓人生只充滿工作和賺錢

應該花心思在「工作—生活」間的平衡，即使公司目前對你很好，未來還是有可能把你淘汰。

原則二：主動增加收入來源

不論是本業或是副業，想要實現財富自由的關鍵，就在於不斷增加收入。包括進修的機會、正職工作調薪、拓展收入來源等。

原則三：減少生活花費

如果渴望財富自由，就必須要有規律的金錢管理。財務紀律是一種自我養成的習慣，每個月省下三千、五千、一萬都值得讚賞。跨出第一步，加上持續不斷的投資才是關鍵。

原則四：絕不拿時間換金錢

時間太寶貴，如果金錢的累積和花費的時間成正比，要好好思考改變的可能。學習用錢賺錢，讓資產自我增值，是值得人一生學習的課題。

願你我共勉之。

2024 年 11 月

目錄

各界推薦 　　　　　　　　　　　　　　　　　　　　　　　3
推薦序｜**財富自由，更要財富喜悅！** 精算媽咪珊迪兔　　7
譯者序｜**他們做得到，我們也做得到** 唐傑克　　　　　9

第 1 部｜為財富喜悅打好基礎　　　　　　　　　　　21
第 1 週　規畫你的財富喜悅生活　　　　　　　　　22
財富喜悅是什麼　　　　　　　　　　　　　　　　24
為什麼實現財富喜悅對個人幸福很重要　　　　　　24
財富喜悅生活是什麼樣子？　　　　　　　　　　　27
財務壓力所在以及如何緩解　　　　　　　　　　　30
克服財務壓力和焦慮的十個可行步驟　　　　　　　30
第 2 週　和金錢產生正向循環　　　　　　　　　　36
肯恩的金錢故事　　　　　　　　　　　　　　　　36
基於恐懼的金錢關係　　　　　　　　　　　　　　37
你的理財故事　　　　　　　　　　　　　　　　　38
瑪麗的金錢故事　　　　　　　　　　　　　　　　39
你的金錢角色　　　　　　　　　　　　　　　　　40
你最認同哪一個金錢角色？　　　　　　　　　　　45
培養健康的金錢心態　　　　　　　　　　　　　　46
稀缺心態與豐富心態　　　　　　　　　　　　　　49
金錢阻礙你改善與金錢的關係　　　　　　　　　　52
如何治癒金錢創傷　　　　　　　　　　　　　　　53

		與金錢有愛的關係是什麼樣子？	58
		信仰是理財過程中的一種貨幣	60
第 3 週	**克服行為偏差：實現財富喜悅的關鍵**		64
		改善財務行為	65
		常見的財務偏差	69
		社交媒體如何影響行為並讓你掏腰包	72
		告訴我你的習慣	73
第 4 週	**從小錢開始：從小事起步到財富自由**		78
		寫下你的願景，讓它更清晰	78
		POST 框架	81
		你的金錢自拍照	82
		金錢之旅	84
		將更大的目標拆解為可管理的步驟	90
		慶祝達標	92
		創立追蹤系統	93

第 2 部	**建立財富喜悅模式**		97
第 5 週	**掌握日常的財務狀況**		98
		了解盡責管理	99
		制定充滿喜悅的支出計畫	100
		保持正軌，並根據需要調整計畫的策略	105
		削減成本和減少不必要開支的技巧	110

	存多少緊急預備金以及放在哪裡	111
	加快緊急預備金成長的策略	113
	讓信用分數達到滿分	115
	買車為什麼會讓你變窮	117
	租房與買房	121
	撫養孩子的實際成本	126
	夫妻理財	131
第 6 週	**減債策略：好好消除債務**	**136**
	我們的債務有多大？	137
	債務和財富有關嗎？	139
	負債的 22 個真實原因	140
	如何處理債務的負面情緒	143
	實現無債一身輕：The Debtonator® 方法	144
	我們如何在七年內還清房貸	155
	你應該提前還清房貸還是投資股票？	158
	千金難買早知道	159
第 7 週	**為未來投資：通往財富自由之路**	**164**
	為什麼要投資？	165
	為什麼要投資股票？	165
	股票市場實際上是如何運作的？	166
	你如何開始投資股票？	167
	什麼是投資策略？	168
	太棒了！但什麼是指數？	171

那麼，什麼是指數基金？	171
關於指數股票型基金（ETF）	173
追蹤指數如何致富	174
指數基金和 ETF 入門	178
如何建立簡單的全球投資組合	183
如何依照年齡投資	185
投資指數基金和 ETF 前要知道的事	187
如何選擇投資平台	188
應該投資多少，為什麼？	191
道德投資	192
希望我們在 20 歲時就知道投資	195
我們到底在投資什麼？	201
投資停看聽	202
第 8 週　極大化所得	**206**
如何增加收入	208
打破員工思維的心態	210
聰明地開創副業	212
選擇一個聰明的利基市場	218
聰明的商業模式	220
基於產品的商業模式	221
創建價值階梯和銷售漏斗	222
賺到第一筆被動收入	226
21 項被動收入來源	228

如何增加觀眾　　　　　　　　　　　　232
　　副業、雇主和同事　　　　　　　　　　235
　　六位數高薪收入的成功秘訣　　　　　　235

第 3 部 ｜ 通往財富自由　　　　　　　　　245

第 9 週　計畫退休後的財富喜悅　　　　　246
　　勇敢面對金錢的挑戰　　　　　　　　　247
　　退休生活多少錢才夠？　　　　　　　　248
　　迷你版退休　　　　　　　　　　　　　259
　　退休儲蓄的選項　　　　　　　　　　　260
　　提前退休與延後退休的投資順序　　　　264
　　我們如何實現財務獨立　　　　　　　　269
　　投資房地產以實現財富自由的策略　　　273
　　如何合法地減稅以提高退休儲蓄　　　　289
　　退休時提領：回報風險的順序　　　　　294
　　退休時帳戶提領的順序　　　　　　　　297
　　如何無負擔享受退休生活　　　　　　　298

第 10 週　保障財富，為下一代規畫　　　310
　　選擇正確的保險和遺產規畫策略　　　　314
　　遺囑和監護權　　　　　　　　　　　　318
　　信託　　　　　　　　　　　　　　　　320
　　遺產稅規畫　　　　　　　　　　　　　321

持久授權書	322
有效規畫財富和遺產的技巧	323
培養精通財務的下一代	324

結語	**329**
有用的資源	**330**
謝辭	**332**
作者簡介	**335**

| 第 1 部 |

為財富喜悅打好基礎

目標:消除恐懼,調整金錢觀和財務行為,
寫下你的願景,主導自己的人生,
掌握自己的財富。

| 第 1 週 |

規畫你的財富喜悅生活

財富喜悅的人生與自己息息相關，你是什麼樣的人？你的價值為何？你快樂的泉源從何而來？

一切歷歷彷彿昨日。我（肯恩）半夜醒來，困惑地環顧四周，不知身在何處，也不知道為什麼坐在地板上，身上只穿一條褲子。周遭的一切都模糊一片，我想不起來到底發生了什麼事。

回到三個小時前，凌晨 12 點 31 分，我才剛下班，身為公司財務長，我持續工作了十五個小時，加上從倫敦回到肯特（Kent）市的兩小時車程，再頂著凜冽寒風從車站走回家。微光照著街道，只有疑似狐狸的叫聲從遠方傳來。

我不禁想，這是我夢想的生活嗎？在進入職場工作數年後，我爬到這個位子。不只沒時間陪伴妻子和孩子，有時好幾天連面都見不著。當時我還不知道，接下來的情況會更糟。

回到家後我倒頭就睡，三小時後起床上廁所。後來我才知道，我在浴室摔了一跤、撞到浴缸，發出砰的一聲。這一聲驚動了瑪麗，她手足無措地試著幫我恢復意識。又過了三個小時，救護車姍姍來遲，直到在急診室等待核磁共振❶（MRI）時，我醒了。我問自己，為什麼會在這裡？

---

❶ 編按：原子核在靜態磁場中與射頻電磁波發生交互作用的物理現象，應用於醫學領域。

如果花點心力看看自己的人生，一定可以找到什麼是最重要的。但問題是，大多數人不是沒有花時間這麼做，就是沒有認真看待，大都選擇在職場中默默付出。

在急診室的那個深夜成為我人生中的轉捩點。我從口袋裡掏出手機，把鏡頭對著自己，錄下來當時的感受。我告訴自己，再也不要回到這裡，我要重新評估人生的順位。

我從此不斷問自己：人生到底要的是什麼？賺的錢要怎麼花？答案其實很簡單：我想要的財富生活，是以快樂喜悅為核心的事物和經驗。問題是，儘管工作多年加上省吃儉用，想要財務獨立的目標，最終簡化為對金錢數字的追求。金錢的目標決定了我的人生，而忽略了如何才能帶來快樂。

我的工時很長，瑪麗也身心俱疲，而且她還得照顧兩個孩子。難得有時間把孩子送上床，我倆可以好好坐下來吃頓晚餐聊聊天，卻都已經累壞了。這一切不能繼續下去，越早改變越好。在尋找更好的工作—生活間的平衡之際，我們花了一些時間重新評估人生和目標。

在那個週末我們發現，打造我們想要的財務生活，包括兩個通常不會結合在一起的領域：想要什麼和需要什麼。

我們想要的——「財富」——代表了我們的金錢目標，例如財富自由，這需要運用邏輯和數學進行理性思考。

我們所需要的——「快樂」——代表了生活中的感性層面。例如旅行和探索世界的願望，對幸福家庭生活的需要，或做我們喜歡、有目標、有成就感的工作。

將事情分為這兩個部分後，我們清楚地發現二者缺一不可。如果想要創造一種可持續的健康生活，並讓我們可以選擇在未來的人生裡充分體驗生活而不留遺憾，就需要規畫一個財富喜悅的生活。

自 2017 年以來，這種財富喜悅的生活已經超過七年了，我們會分享實現這種平衡所考慮的取捨，以及如何在十週內達標。此外，我們也會分享為什

麼在無常充斥的當下，財富喜悅比以往任何時候都更重要。

財富喜悅是什麼

想像有一種生活：財務狀況不再是壓力、焦慮或導致失眠；在這種生活中，金錢成為真正的工具，能夠追求自己的夢想，支持所愛的人，並對世界產生積極影響。這就是財富喜悅的本質。

換句話說，財富喜悅是一種心態和模式，任何賺錢或花錢的人都可以用它來規畫財富和幸福的平衡生活。這不僅是累積財富或實現財務獨立。更關乎與金錢的關係取得和諧，使財務目標與價值觀一致，深刻體驗到財富的滿足感與平靜感。

財富喜悅超越傳統的成功定義，重新界定財富的真正意義。培養一種心態，能夠充滿信心和韌性，駕馭不斷變化的金融環境。

我們選擇快樂和喜悅作為目標，因為它是一種深刻且持久的內在滿足和愉悅。這是一種發自內心、獨立於外在環境的深刻情感。即使身處充滿挑戰的時期，像是景氣衰退或生活成本上漲等，快樂也可以存在。

為什麼實現財富喜悅對個人幸福很重要

財富喜悅是個人幸福和快樂的核心，因為它對我們生活的各方面都有深遠的影響。下面是財富喜悅的幾個重要功能。

減少壓力和焦慮

財務壓力是許多人憂心焦慮的主要原因。當我們不斷擔心收支平衡、支付帳單或處理巨額債務時，精神和情緒健康就會受到損害。透過實現財富喜

悅，每個人可以減輕這種壓力，享受內心的平靜。

例如：為了減輕長時間工作帶來的壓力和焦慮，我們轉換工作，並利用本身的技能開始新的職涯。

自由與獨立

財富喜悅讓我們能夠自由且獨立，依照自己想要的方式生活。根據自己的價值觀和願望做出選擇，而不用被財務限制。如此一來，每個人都可以擁有自己的熱情、承擔風險並抓住機會，而不受財務帶來的約束。

例如：為了將財富喜悅列為優先，我們開始簡化生活方式，減少每個月的開支以消除財務壓力。不開豪華的汽車、在更便宜的地區買房子、飲食以輕食為主、改變購物習慣等等。幾年後，我們的儲蓄率從 10% 提高到 65%，後續會詳細介紹。

關係改善

金錢能大大影響人與人的關係，無論是伴侶、家人或朋友，財務壓力會使人際關係緊張並導致衝突。另一方面，擁有財富喜悅可以減少財務困窘，為建立良好關係提供穩定的基礎，促進更健康的關係。

例如：為了改善人際關係，除非絕對必要，我們不與朋友和家人談論金錢。除此之外，我們創造了一個環境，可以在沒有責備或爭論的情況下，理性討論我們的財務狀況，並更頻繁討論我們的家庭願景。

提高生活品質

財務上的快樂和穩定，能提高我們的整體生活品質，使我們舒適地滿足

基本需求、享受休閒活動，並從事給我們帶來快樂和成就感的體驗。

例如：我們熱愛旅行，便可提前 12 至 24 個月規畫活動，以獲得最優惠的價格；並透過紅利集點的回饋，把省下來的錢當成一部分的旅費。我們也為每次假期製作一本相冊，以重溫歡樂的經歷，同時期待下一個假期。

未來的安全和準備

財富喜悅也需要規畫未來，以及為意外情況做準備。意思是在緊急情況或退休後提供可靠的儲蓄和投資。透過實現財富喜悅，我們對未來充滿安全感和信心，因為我們已經有方法來保護自己和所愛的人。

例如：2020 年新冠疫情是嚴峻的考驗，因為我們經營的是小公司，因此沒有休息的權利。慶幸的是，我們多年來一直在儲蓄和投資，擁有這種財務保障，有助於消除生活中的壓力和焦慮。

追求個人目標和夢想

財富喜悅使我們得以不受財務限制，追求個人目標和夢想。無論是創業、環遊世界、持續深造或熱中公益，財務上的穩定使我們能夠把願望付諸於實際行動，保持使命感和成就感。實現財務穩定，讓財務狀況與價值觀、願望保持一致，體驗到快樂、滿足和幸福。

例如：我們一直夢想自己當老闆，做有目標的工作，享受成就感。如果沒有多年前選擇財富喜悅的生活，我們就無法選擇放棄工作，追逐自己的熱情，經營「普通人的小錢」網站和「財富喜悅學院」，幫助他人解決財務問題。此外，我們現在也能夠持續熱愛的公益事業和計畫，包括烏干達❷ 的困苦兒童。

---

❷ 編按：位於東非的內陸國家。

財富喜悅生活是什麼樣子?

我想該是採取實際行動並規畫財富喜悅生活的時候了。以下是一個實際的例子,也就是我們今天的財富喜悅生活的樣子。提醒一下,這是個人經驗,會隨著時間經過而改變。與十年前相比,情況也大不相同。你擁有的財富喜悅生活也會是獨一無二的。

財富面	喜悅面
1. 保持低成本生活、減少浪費,搬到小一點的房子來保持財務獨立。 2. 投資自己的退休金並將個人儲蓄帳戶(ISA)投資至上限❸。100% 投資於全球多元化、具有道德傾向的股票。 3. 用 5% 的收入來探索新的機會,將從中獲得的收益給予父母或其他家庭成員。 4. 每個月與孩子共同投資他們的初級個人儲蓄帳戶(ISA)和青少年自助投資個人退休金(junior SIPP)❹。 5. 捐出我們收入的 10% 以上,並且每年增加。 6. 按時支付帳單和稅款,對我們每一次使用金錢心存感激。	1. 有宗教信仰、天天祈禱、每天閱讀;每天去健身房運動(目標是一萬步),每天吃得好(主要是植物性食物和喝大量的水)。 2. 每天花一些時間與孩子一起在花園裡,享受他們的成長歲月。一邊聽音樂一邊打乒乓球、踢足球和玩紙牌遊戲。 3. 確保家庭收入的 20% 用於與孩子一起前往夢想世界的目的地(例如歐洲和非洲),探索當地文化和歷史。目標是每年在預算範圍內旅行二到五次。 4. 繼續從事喜歡的工作,讓我們感到充實,豐富自己和他人的靈魂,每週工作四天,每天工作六小時。

---

❸ 譯註:2023 至 24 年度,每年可存入 ISA 的金額上限為兩萬英鎊。
❹ 譯註:Junior SIPP(Self-Invested Personal Pension)是英國為 18 歲以下青少年設立的自行儲蓄的退休金帳戶,每年額度 3,600 英鎊,只要存 2,880 英鎊,政府補貼 720 英鎊,相當於有 20% 的稅務優惠來累積退休儲蓄。

財富面	喜悅面
7. 無論如何,不要為金錢而擔心或有壓力,憂慮會造成更大的傷害,最好專注於眼前的生活。	5. 每個月發自內心地捐贈金錢、時間和技能(例如,做無償工作,在當地的教會、社區或學校做義工服務)。 6. 全年安排三個月的時間完全休息,深入地探索愛好。花更多時間陪伴孩子,並為婚姻增添情趣,包括每週五休息日的約會之夜。 7. 每年幫助其他有經濟困難的人,從財富喜悅學院提供十份全額獎學金。

　　為了協助讀者更加了解,這裡有一些需要思考和回答的問題。透過面對自己、深思熟慮回答,可以更深入了解自己的財務期望、價值觀和人生的先後順序,這會引導規畫符合自身需求和目標的財富喜悅生活。在接下來的十週內,我們會更詳細深入探討這些不同的元素。現在,請將答案寫在以下提供的空白處:

1. 你的財富喜悅生活會是什麼樣的?如何用自己的話來描述?
確保生活所需的財富和喜悅能夠彼此平衡。

財富面	喜悅面

2. 你的財務價值觀先後順序是什麼？
   當涉及金錢和財務狀況時，什麼對你來說最重要？

3. 你想要過什麼樣的生活？
   金錢在實現這樣的生活上發揮多大作用？

4. 在理財方面，你的優勢和劣勢是什麼？
   有哪些需要改進的地方？

優勢	劣勢

　　你已經完成了自己的財富喜悅生活的樣貌，接下來我們談談財務壓力，以及為什麼在不確定時期下，優先考慮財富喜悅生活的重要性。

財務壓力所在以及如何緩解

財務壓力指的是,由於財務困難或挑戰而產生的情緒壓力和焦慮。它可能是由最近的重大事件引起的,例如新冠疫情、近期通膨帶來生活成本高漲,或是由於個人事件引起的,像是裁員或離婚。這種壓力會導致焦慮、憂鬱和心理上的障礙,延伸出睡眠問題、人際關係緊張、生活品質下降,甚至對身體健康產生影響。

需要注意的是,每個人面對財務壓力的方式可能因人而異,可能會根據周遭的支持和其他因素做出不同反應,然而很明顯的是,財務壓力會對心理健康造成重大影響。

為了減緩壓力帶來的挑戰,我們需要權衡生活方式,像是有效控制預算、計畫儲蓄和長期財務規畫。此外,還需要增加收入來源、減少開支和適應不斷變化的金融環境。這些方法似乎難以理解且抽象,但親身經歷過後,我們知道即使面臨財務困難,仍然可以採取積極主動的方法,規畫財富喜悅的生活。

克服財務壓力和焦慮的十個可行步驟

你可以採取以下的步驟來克服財務壓力和焦慮。

步驟 1:了解財務狀況

仔細盤點自己的財務狀況,就像去牙科檢查一樣。明知道不會很舒服,

---

❸ 編按:通貨膨脹,指整體價格或物價水準持續上漲的經濟現象。當整體物價水準上漲,人們的購買力就會減少。相反的是通貨緊縮。

卻是保持健康的必要步驟。了解財務狀況的方法包括檢視收入、支出、債務和資產。實際上它也會讓我們知道下一步該做什麼，例如哪些債務是最緊急的，或哪些開銷是可以放棄的。我們將在第五週和第六週詳細介紹。

步驟 2：與適當的人討論財務焦慮

與財務顧問、信賴的朋友或家人討論財務上的焦慮。他們能夠提供寶貴的意見、必要的支持和建議，就算只是當個聽眾，也能讓你思考自己的想法和感受。最近，我們與一個對自己的財務未來非常焦慮的人共進早餐。在談完她的財務和投資狀況後 45 分鐘內，她感到平靜許多。我們利用計算機試算，對她的投資回報做出了合理的假設，說明她以後不會有事，這讓她安心了不少。

步驟 3：制定一個可以放心的支出計畫（又稱預算）

透過第一步了解財務狀況，接著就要制定一個可以放心的支出計畫，確定可以削減開支、賺錢同時花錢，或尋找增加收入的機會。這部分我們將在第五週詳細介紹。

步驟 4：設定財務目標

設定財務目標可以幫助我們保持動力和專注。如果身上背著 5,000 英鎊（約合台幣 20 萬）的信用卡債務，可以設定在未來十個月內還清這筆債務的目標。像是每月還 500 英鎊（約合台幣 2 萬元）。這創造了朝目標前進的動力，我們將在第四週詳細介紹。

步驟 5：建立緊急預備金

擁有緊急預備金可以讓人更有安全感，減少對意外開支的焦慮。一開始預留 1,000 英鎊（約合台幣 4 萬元）就夠。我們將在第五週介紹如何更快地存到緊急預備金，以及存放的位置。

步驟 6：查看帳單和訂閱支出

詳細列出帳單和訂閱的支出，看看是否有可以取消或減少的部分，如此便可多保留現金並減輕財務壓力。不過，留下的應是那些可以提高你的知識與幸福，或幫助你累積財富的項目。

步驟 7：要求費率協商和折扣

你可以比較電話、網路或保險等帳單，要求更優惠的費率。不要怕要求折扣，貨比三家獲得更優惠的價格並不丟臉。我們最近打電話給汽車保險公司和商業保險公司，協商並獲得優惠。這些協商是基於會員酬賓方案和市場研究，讓廠商知道我們可以在哪裡買到更便宜的東西。

步驟 8：考慮債務合併

債務合併就像第一次約會——你很緊張，不知道會發生什麼事，只是希望有個幸福的結局。但與第一次約會不同的是，透過債務合併，你可以選擇最適合的貸款方案——利率更低、條件更好、更易於管理的貸款。如果有多項債務，將它們合併為一筆貸款可以更容易管理並減輕還款壓力。但是，請確保在合併之前了解所有條款和費用。我們將在第六週討論永久消除債務的

方法。

步驟 9：制定自我調適的計畫

維持個人的身心健康，可以讓人感覺更有彈性，更有能力去應對財務壓力。像是騰出時間運動、放鬆和參加喜歡的活動都可以。

步驟 10：不斷進修

透過本書，你已經做到這一點。繼續下去就對了。另外，還有很多很棒的線上資源，例如我們的部落格和 YouTube 頻道等。學習最重要的目的是執行，這本書非常實用。因此，請留意每週結束時的行動步驟。

總而言之，在接下來的十週裡，你採取的每個行動步驟，都將優先考慮生活中的財富喜悅，將快樂置於財富的中心。

--- **第 1 週：課程和行動方案** ---

第 1 週的三節課

- 財富喜悅是一種追求財富和幸福的心態，無論目前處於這趟金錢之旅的哪個階段，都可以擁有這種心態。你想要為自己創造的，是個可以解決問題的生活形態，即使你現在沒錢。
- 精心設計的財富喜悅生活是一種結合價值觀、金錢目標和生活目的，並優先考慮帶來快樂和改善幸福感的體驗。
- 在不確定的時期擁抱財富喜悅非常重要，它會協助消除財務壓力、憂慮和焦躁，同時提供適應、成長和保持彈性的工具。

第 1 週的三個具體行動

- **具體行動 1**：設計屬於你的財富喜悅生活。
- **具體行動 2**：你的財富喜悅狀態如何？請參閱以下的練習並自我評分。十週後，當你採取行動時，請再重複練習。

  你可以到 www.thehumblepenny.com/financialjoystate 下載免費的動態 Excel 檔，該檔案會自動累積總分。請記錄下你對此練習的反應，並在 IG 上與我們分享你的總分。私訊我們 @thehumblepenny 或透過電子郵件 Book@thehumblepenny.com，如有任何問題，也歡迎隨時聯繫。❻

- **具體行動 3**：根據你在財富喜悅狀態練習中給自己打的 1、2 或 3 分，在為期十週的計畫裡設定一個具體目標。

你的財富喜悅狀態						
註：根據本表下方的註解，請在每一行的敘述中自我評分，然後加總。						
# 了解現在的自己	1	2	3	4	5	總分
1. 我知道並且記錄每個月的收入和支出						
2. 我至少把月所得的 10% 至 20% 拿去儲蓄或投資						
3. 我知道並且記錄個人淨資產❼價值						
4. 我知道自己背負多少債務，而且已經有了償債計畫						
面對風暴	1	2	3	4	5	總分
5. 我擁有緊急預備金，可支應三至六個月的開支						
6. 我享有政府醫療照護，以及個人醫療保險						
7. 我有投保壽險，可支應房貸和生活成本						

---

❻ 編按：繁體中文版可以到 https://ibwec.bwnet.com.tw/images/FinancialJoy_BusinessWeekly.zip 下載。

❼ 編按：個人實際擁有的資產權益，即所有者權益，所有者權益＝資產－負債。

8. 我做過遺產規畫，並且寫好遺囑						
未來的夢想	1	2	3	4	5	總分
9. 我對未來有清楚的目標						
10. 我已著手進行創造其他收入來源的計畫						
11. 我對於自我成長和提升有明確的規畫						
12. 我已有財務獨立和退休的計畫						

為他人著想	1	2	3	4	5	總分
13. 我承諾向至少一個慈善機構或事業捐款						
14. 我積極自願貢獻時間來幫助他人						
15. 我是社區的一分子，彼此互助						
16. 我會考慮身後留下什麼樣的身影						

工作、生活和喜悅間的平衡	1	2	3	4	5	總分
17. 我認為工作是有目的的，而且生命中有比金錢更重要的事物						
18. 我和伴侶的目標一致，並且一同規畫生活						
19. 我教導孩子所有關於財富管理的知識						
20. 我每年花費所得的 5% 至 20% 去玩，享受生活						

感到財富喜悅了嗎？	
	總分 100

描述：
1 = 我完全沒有做
2 = 我做得很少
3 = 我有做過，但離做到還很遠
4 = 我自認有做，但還有些改善空間
5 = 我自認完全做到，而且做得很好
註：如果你還單身，或是沒有小孩，請在第 18 和 19 題評為 5 分。

| 第 2 週 |

和金錢產生正向循環

揚棄感到匱乏的心態,以豐富和積極的態度,加上健康的用錢習慣,就能創造財富喜悅的生活。

肯恩的金錢故事

你有沒有想過你是如何與金錢產生連結的?你們的關係是從什麼時候開始的?對我們來說,真正的起源很難追溯,並且過程充滿動盪。小時候,我住在奈及利亞東南部一個叫奧古塔(Oguta)的小鎮,後來搬到超大城市拉各斯(Lagos)裡的巴達格(Badagry)。14 歲那年,為了尋求更好的生活,全家人搬到英國。奧古塔是個小地方,沒有電視、沒有網路、沒有廣告,也沒有信用卡──事實上,那裡沒有現代生活中常見的樣貌。我活在自己的世界裡,金錢生活在它的世界裡,兩個世界沒有交集。

我的世界簡單、溫暖,到處都是芒果、椰子和刺果番荔枝樹(soursop trees)❶。我和其他孩子在外面的沙灘上玩耍,或者跳進河中戲水,我的祖父母在那裡捕魚,午餐通常是搗碎的山藥和新鮮的魚湯。

---

❶ 譯註:一種熱帶水果,屬番荔枝科番荔枝屬。分類上與台灣所產的釋迦相近。

我和金錢之間的最早交集，是大約 5 歲在幼稚園時，我走近學校，校門口有個手裡拿著托盤的小販，我跟他要了些 kpo-ko-ro-rom，那是一種車前草脆片，上面放著燉菜，這個名稱是以吃它時發出的聲音來命名。小販伸手要錢，一位老師給了我錢，我把錢拿給他。

那是我第一次見到錢。到了 9 歲左右，我們從奧古塔（人口不到兩萬）搬到了拉各斯，一個擁有二千多萬人口的繁華城市。在那裡我不會和朋友赤腳在街上踢足球，反而看著當地的商店裡賣著來自英國的瑪氏（Mars）和士力架（Snickers）巧克力棒。這些我從未擁有又迫切想要的東西，開始改變我與金錢的關係。我非常想要錢，這樣我才能品嘗到美好的生活。錢成了我需要的東西，可以買到別人擁有的東西。

14 歲，我們搬到英國，很明顯，整個國家在一個完整的貨幣體系上運作，你需要錢來生存。無論是用美元、英鎊、歐元、日圓、盧比、人民幣還是奈拉（naira）❷計算，金錢都是當代社會的基本需求，並且是我們生活中的動力。將金錢視為生存的必要條件，是我與金錢間恐懼關係的開始。

基於恐懼的金錢關係

作為沒有錢的移民，很明顯地我們在一個富裕的國家，但過得很窮。在奈及利亞，貧困並不明顯，因為周遭每個人都差不多。例如，沒有人穿足球鞋，唯一一次吃雞肉是在耶誕節。但在英國，你的郵遞區號是表明你多有錢或多窮的第一個象徵。然後是你父母做什麼工作，再來是你是否擁有自己的房子。

我的父母犧牲了他們所擁有的一切，把全家帶到英國，相信這裡的一切都會更好，但他們最初能找到的最好工作是清潔工或在超市工作。我當時夢

---

❷ 譯註：奈及利亞貨幣單位。

想成為一名「專業人士」，多年後，我的確成為了一名特許會計師❸，並開始賺取真金白銀。我與金錢的關係轉變為自己想要用錢買到最好的東西。

我開始買其他人想要或擁有的東西，只是為了表明「我做到了」。我希望人們（尤其是女孩）看到我正在取得成功。生活就是要適應我周圍的環境，跟上朋友和購買名牌衣服、昂貴珠寶與跑車的社會壓力。我把個人的價值建立在我擁有的東西上，可是一旦擁有這些東西後，我反而變得更不滿意，因為我會看到別人擁有更好或更新的東西。

說實話，當金錢進入我的生活時，它也消失得很快。我賺的錢大部分都花掉了，銀行帳戶裡少得可憐。我擔心如果這樣的生活方式繼續下去，很快就會沒錢了。我當然害怕錢不夠，但是，真正的恐懼是害怕再次變窮。

我並不孤單。相信大部分的人都生怕錢不夠用，盡可能累積金錢成為我們的主要生存目標。我見過千萬富翁仍然癡迷於追逐金錢，因為他們永遠害怕錢不夠，以至於他們與金錢的關係已經轉移到被金錢控制的地步。

在當今的比較文化中，知足和內在的富足是稀缺的美德。然而，改變對金錢的觀念，以及我對稀缺性和富足的看法，使我的生活從求生存的十年變成了豐富的十年，並最終實現了財務獨立。

你的理財故事

你的個人理財故事是什麼？你在哪裡遇見錢？到目前為止，是什麼經歷或恐懼改變了你與金錢的關係？

在開始追求個人發展和財務獨立之旅後，我們了解到金錢觀和對金錢的態度，是從父母那裡繼承且根深柢固的「金錢藍圖」的一部分。

---

❸ 編按：特許公認會計師公會（The Association of Chartered Certified Accountants, ACCA）為英國的國際級專業會計師機構。

如果你的父母是強迫性消費者,那麼你也有可能對消費有特別傾向。如果你的父母是儲蓄者或投資者,那麼你更有可能對儲蓄和投資產生偏好。

　　我們在二十多歲時審視父母的行為,發現我們在看待金錢方面有很多共同點。它深深根於生存,源於匱乏。有些東西是我們想要保留的,比如他們的職業道德、進取心和對我們的愛,也有一些是我們不想要的,例如當收到「最後催繳通知信」時爭論為何沒繳錢。

　　與父母深談的結果,更加了解我們的金錢故事,並理解到這不僅與父母有關,還與祖父母有關。他們告訴我們,在1960年代後期,他們如何在奈及利亞內戰中倖存下來,那場內戰奪去50萬至300萬人生命,以及他們如何透過買賣地瓜和其他農產品來養活自己。這些經歷塑造了祖父母的行為和生活模式,以及他們與金錢的關係。因此,他們的金錢故事塑造了父母的故事,而父母又塑造了我們的。

　　所以,要真正了解你與金錢的關係,你應該與父母或是撫養你的人、祖父母或認識他們的人交談,更全面地了解你的金錢故事。好消息是,你可以把從父母那裡繼承的金錢藍圖看作是1.0版本,進而升級這個金錢藍圖,改寫你的金錢故事,改變你與金錢的關係。

瑪麗的金錢故事

　　我對最早與金錢打交道的經歷記憶猶新。9歲那年,我每天有30便士(以當時匯率計算為0.38美元)的零用錢,並且在上學途中花掉。我會從當地的售報亭買兩包太空突襲者(Space Raiders)零食,一包牛肉味,一包醃洋蔥口味。剩下的10便士我會買一分錢的糖果。這些簡單的交易讓我學會理財的價值,由於無現金交易興起,這項技能在今天的兒童中似乎不太普遍。

　　我還注意到,有些孩子每天有50便士的零用錢,這在當時的我看來是一筆不小的財富。然而,我從不抱怨或嫉妒,因為我有一種滿足感。也許這是

由於我意識到在奈及利亞的一些親戚需要經濟支援。這讓我從小就珍惜自己可以花錢的小小特權。

存錢在我們的家族傳統中根深柢固。我記得我用兩公升的汽水瓶製作了一個 DIY 存錢筒，用膠帶封住蓋子，在上面鑿一個洞當成投幣孔。每天看著瓶子逐漸填滿，一旦填滿，我會急著數硬幣，然後將它們存入我的儲蓄帳戶。任何零錢都會進入存錢罐，我和兄弟姊妹幾乎都有這種儲蓄儀式。

12 歲那年，我有了第一份工作。為了我大哥的電腦生意，我在哈克尼（Hackney）的一家印刷店訂購一批傳單，賺了 3 英鎊。我立即將這筆錢存入我的 DIY 存錢筒。年紀這麼小就開始賺錢，讓我學到寶貴的經驗，我意識到有些工作的薪水比較高，而某些工作的滿意度更高。

我記得 15 歲左右與朋友的一次對話。我告訴她，我打算辭去當地一家商店的零售工作。因為我算了一下，在那兒我甚至沒有賺到最低工資，當時最低工資約為每小時 3.2 英鎊，而且是週六的工作。在計算出我透過製作和銷售 CD 可以賺更多的錢後，我決定專注於此。這是一個基於財務考慮和個人成就感的決定。

從小到大，我們的飯菜幾乎都是家人自己做的奈及利亞食物，準備量很大，導致大冰櫃裡滿是剩菜剩飯。每當我問能不能吃到麥當勞或肯德基這樣的速食時，父母的回答總是：「家裡有米飯」。這句話，我相信許多來自某些種族背景的人都能感同身受。後來我了解少吃垃圾食物對省錢和健康大有益處。現在，作為父母，我感謝父母透過採用這種方法存了不少錢。

當你反思自己的金錢故事時，讓我們看看不同的金錢角色，讓你更容易了解你與金錢的關係。

你的金錢角色

金錢角色是根據你對金錢的態度、行為和信念而分屬不同類別。這些角

色可幫助你了解如何處理資金管理、消費習慣和整體財務決策。

雖然這些角色不是嚴格的分類，但它們為分辨常見模式和趨勢提供了方向。以下是我們在研究和工作中發現的 13 個金錢角色，便於幫助大家改善與金錢的關係：

1. 乘客（passenger）

描述：在出現問題之前，都不知道他們的財務狀況。

性格特徵：乘客通常讓他們的伴侶決定家庭各方面財務，根本不參與其中。在很多情況下（儘管不完全是），乘客是女性，她們傳統上將理財視為男人的工作。這類人通常認為資金管理要麼太複雜，要麼忙於撫養孩子，或本身是企業家忙著賺錢。因此，在問題浮上檯面之前，他們通常無法有效發現家庭財務管理不善的跡象。

2. 苦幹實幹者（grinder）

描述：努力工作而不是聰明工作。

性格特徵：苦幹實幹者非常強調持續的工作、生產力和對成功的不懈追求。它通常與「努力奮鬥」（hustle）的概念有關，即個人將工作置於生活的其他方面之上，例如家庭、休閒、休息或人際關係。在苦幹實幹的文化中，有一種對長時間工作的讚美，為了職業發展或創業目標而夙夜匪懈，犧牲個人幸福。它提倡這樣一種理念：即藉由孜孜不倦的奉獻、努力工作和超越預期的意願來實現成功。然而，所有這些都可能導致倦怠、慢性壓力、忽視自我保健和緊張的人際關係等。

3. 賭徒（gambler）

描述：尋找下一支將「登上月球」的股票或加密貨幣❹。

性格特徵：賭徒在意短期滿足感而不是長期收益。他們有強烈承擔不尋常風險的傾向，並在機會或投機性投資的遊戲中尋找刺激、有時甚至上癮。當涉及到財務時，他們可能會在不考慮潛在後果下直覺行事，做出重大決定。他們通常不太會設停損點，遭受損失時可能會想要攤平損失。這可能導致陷入另一個賭博的輪迴。最後，由於賭博習性，他們通常面臨著災難性的後果，可能導致債務纏身、人際關係緊張、甚至酒毒成癮等相關問題。

4. 舒活者（soft-lifer）

描述：嘗試更慢活而不是更努力。

性格特徵：舒活者優先考慮的是舒適和悠閒的生活方式，而不是財務野心或物質財富。實現健康的工作與生活平衡，對於他們做出重大決定來說非常重要。舒活者努力創造一種生活方式，在這種生活方式中，工作不是核心焦點，他們有充足的時間去旅行、培養嗜好、親近大自然和與親人共度時光。他們重視安寧和慢節奏的生活。舒活者通常滿足於適當的收入，以支應生活的基本需求並提供舒適的生活方式。他們可能會優先考慮工作滿意度和個人成就感，而不是追求高薪職業。雖然舒活者可能不受財務野心的驅使，但他們認識到財務獨立的重要性，這是控制他們的時間和選擇的一種更好方式。

---

❹ 編按：一種使用密碼學原理來確保交易安全及控制交易單位創造的媒介。英國定義加密貨幣為金融體系中最具革命性的創新概念。

5. **夢想家（dreamer）**

    描述：雄心勃勃，被遠大的夢想和抱負所驅動。

    性格特徵：夢想家可能會冒險，充滿創業精神，積極尋找機會增加財富。因為他們有很高的抱負和明確的財務目標，往往有樂觀和積極的態度，相信自己有能力實現夢想，並且不容易因挫折或失敗而氣餒。夢想家會尋求個人和財務成長的方法，但他們需要體認到夢想與負責財務管理之間的平衡。承擔經過計算的風險和追求遠大的夢想可以產生豐厚的回報，但也可能導致損失。

6. **迴避者（avoider）**

    描述：老是「明天再說」。

    性格特徵：迴避者傾向不願處理財務問題。他們可能會逃避編預算，忽略財務規畫，並且可能在討論或面對與金錢相關的問題時感到渾身不對勁。

7. **投資者（investor）**

    描述：尋求投資報酬（ROI）❺。

    性格特徵：投資者對投資有深入的了解，並願意承擔經過計算的風險以增加財富。他們可能有長遠的眼光，並尋求機會將財務報酬最大化。

---

❺ ROI：即 Return on Investment，中文名稱為投資報酬率，為投資獲利相對投入資金的比例，是一種衡量投資效率以及獲利能力的績效指標，可以幫助投資人做出較好的決策。

8. **規畫師（planner）**

   描述：善於製作試算表並創造情境。

   性格特徵：規畫師善於分析財務，制定預算並設定具體的財務目標。他們重視資金管理的架構和控管，更願意仔細分析後再做出最後的決定。

9. **追求地位的人（status-seeker）**

   描述：想被別人看見。

   性格特徵：追求地位的人非常重視物質、財富、奢侈品和外表。他們善於利用展示財富來彰顯社會地位，並把錢花在昂貴的物品上，如私立學校或豪華假期，以塑造形象融入特定的社會群體。他們可能經常出現在高級場所，參加精英團體的尊榮活動。這類人在看到朋友購買了豪宅後，可能會覺得有必要將自己的家換大升級。

10. **節儉的儲蓄者（frugal saver）**

    描述：尋找折扣或享受付更少錢的快樂。

    性格特徵：節儉的儲蓄者致力極簡主義的生活。他們關心削減開支，避免不必要的購買，並找出創新的省錢方法。他們不是守財奴，只在必要時花錢，為自己創造財務安全，並可能迅速實現無債務人生。

11. **無憂無慮的樂觀主義者（carefree optimist）**

    描述：輕鬆過生活。

    性格特徵：無憂無慮的樂觀主義者對金錢抱持輕鬆的態度。他們優先考慮

活在當下，細細品味生活的經歷，欣賞日常生活中的小確幸和快樂，這可以提高他們的幸福感。然而，他們可能會忽視財務規畫的重要，對預算、退休儲蓄或投資策略不夠重視。從長遠來看，這可能導致財務不穩定。

12. 衝動的買家（impulsive buyer）

描述：老是說「如果我看到一筆交易，我就會得到它」。

性格特徵：衝動的買家在沒有太多思考的情況下浪費性消費，他們可能很容易受到銷售、行銷策略或即時滿足願望的影響。例如，他們較可能在深夜上網購物，衝動購買會導致不必要的堆積，長時間下來，使生活空間變得混亂。持續衝動消費可能會錯過儲蓄或投資的機會，失去產生長期財務安全增長的方式。

13. 慷慨的捐贈者（generous giver）

描述：回饋社會，對人們的生活產生正面積極的影響。

性格特徵：慷慨的捐贈者在給予和支援他人的過程中找到了快樂。他們優先考慮慈善事業、慈善工作或為親人提供財務援助。慷慨的捐贈者有時可能會讓善行義舉超出能力範圍，導致財務壓力，影響自己的財務穩定和滿足個人需求的能力。他們可能覺得有義務在任何情況下都予以捐助，即使這對他們可能不切實際或不可持續。

你最認同哪一個金錢角色？

你可以在不同程度上組合這些金錢角色，也可能主要認同一個角色，同

時表現出另一個角色的特徵，關鍵在於，它們不該是定義你的標籤。隨著你與金錢關係的變化，你的金錢角色會隨著時間的推移而改變。

例如，在過去，我們一直是苦幹實幹者（60%）、追求地位的人（20%）和衝動的買家（20%）。然而，隨著與金錢的關係變得更健康，今天我們認同舒活者（30%）、夢想家（20%）、慷慨的捐贈者（20%）和投資者（30%）。

了解你的財務角色可以幫助你確定自己的優勢、劣勢和需要改進的地方，以更誠實的方式管理個人財富。如果有伴侶，這也應該有助於激發彼此間有趣和誠實的對話，但不要彼此指責。問自己或對方一個很好的問題：「我需要改善哪些財務狀況，以符合我想要的金錢角色？」以下介紹培養健康的金錢心態，可以幫助你有個良好的開始。

培養健康的金錢心態

要了解如何培養健康的金錢心態，有助於更清楚明白「心態」的實際含義。

心態：指某人的態度或信念。

金錢心態：指對金錢的獨特信念、態度和想法。

金錢心態包括你對財富、富足、稀缺與成功根深柢固的看法和價值觀。金錢心態可以是積極的、消極的或兩者兼備。它會影響你對金錢的看法和感受，進而影響財務行為和結果。健康的金錢心態包括對金錢有積極的信念和態度，擁抱富足，培養成長和機會的心態。

你的「金錢心態」和「與金錢的關係」如何產生連結？

你與金錢的關係受到自己的金錢觀影響，但同時也受到外部因素的影響，如教養、文化影響和生活經驗。你的金錢觀是你對金錢的內在觀點和信

念,而與金錢的關係代表了這些信念在財務行為的外在表現。

訪談:安娜

安娜‧威廉姆森(Anna Williamson,42歲)是居住在倫敦的英國人。她嫁給了西西里人艾力克斯(Alex),育有兩個孩子。她25年的職業生涯橫跨兒童節目、廣播、娛樂報導和新聞。如今,她是四本探討自我啟發書籍的作者,經營一個輔導關係的平台,並且是旗艦約會節目《名人約會》(Celebs Go Dating)的主持人。以下是她如何與金錢建立健康的關係。

在我20多歲時,我經歷了精神崩潰,被診斷出患有廣泛性焦慮症,部分原因是功能性關係失調、過分取悅他人和職業倦怠。透過對話療法讓我對心理健康的世界大開眼界。

我目前與金錢的關係是健康的。我喜歡金錢並尊重它,但我不認為它是生活的唯一目的。健康和家庭對我來說具有更高的價值。父母對金錢的態度很健康,他們是儲蓄者,從小到大都教導我和兄弟們不要依賴借貸,只花我們負擔得起的錢。這對我們的金錢觀產生深遠的影響。如果你買不起東西,那麼你就不會擁有它。花錢買兩年後沾滿污漬和缺腳的沙發是沒有意義的。

財富喜悅能夠為我的家人提供美妙的體驗,而不必經常擔心支付基本開銷。這是享受賺錢的過程,讓它不覺得困難。不用擔心是否能支付房貸或滿足基本需求,就是一項重大成就。

夫妻理財非常重要,因為它是夫妻關係問題的主要原因之一。我丈夫和我對金錢有著相似的態度,這是一個巨大的優勢。他傾向於在財務上更加謹慎,因為他看過依賴貸款度日的窘境。我們在一個聯名帳戶中管理我們的資金,但同時各自也有個人帳戶。我們收入

的大約 70% 進入聯名帳戶，30% 留給自己。擁有多個收入來源給我一種難以形容、擁有財富自由和職業自由的感覺。然而，這並不是一夜之間發生的。

在我精神崩潰之前的十年裡，我是一名自由業者，由電視公司隨時決定是否分派工作給我，這帶來很大的壓力。然後我想通了——我無法控制我的收入，也無法控制誰在雇用我，我在經濟上其實非常脆弱。因此，當我意識到我擁有許多技能時，我制定了一個計畫。如果有了不同的收入來源，我就不會過度依賴其中一個。因此，我接了一個輔導活動（第一個收入來源）、獲得一本書的合約（另一個來源）。此外，我繼續廣播電視生涯（另一個來源）。目前我有八個收入來源，有些處於無進度狀態，有些則讓我忙得不可開交。擁有這種信念並利用你的技能，無論你在哪個行業，關鍵是，「我怎樣才能盡我所能地利用我的技能？」

這趟旅程走來並不輕鬆。曾有幾年時間我過著入不敷出的生活，拚命省錢並接任何能做的工作來賺錢。我在麥當勞工作過，也掃過一段時間的廁所，還管理過溫布頓❻的入口網站等等。在創造我想要的生活時，我學會了不限制我的可能性，並在分享自己的工作中找到快樂。賺錢只是為了存錢並不能給我帶來快樂，但能夠帶父母去度假或養家餬口會給我帶來快樂，而且我不介意那個難看的手提包。

如果你正在為與金錢的關係而苦苦掙扎，你需要放下自我並尋求幫助。金錢是個非常個人化的話題，就像談論我們的感受一樣。它存在於階級、社會和社會科學中，但也可以是一件美妙的事情。找

---

❻ 編按：溫布頓網球公開賽，世界四大網賽之一，是網球運動中歷史最久的公開賽。

到你的金融導師並勇敢請教。

稀缺心態與豐富心態

當你早上醒來時，腦海中通常會閃過的第一個想法是什麼？如果你和大多數人一樣，是「我睡眠不足」。在未來的一週裡，你很可能會發現自己常常在說：

- 「我每天沒有足夠的時間做所有事情。」
- 「我的工作與生活不夠平衡。」
- 「我不夠瘦，也不夠健康。」
- 「我這輩子不夠快樂，也沒時間休閒。」
- 「我沒有足夠的錢來滿足基本需求和享受生活。」

這樣的例子不勝枚舉。在一週結束之前，你已經說了太多次「不夠」，以至於完全看不到已經擁有的東西。一直強調你沒有的東西，反映出藏在內心深處的空虛感不停作祟。稀缺性常常深深根植在我們的思維方式中，表現對資源稀缺的恐懼，進而驅動我們的行動、行為和視野。

史蒂芬・柯維（Stephen Covey）在《與成功有約：高效能人士的七個習慣》❼ 中寫道：「大多數人都深深地陷入了我所說的稀缺心態中。他們認為生活只有這麼多，就好像只有一個蛋糕可以分。如果其中有人要分得多一點，對其他人來說就得少分一點。」

以下是稀缺心態的一些例子：

---

❼ 譯註：《與成功有約：高效能人士的七個習慣》，史蒂芬・柯維、西恩・柯維著，天下文化出版。

- 你的朋友或同事在工作中得到了晉升，你看起來為他們感到高興，但在內心深處對你可是重重一擊。
- 你的自我價值是來自於自己擁有的事物，以及與他人比較中獲得。
- 你從不投資，喜歡看到你的錢存在銀行帳戶裡。因為你從小就沒錢，所以錢在眼前會讓你感到安全與成功。

這種根深柢固的稀缺心態從何而來？與金錢相關的稀缺心態在自然界中並不存在，也不是我們與生俱來的。貨幣是幾千年前發明的，金錢和其他資源相關的稀缺心態，是因為我們每天生活在貨幣的世界中。

錢（money）被稱為貨幣（currency）是有原因的──因為它是會流動的。世界上的貨幣數量是無限的，每天都在創造貨幣。為了重新校正思維方式，從稀缺到富足，重要的是要弄清楚稀缺心態的迷思：

迷思1：永遠不夠

這個迷思說的是，金錢這樣的資源是有限的，每個人都永遠不夠。這就像認為總共只有一個披薩，如果一個人吃了一大塊，其他人就得少吃一些。然而，在現實中，富足的心態意味著可以做出更多的披薩，我們可以找到公平的方式來分享，這樣每個人都夠吃。

迷思2：更多的財富才是富足

這個迷思是將物質財富和對金錢的追求，與富足和幸福畫上等號。當一個人擁有的越多，他的生活就越富有。這就是大多數人一直在追求物質生活，但生活品質卻一團糟的原因。我們的世界中沒有「足夠」這個概念。每年，我們都想增進自己的生活，升級或者只是為了更多而想要更多。每年我

們都一直苦幹實幹，長時間工作，用一生的能量來填滿一口永遠填不滿的井。

迷思 3：稀缺心態是與生俱來的

這個迷思假設稀缺心態是天生、不可避免的，我們天生就喜歡囤積資源，並將世界視為零和遊戲。這種心態產生了一種文化，認為種族和性別貧富差距的存在是可以接受的，或者，因為我們已經習慣種族主義的內涵，把它看作是世界的運作方式。它創造了「他們」和「我們」，所以認為一個人或群體的收益必須是另一個人或群體的損失。

然而事實是，我們可以選擇從根本上改變對金錢的看法以及與金錢的關係。雖然稀缺性會影響我們的思維，但並非固定不變。我們的信念和心態可以受到社會因素、經驗和教育的影響，透過挑戰和改變我們的思維方式，可以塑造出富足和其他無限可能。

真正的富足超越了物質財富，涵蓋了生活中的方方面面，包括人際關係、幸福感和成就感。將重點從物質累積轉移到整體的富足，可以幫助我們成就整個人生，在生活和財富喜悅之中取得平衡。

這裡有些簡單的方法，可以讓稀缺心態轉變為富足心態：

讓感恩成為核心價值觀：認知並感恩現有的當下，欣賞已經擁有的東西。不管你的日子有多糟糕，問問自己：我感激什麼？每天把它寫在筆記本上。這會讓你對生活中發生的事情保持樂觀。

從日常生活中去除負面詞彙：對自己說：我夠了，我有足夠的時間，我足夠聰明，我看到了我周圍的機會等等。

揚棄舊有的思維：你曾經說過多少次：我不能做 X，因為我沒有 Y。例如，我無法增加收入，因為我沒有其他工作技能；或者其他基於稀缺心態的想法，例如：為什麼這總是發生在我身上？

揚棄舊有思維只是要停下來問問自己，為什麼你（特別是你）一直在說類似的話。很多時候我們說某些話是因為周圍的人都這麼說，但當你也這麼做的同時，就等於為自己架起內心的藩籬，而且它很快就會成為你生活中的烏雲。

選擇富足的心態並不意味著你周圍的所有資源都會變得豐富。它只代表你正在創造另一片肥沃的土壤，在那裡你將播下好的種子，在不久的將來創造一個更健康的富足生活。

金錢阻礙你改善與金錢的關係

除了擁有稀缺心態外，還有許多金錢帶來的其他障礙，阻止你改善與金錢的關係。

消極的信念

你還能想起從父母或周圍的人那裡聽到的某些話嗎？以下是我們成長過程中遇到的例子。

「金錢是萬惡之源」這個信念仍然阻礙著全世界數百萬人，不讓他們積極尋求可持續的方式來增加收入或累積財富。根據我們的經驗，金錢不是萬惡之源，它不好也不壞，它的能量來自處理金錢的人。如果你對金錢慷慨和善良，那麼你的錢也會變得慷慨和善良。我們應該盡力避免對金錢的盲目崇拜，把重點放在金錢的管理才對。

我們遇到的消極信念是：「掙錢不容易」、「你必須努力工作才能賺錢」和「投資只適合有錢人」。消極的信念會對財務成功造成潛意識的障礙。

方法：挑戰這些信念並建構新的觀點。確認金錢是可以產生積極影響和

貢獻的工具。

害怕失敗

這個障礙會阻止你去冒險、追求機會和做出可能帶來成功和財富的財務決策，表現在外是凡事拖延和優柔寡斷。對失敗的恐懼會使人們裹足不前，導致他們在財務或對投資決策、職業選擇或如何管理資金猶豫不決。

方法：將任務和決策分拆為更小、更易於管理的步驟。專注於採取行動，而不是追求完美。設定明確的最後期限並為自己負責。

對金錢有罪惡感或不安

一個很好的例子是，為過去的財務決策錯誤感到不安，或者因為想要追求財富而有罪惡感。

方法：練習自我同情和寬恕。從過去的錯誤中汲取教訓，專注於做出更好的財務決策。改變你的觀點，將金錢視為個人成長和積極影響的工具。

如何治癒金錢創傷

我們都有過與金錢互動的不愉快經驗。像是財務上的不忠和伴侶的背叛、災難性的投資或生意失敗、長期透支和債務、複雜的家庭情況、黑人稅❽（財務上支援家庭成員的壓力）、宣洩情緒的花費、糟糕的離婚、可怕的裁

---

❽ 譯註：黑人稅（Black tax）是指經濟條件佳的人，資助家族中收入較差、生活較困難的人。這通常來自於黑人族群，因為黑人中財務狀況好的人比例上較少，因此往往被要求資助其他財務有困難的家庭成員。

員、童年稀缺的焦慮和不安感、貧窮以及親人的離世。

認知並治癒過去的財務缺陷和創傷，對於個人成長和與金錢建立更健康的關係是很重要的。治癒金錢創傷可能是一段非常個人化和轉變的過程，你可以採取以下步驟：

步驟 1：意識和反思

首先要意識到你的金錢創傷，以及它們如何影響你與金錢的關係。思考你過去的經歷、信念和關於金錢的感覺。了解金錢創傷的根本原因。

步驟 2：尋求支援

考慮向研究財務心理學的專業治療師、輔導員或財務顧問尋求支援。他們可以為你提供意見、工具和安全的空間來探索和治癒金錢創傷。

步驟 3：挑戰信念

找出你對金錢的信念並挑戰它們。用積極和自主的信念取代消極與稀缺心態，肯定、視覺化的練習和每日提醒，可以幫助你重新調整。

步驟 4：擁抱自我同情

練習同情並寬恕自己。在面對金錢創傷時，要對自己寬容一些。承認治癒需要時間和精力，在此過程中犯錯是被允許的。

步驟 5：自我教育

自學個人理財、資金管理和投資策略。建立金融知識可以增強能力並提高處理金錢的信心，減少焦慮和恐懼。閱讀這本書並遵循為期十週的計畫，將能以更好的態度面對金錢。

步驟 6：採取行動

朝著財務自主邁出一小步。制定預算，追蹤費用並設定可實現的財務目標。無論規模大小，記得獎勵自己的進步，因為它可以加強與金錢的積極聯繫。只須按照本書中每週結束時的行動步驟操作即可。

步驟 7：養成新的理財習慣

養成符合財務目標和價值觀的健康理財習慣。培養富足和感恩的心態，培養有意識的消費和儲蓄，培養更健康的金錢關係。

步驟 8：釋放情感羈絆

放下對金錢的羈絆。認識到金錢是一種工具，你的自我價值不僅取決於你的財務狀況，更在於培養充實的人際關係、經驗和個人成長。

步驟 9：建立輔助的社群

與對金錢持積極態度的人同行。加入財務或個人發展團體，可以交流想法、向他人學習並獲得鼓勵。歡迎加入我們的社群，這是由一群志同道合的

人組成，網址為 www.FinancialJoyAcademy.com。

步驟 10：持續成長和反思

治癒金錢創傷是個持續的過程。定期評估進展，反思財務歷程，解決任何新挑戰或新事件。請記住，每個人的康復之旅都是獨一無二的，它需要時間，所以要有耐心。

在這段旅程中，我們會一路支持你。

金錢能買到幸福嗎？

2010 年，諾貝爾經濟學獎得主丹尼爾‧康納曼（Daniel Kahneman）和安格斯‧迪頓（Angus Deaton）進行了一項有影響力的研究，得出的結論是，金錢只能將幸福感提高到年收入約 75,000 美元❾。然而，在 2021 年，賓州大學的馬修‧基林斯沃思（Matthew Killingsworth）發現，隨著收入超過 75,000 美元，幸福感穩步增長，沒有證據表明存在停滯期❿。

為了解決衝突，康納曼和基林斯沃思聯手研究了一個新的假設：「快樂的大多數」和「不快樂的少數」都存在。他們發現，對於大約 15% 的不快樂的少數人來說，一旦他們的年收入達到 100,000 美元，額外的錢就無法改善他們的整體幸福感⓫。

這與康納曼和迪頓 2010 年的發現一致。超過 75,000 美元的人，有 15% 的人在生活中，有心碎、喪親之痛、臨床憂鬱症等，無法透

---

❾ www.pnas.org/doi/10.1073/pnas.1011492107
❿ www.pnas.org/doi/10.1073/pnas.2016976118
⓫ www.pnas.org/doi/10.1073/pnas.2208661120

過更高的收入來緩解。換句話說，如果你富有但悲慘，更多的錢也無濟於事。與此形成鮮明對比的是，對於幸福的大多數人（各種收入類別中最幸福的 30%）來說，幸福感的增長超過了 100,000 美元，甚至至少達到 500,000 美元。而對幸福分配中的其他人來說，收入的增加與幸福感幾乎是線性增長的。

我們能從中得到什麼啟示？它絕不是說金錢可以解決我們所有的問題——正如已故的聲名狼藉先生（The Notorious B.I.G.）在他的經典之作《Mo Money, Mo Problems》❷ 中所言，「這就像我們遇到的錢越多，我們看到的問題就越多。」然而，金錢會有所助益，儘管它不是幸福的秘訣。事實上，哈佛大學一項長達八十多年研究的數據，發現讓人們終生快樂的原因，不是金錢或名聲，而是親密關係❸。

那麼在個人層面上，金錢能買到幸福嗎？我們的經驗是，金錢可以成為美好生活的工具，帶來健康，提早擺脫長期工作的壓力，你可以更專注於帶來快樂的事情，無論是家庭生活、友誼、工作、旅行、愛好還是慷慨的生活。

此外，我們的經驗是，如果金錢要在美好的生活中發揮積極作用，你需要知道「足夠」對你來說是什麼樣子，這樣你才能專注於滿足，不會陷入永遠想要更多的陷阱。

---

❷ 譯註：聲名狼藉先生（The Notorious B.I.G., 1972-1997）是美國饒舌歌手，被認為是有史以來最偉大的饒舌歌手之一。《Mo Money, Mo Problem》為其代表作之一，歌詞中提到金錢雖然能帶來舒適的生活，但也可能帶來更多煩惱和問題。例如人際關係的變化、安全問題和法律糾紛。

❸ news.harvard.edu/gazette/story/2017/04/over-nearly-80-years-harvard-study-has-been-showing-how-to-live-a-healthy-and-happy-life/

與金錢有愛的關係是什麼樣子？

結合大量研究，加上我們自己長達十五年的金錢之旅，以及曾經指導數千人的經驗，我們分析出八個跡象，顯示你與金錢有愛的關係：

1. 感恩

你珍惜所擁有的錢，並對此感恩。你不是專注於缺乏的東西，而是承認並感謝目前擁有的資源和財務穩定。我們說「Mbona」，意思是當每次我們花錢、收錢、捐錢或投資錢，都發自內心的感謝。你讓錢從生活中流出的能量與它回流的能量是一樣的。

2. 有意識的消費

你對如何花錢是經過思考後的決定。與其衝動或過度消費，不如維持財務決策與價值觀的一致性，並優先考慮能帶來快樂、成就感和長期利益的支出。例如，我們長久以來都夢想著穿越非洲。到目前為止，我們已經去過坦尚尼亞、肯亞、迦納、奈及利亞、埃及、衣索比亞、摩洛哥等地。這些旅行經歷，經過財務規畫，能夠在當下豐富我們的靈魂，帶來快樂，而不是等到我們退休之後才去。

3. 財務責任

履行負責任的資金管理，包括預算、儲蓄和明智的投資，努力量入為出，避免不必要的債務。

4. 富足的心態

相信金錢和機會是存在的，不覺得凡事都稀缺，永遠不夠。你要養成讓財務富足進入生活的心態，凡事專注於富足、成長和繁榮。實際上，保持這種富足心態的方式，是在生活中追求良善。每天、每週以祈禱開始，相信恩惠和機會會降臨到我們身上，事實也的確如此。

5. 讓金錢與目標保持一致

用金錢成為你的人生目標、熱情和目的的工具，優先考慮用在符合價值觀和長期抱負的人生體驗、個人發展、教育和投資上。以我們為例，「普通人的小錢」和「財富喜悅學院」是其中之一，幫助他人解決財務問題。回到2009 年，如果當時沒有努力將金錢與實現財富自由的目標保持一致，我們永遠無法在十年後放棄兩人的職業生涯，專注於這些充滿熱情的計畫。

6. 慷慨大方

擁抱給予和分享的力量。你會在幫助他人並利用財務資源產生正面影響中找到樂趣，為慈善事業做出貢獻，幫助所愛的人，並產生富足和繁榮的漣漪效應。目標不僅僅是奉獻而已，而是成為一個奉獻者，讓奉獻成為生活的一部分。每當你付出時，你的心都會微笑。

7. 獨立於金錢之外的自我價值

價值觀與自我價值不僅僅取決於個人財務狀況。雖然金錢可以提供安全和舒適，但你明白真正的幸福和滿足來自有意義的人際關係、個人成長和內

在幸福。

8. 健康的界限

有時健康是由金錢多寡來界定。在享受好處的同時，你不會讓它拖累生活或決定身分高低。保持平衡的觀點，優先考慮生活中的非財務方面，如人際關係、健康和個人福祉。

請記住，培養與金錢之間愛的關係是個持續的過程，需要自我反省、覺察、真誠和做出有意識的決定。當認知到充實和快樂生活等更廣泛層面時，就能夠提升財務健康的心態和行為。

信仰是理財過程中的一種貨幣

未來，在一個經濟、金融、健康、人際關係、技術影響等等充滿不確定性的世界中，我們相信，邁向未來的最佳方式是開始一場「信仰之旅」。特別是在困難時期，把一切都交在神的手中，並真誠地相信事情都會有好的結果，同時每天依然以實際行動來實現我們的目標。金錢是能量，也是精神，在本週結束時，我們想分享在財務規畫中，擁有信仰作為理財過程中的一種貨幣，對我們來說是多麼重要。

對我們來說，信仰被定義為：「所盼望之事的實底，是未見之事的確據」[14]。然而，這與宗教信仰無關，而是關於如何在可控或不可控的情況下進行這趟信仰之旅，以及你如何信任這個過程。我們無法看到、理解或預測一切。

---

[14] Hebrews 11:1, New King James Version。

對我們來說，在個人層面上，相信這個過程，意味著相信神會祝福我們為生活而制定的計畫。這是對生活保持正面和務實的態度，努力改善財務狀況並採取行動，憑藉著信心和無所畏、虔誠的心態過日子。

讓信仰成為理財上的一種貨幣，它可以改善你與金錢的關係，並將這種關係昇華到身體和情感之外，達到精神層面。

信仰之旅

現實面　精神面

信仰之旅

第 2 週：課程和行動方案

第 2 週的三節課

- 你與金錢的關係是複雜的，恐懼和稀缺性的觀念根深柢固。要了解和改善你與金錢的關係，首先需要了解你的金錢故事，以及它如何塑造你對金錢的心態、信念和行為。

- 稀缺心態讓你感到空虛，你專注在自己沒有的東西上，而不是已經擁有的，或認為有無限的可能性。這是阻礙財富增長的眾多金錢障礙和限制信念之一。但好消息是，你可以擁抱富足的心態，療癒金錢創傷並與金錢建立有愛

的關係。

- 金錢和幸福是直接相關的，在某些情況下，幸福感會隨著你賺更多而增加。設計一個財富喜悅的生活，可以獲得財富和幸福，同時避免貪婪。

第 2 週的三個具體行動

- **具體行動 1**：你個人的理財故事是什麼？你同事對金錢的態度是什麼？回想你的父母和祖父母，以及他們的金錢故事。這些如何塑造了你的金錢觀、心態和與金錢的關係？

- **具體行動 2**：到目前為止，哪些恐懼、金錢障礙和限制信念塑造或阻礙了你與金錢的關係？

- **具體行動 3**：為了與金錢建立愛的關係,你可以做些什麼?如果有疑問,請看本週的學習成果,看看列出的八個跡象,顯示你與金錢有愛的關係。更具體一點,請與你的伴侶討論這些問題。

我可以做得更多的事	我可以做得更少的事
1.	1.
2.	2.
3.	3.

| 第 3 週 |

克服行為偏差：
實現財富喜悅的關鍵

縮短現在所處位置和想創造生活間的行為差距，就能創造財富喜悅的生活。

讓我們玩一個小遊戲。

- 你曾經在開車時給朋友發簡訊，請舉手──是或否？
- 你本週吃的垃圾食品比你知道的還要多，請舉手──是或否？
- 你的債務比你知道的要多，請舉手──是或否？

如果你對其中一些問題的回答是「是」，就像我們一樣，那它告訴我們一些基本的東西，就是我們知道很多在生活中應該做的事，但實際上做的卻大不相同。為什麼？

如果想要縮短「你知道你應該做的」和「你實際做的」之間的差距，往往需要的是教育──換句話說，給他們更多的資訊。以抽菸為例，我們都知道吸菸有害健康，每年全球花費數十億美元試著教育人們吸菸的壞處，但人們仍在繼續吸菸。

負債也是如此。人們知道不該任意花掉他們沒有的錢來承擔更多的債務，但這會減少債務人數嗎？不要誤會我們的意思，金融知識是必要的，而且在一定程度上是有效的。然而，其他力量也在發揮作用，讓我們一而再、再而三被債務所束縛，即使我們知道不該這樣做。

　　不斷推播的廣告、社交媒體的 FOMO ❶ 現象和日益抽象的金融世界，讓金錢變得越來越數位化，我們不僅失去了花多少錢的感覺，也更容易花錢。

　　每個人每天都必須做出大量決定，加上日常生活的壓力，我們越來越依賴快速便捷的工具來做決定，經常出現行為偏差一點也不奇怪，這些偏差驅動我們的決策，讓我們駛離了通往財富喜悅的道路。

　　金融知識對於多數民眾的福祉和普惠金融 ❷ 來說相當重要，但這還不夠。世界銀行對兩百多項金融素養研究的分析 ❸ 發現，當教導人們金融素養時，他們會認真學習並記住，然而，他們有採取任何行動並應用所學知識嗎？未必。

改善財務行為

　　社會科學研究告訴我們，要改變行為，應該專注於改變環境，而不是改變人。為了改變環境、改變行為，我們用心理學家丹·艾瑞利（Dan Ariely）給出的例子 ❹。

　　艾瑞利認為，思考行為改變的方式就像我們思考將火箭送入太空一樣。為了改變火箭周圍的環境，我們需要做兩件事：（1）減少阻力──你希望火

---

❶ 譯註：Fear of Missing Out 的縮寫，錯失恐懼症。意思是當多數人都擁有或參與某些事物，會擔心自己跟不上而害怕的心態。
❷ 編按：Inclusive Financing，意指普羅大眾均有平等機會獲得負責任、可持續的金融服務。
❸ www.openknowledge.worldbank.org/entities/publication/46bb9132-2a47-5d3f-968f-81021fbb1ef6
❹ www.youtu.be/tPBFVIxnbDw

箭周圍的阻力越小越好，這樣它就會盡可能符合空氣動力學；（2）注入動力──你希望能量越多越好，盡可能多地裝載燃料。

回到財務上，同樣的想法可以應用在行為改變。這是一個插圖。想像一下，下圖中的 A 點代表你現在所處的位置，例如生活在入不敷出的循環中。Z 點代表想要達成的財務狀況，例如無債一身輕。A 點（以你當前的行為為基礎）和 Z 點（你所期望的行為）之間的空白就是行為差距。

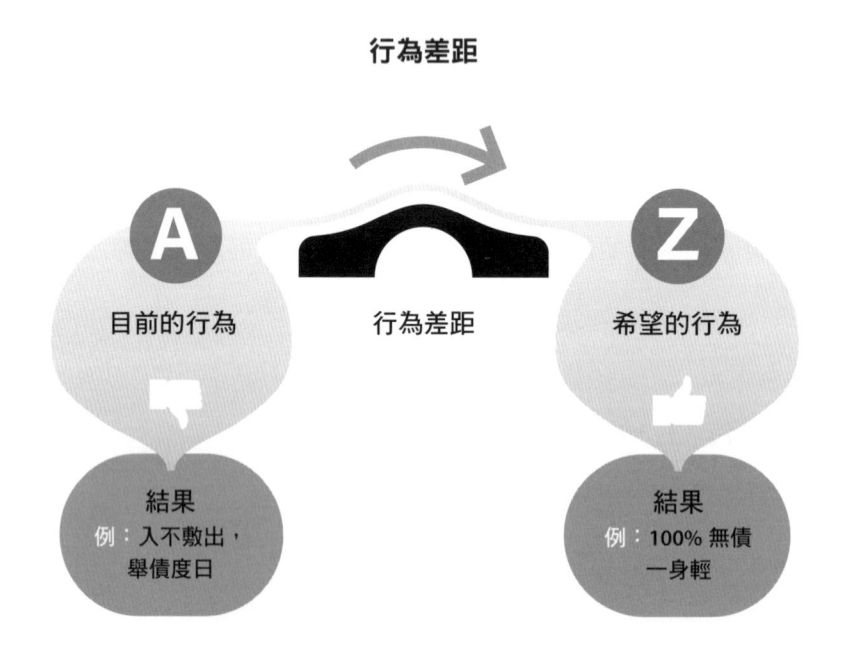

行為差距

A　目前的行為
結果
例：入不敷出，舉債度日

行為差距

Z　希望的行為
結果
例：100% 無債一身輕

採取一些作法讓實際行為隨著時間推移而改變，逐漸縮小行為差距，你的財務生活就會有重大變化。為此，我們必須分兩個階段來看待。首先，要改變你的行為，需要先改變你的環境；其次，要改變環境，你需要：

- 增加目前行為的阻力。
- 注入動力。

示例：格蕾絲今年 35 歲，年收入 4 萬英鎊（約合台幣 160 萬元），但很難存到錢。她太享受生活中的美好事物了，例如，她習慣用信用卡借錢來預訂假期。格蕾絲知道她應該避免債務並每個月存錢，但她就是無法做到這一點。目前的行為讓她無法成為定期儲蓄者。

我們幫助格蕾絲打破這個循環的方法是，改變她所處的環境。在這種情況下，我們會增加阻力以減少她花錢的機會，並注入動力鼓勵儲蓄。

我們會建議：

- 將信用卡交給她信任的人保管（這會增加阻力）。
- 打電話給信用卡公司，降低信用卡額度（這會增加阻力）。
- 使用預算表追蹤錢花到哪去了（這會增加阻力）。
- 和男朋友一起做了一張願望看板。如果他們認真儲蓄，生活會是什麼樣子（這注入動力）。
- 列印出她願意存錢買下的房子照片（這注入動力）。

累積下來，這些微小的變化將有助於改變格蕾絲周圍的環境。這一切都不會在一夜之間發生，但隨著時間推移，當她開始採取這些步驟時，將逐漸縮小行為差距。同樣的實用想法可以應用於你的財務狀況，逐漸推動並更接近你期望的財富喜悅生活。

改變行為對於改善財務生活來說相當重要，但它並不是我們必須克服的唯一難關。看看其他行為偏差。

訪談：梅布爾

梅布爾・奧塞蓋爾—吉馬沃（Habel Oseghale-Jimawo，59歲）是一名來自奈及利亞的社會工作者，在英國生活了34年。她住在利物浦。以下是她在準備退休時，對人生各個階段的財富喜悅有不同的感觸。

多虧了父母，我與金錢的關係一直很正面。他們教會我如何聰明地管理金錢，母親很擅長從商品買賣中獲利，而父親也很懂財務。我從小就對金錢充滿舒適感。

多年來，我的財富喜悅生活逐步成長。最初，我的重點是撫養子女長大並確保他們能夠照顧好自己。我優先考慮好的人壽保險，以防萬一意外發生。然而，隨著子女長大各自獨立，我的重點轉移到確保舒適的退休生活上。我希望在退休後保持與目前相同的舒適水準。

我丈夫和我剛搬到英國時各自管理個人的財務。我們沒有聯名帳戶，我負擔了大部分財務責任，包括支付帳單。我們彼此間有一種獨特的合作模式，尊重彼此的角色，即使不像今天的年輕夫婦那樣。

為了財務穩定，我更加關注自己的財務狀況，我學會了更加謹慎編列預算，關心我的退休金，避免錢花在不必要的事情上。我的理財之路曾經遇到挑戰，尤其是在適應一個新的國家和處理來自家鄉的財務需求時。我的作法是，與家庭成員建立了明確的界限，並逐漸減少對大家庭的經濟支援。

我採取了一些作法來實現財務穩定，包括參加排毒計畫增進健康，縮小生活空間以節省不必要的開支。在整段旅程中，我學會了珍惜自己的身體健康和享受當下的重要性。我變得更加有能力管理壓力並了解對整體幸福感的影響。

如果要向任何尋求控制財務的人提供建議，尤其是年輕一代，我會鼓勵他們盡早開始。從第一份工作就開啟退休金計畫，不要擔心覺得太晚，因為永遠不會嫌晚，同時也要提高金融知識並控制開銷。

　　金融市場噪音到處存在，所以不要不知所措。從你認為可以管理的內容開始，然後逐漸向外建構。我持續關注我的財務目標，展望未來，我對自己的財務前景非常樂觀，相信我的退休生活會很舒適。同時讓我滿意的是，我清楚在退休後仍會保持目前的生活方式，並且沒有經濟壓力。

常見的財務偏差

　　為了達到財富喜悅的生活，有幾種類型的偏差需要說明。為了幫助認識常見的行為偏差以及如何應對，我們將列舉一些大家常感到困擾的實際例子。

確認偏差

　　你習慣從訊息中印證既有觀念，而忽略與這些觀念相矛盾之處。

　　示例：朋友從股票市場中賺了快錢，而你也想這樣做。因此，你只會閱讀收集相同投資策略的文章。

　　克服偏差：尋找不同的觀點和資訊來源。包括閱讀挑戰既有觀念的內容、向持不同觀點的財務顧問尋求諮詢，或從信賴的朋友和家人那裡尋求意見。

錨定偏差

　　在做出決定或判斷時，過於依賴一開始獲得的資訊（錨定）。

示例：你看到喜歡的房子，想要躋身有房階級，不過房子的價格高於本身的價值。但因為你太中意了，所以在沒有進一步的研究下，提了一個高額的報價。

克服偏差：徹底研究附近相似房型最近的銷售情況，計算負擔能力，並諮詢房地產專業人士，以確定公平合理的報價。

厭惡損失偏差

你更有動力去避免損失，而不是獲得收益。

示例：你對投資股票市場猶豫不決，因為害怕賠錢。儘管歷史數據顯示，從長期投資角度來看，股票市場提供了強勁的回報。

克服偏差：關注潛在的收益而不是潛在的損失。請記住，從長遠的角度來看，短期損失往往是暫時的。

沉沒成本謬誤

因為已經投入了很多，即使這樣做不再有意義，也繼續投入時間、金錢或其他資源。

示例：你用 500 英鎊（約合台幣 2 萬元）開啟了副業，但經營兩年後賠掉 5,000 英鎊（約合台幣 20 萬元），但你不能也不會放棄，並繼續希望它好轉。

克服偏差：根據當下和未來的潛力做決策，而不是依據過去的投資來評估，不要只因為你已經投資了很多，就放棄好賺的錢，留下不好賺的。

從眾心理偏差和社會認同偏差

你常跟隨人群——例如 WhatsApp 群組中的朋友、有影響力的人及其在社

交媒體上的社群——即使這不符合你的最佳利益。

示例：你可能只是因為別人都在談論，沒有進行自己的研究，就投資一檔受歡迎的股票。

克服偏差：做自己的研究，並在做出決定之前考慮需求和目標。此外，要求自己當第一次覺得什麼東西是必買時，等待 24 小時後再決定。

過度自信偏差

高估自己的能力，低估自己的風險。

示例：你買了一檔股票，它給你帶來了異常高的回報，所以你相信你是偉大的選股人，並開始尋找下一個亞馬遜或蘋果來擊敗市場。

克服偏差：尋找客觀數據，了解投資專業人士實際打敗市場的百分比。考慮資金的所有可能結果，例如，能否分散投資並仍能獲得豐厚的報酬？

現狀偏差

你更喜歡事情保持不變，而不是做出改變。

示例：即使有更好的選擇，你也堅持使用同樣昂貴的投資帳戶，被收取高額的退休金費用。

克服偏差：定期檢查財務狀況並尋求更好的交易帳戶。

當前偏差

優先考慮短期的滿足而非長期目標。

示例：雖然經濟上很困難，但你認為你逐漸變老，你不是為退休儲蓄，而是因為人的一生只有一次（YOLO），所以就預訂了一個假期。

克服偏差：你需要達到平衡。設定明確的長期目標，例如自動儲蓄或投資，並制定實現目標的計畫，然後為你的假期計畫建立一個單獨的帳戶。

這些是最常見的偏差。請記住，越是意識到這些偏差，了解它們如何影響決策，你就越能對你的錢做出更明智的決定，擊敗那些花費數十億美元說服你花在根本不需要的東西上的廣告商，然後在努力實現財富喜悅的生活時克服它們。

社交媒體如何影響行為並讓你掏腰包

到目前為止，對 Z 世代和千禧世代消費習慣的最大影響，是他們使用和參與社交媒體的程度。以 IG 為例。根據臉書 2019 年對 13 個國家（包括英國、美國和澳大利亞）的 21,000 名 13 至 64 歲民眾進行的研究，他們每週至少使用 IG 一次，其中 80% 的人利用它來做出購買決定，54% 的人表示在 IG 上看到產品或服務後就馬上買了 ❺。

行動通訊和社群媒體整合的興起促使行動購物大行其道。Statista ❻ 的報告指稱，英國約 90% 的社群媒體用戶透過行動裝置登入社交平台，讓他們更容易在滑手機時下單 ❼。

了解社群媒體的影響並採取負責任的線上行為，可以幫你減輕對個人財務和整體幸福感的負面影響。以下是一些簡單提示，有助於減少在社群媒體上的衝動消費：

---

❺ www.en-gb.facebook.com/business/news/insights/how-instagram-boosts-brands-and-drives-sales

❻ 編按：一個線上的統計資料平台。它提供了來自各主要市場、國家和民意調查的資料，數據主要來自商業組織和政府機構。

❼ www.statista.com/topics/3236/social-media-usage-in-the-uk/#topicOverview

設置預算：確定每月或每週可自由支配的預算，包括受社群媒體影響的下單。這會幫助你聰明地配置資金，並防止可能超出財務能力的暴買。我們將在第五週介紹制定快樂支出計畫的方法。

購買前暫停：在社群媒體上瀏覽到引起注意、感興趣的產品或優惠時，請不要立即購買。退後一步，給自己一些時間考慮，以減少衝動購買的機會。

取消關注或關靜音：如果某些社群媒體帳戶或有影響力的人一直刺激你的購買欲望，請取消關注或關靜音。

建立願望清單：不要立即購買，而是將感興趣的產品或東西寫在願望清單上。記下這些物品，幾天或幾週後再重新查看，評估是否仍然想要購買。

禁用或限制通知：社群媒體平台經常推播有關銷售、促銷或限時優惠的通知。你可以考慮禁用或限制這些通知，以減少優惠的持續轟炸，因為接下去就可能會觸發暴買行為。

比較商店和研究：在購買前，請花時間研究和比較價格，閱讀評論並試著找尋其他替代選擇。這有助於確保做出明智的決定，避免衝動購買，以免後悔。

練習自我反省：花點時間反省自己的價值觀、優先順序和長期財務目標。思考這樣購物是否真的符合這些目標，或純粹只是衝動。

尋求支持和建立責任感：與信賴的朋友、家人甚至伴侶（如果有的話）分享減少衝動購買的目標，他們可以提供協助、提醒你的目標和應負的責任。

總的來說，謹慎和思考後的消費可以避免你在社群媒體上衝動暴買，也有助於養成更健康的習慣。

告訴我你的習慣

告訴我你的習慣，我會讓你知道你的財務未來。那些最終養成謹慎消費

的人,都是從一開始有好的習慣並且持續下去。

根據《原子習慣》❽一書的作者詹姆斯・克利爾（James Clear）的說法,「習慣是自我提升的複合利益。就像金錢經過複利❾呈現倍數增加一樣,當不斷重複,習慣的效果也會倍增。」❿

我們採用了他的「習慣堆疊公式」後,生活產生了巨大影響。這是建立良好習慣的強大技巧。你從小習慣開始,然後逐漸將其他習慣堆疊上去。

例如,你想每天查看銀行餘額,但從未開始做,請將這件事加在已經養成的習慣上,例如刷牙。你告訴自己：「每當我刷牙時,就在手機上查看網路銀行的對帳單。」久而久之,這種習慣會持續下去。

小任務：行事曆

為了建立生活習慣和管理財務等日常瑣事,在第五週,我們會利用一個大家熟悉的功能：行事曆。把行事曆看作是所有活動的新焦點,如果好好利用它,你會得到好處,我們強烈推薦使用谷歌日曆。

記錄生活中經常發生的重要事件和活動——生日、假日、與朋友共進晚餐、支付房貸或房租、每月回顧個人淨資產等——並設有提醒。我們甚至建議用設置提醒來記錄這個為期十週的計畫。

為什麼記錄活動很重要？因為它可以幫助你規畫未來。當提前計畫並預測即將發生的事情時,你就會做好更充分的準備。財務狀況也是如此。更重要的是,我們想要利用行事曆作為工具,幫助你管理日常瑣事。請記住,行

---

❽ 編按：從科學與心理學的基礎,教導讀者從微小的行為與想法改善開始,讓計畫成功的一本書。

❾ 編按：一種計算利息的方法,除了會根據本金計算外,新得到的利息同樣可以生息。

❿ jamesclear.com/quotes/habits-are-the-compound-interest-of-self-improvement

事曆已經是你生活中的私人助理，在每天活動之前都要記得查看它。

接下來 25 到 30 天的目標是從行事曆開始你的日常生活。這樣做會養成一種習慣。將今天的日期記錄下來，以便追蹤完成挑戰的時間。記住，相信這個過程，因為它有效。很快你就會發現，自己不知不覺中建立了新的健康理財習慣，並將之融入其他既有的習慣上。

第 3 週：課程和行動方案

第 3 週的三節課

- 金融知識是創造財富喜悅的重要關鍵。然而，這還不夠。你不僅需要專注學習，更重要的是要改變自己的習慣和行為。
- 改變行為的最有效方法不是改變自己，而是改變你所處的環境，透過加入阻力和動力來做到這一點。
- 有許多阻力會妨礙你養成健康的理財習慣、影響你朝著目標前進。包括決策的行為偏差、廣告商挾著大量廣告預算的誘惑力以及社群媒體的吸引力，讓你瘋狂購買。你越看穿這些阻力，採取行動養成健康的理財習慣，就越能持續加速每週管理財富的進度。

第 3 週的三個具體行動

- **具體行動 1**：你認為自己有哪些行為偏差？請回頭看看先前的八個例子，並寫下你認為自己在行為偏差的驅動下所做出的決定。

◆ **具體行動 2**：反省當前的理財習慣，寫下阻礙管理財富的三個習慣，並寫下如何引入阻力或動力來改變環境及行為。以下是一個例子：

目前有哪些不健康的理財習慣阻礙了你的理財行為？	你如何引入阻力或動力來改變你的行為？
我每週在 IG 上花費太多時間，並使用信用卡衝動購物。	透過取消關注某些引誘我亂花錢的帳戶來製造阻力。

現在寫下你自己的習慣，以及你如何引入阻力或動機：

目前有哪些不健康的理財習慣阻礙了你的理財行為？	你如何引入阻力或動力來改變你的行為？
1.	
2.	
3.	

◆ **具體行動 3**：決定一種新的健康理財習慣，每天追蹤，並把它融入在現有的習慣內，以確保會逐漸養成這個習慣。可以考慮追蹤的金錢習慣像是：

檢視金錢目標：在午休或散步中，順便重新檢視你的理財或生活目標。

檢查網路銀行交易：早餐飯後，在手機上查看網路銀行的交易紀錄。

追蹤的新習慣	我會把它融入在……

第3週 克服行為偏差：實現財富喜悅的關鍵

| 第 4 週 |

從小錢開始：
從小事起步到財富自由

財富喜悅的生活始於與美好生活願景相關的小小開端。

寫下你的願景，讓它更清晰

　　展開任何旅程最有效的方法是，先夢想再把目標視覺化。為了說明這個方法多有效，讓我們回到 2011 年 1 月。那一年很重要，因為這一年我完全確認了我夢想中的財務生活。我當時 27 歲，向瑪麗求婚，她答應了！我快樂極了，因為很快就要和我美麗的未婚妻結婚了，感覺是如此美好。然而，儘管令人興奮，生活也變得非常現實。唉！

　　結婚成家可不是一件小事。在那年之前，我花了很多時間想要過更好的生活。我有一份管理會計師的工作，但財務上就沒什麼可寫的。我花了很多錢讓自己感覺更好，從外表上看，我做得很好。我有一輛非常棒的賓士雙門轎跑車（用我的部分積蓄和高額貸款），但銀行戶頭裡剩下的錢不多。作為一個移民，當時的成功是由人們所看到的來定義，因此必須有一輛好車。後來事實證明，這是我最大的金錢錯誤之一。

我需要徹底轉變心態，在內心深處，我知道我想要一種非常不一樣的生活。我想要生活過得更簡單，沒有錢的煩惱；一種更有目標和更有條理的生活，不需要等發薪水的那天。但我也想去旅行，有時我會坐在公園裡，仰望天空，想知道那些飛機上的人要去哪裡。

那年1月的英國非常寒冷和潮濕。我們倆湊了一些錢，預訂了夢想已久，坦尚尼亞的桑齊巴爾（Zanzibar）假期，雖然我們訂了需要轉機的航班以降低成本。抵達桑齊巴爾時，它的景色非常美麗，當地溫度為攝氏35度（華氏95度）。

這是我的第二個假期，但這個假期有所不同。我們在那裡不僅是為了玩得開心，也為了計畫未來的生活。我們玩拼字遊戲，在潔白的沙灘上挑選美麗的貝殼，發自內心地感受到自由。當我們坐在海邊，拿著書本和記事本計畫婚禮時，我們問自己，「作為一對已婚夫婦，我們想要從生活中得到什麼？」雖然我們想要的東西不太一樣，但在許多重要的事情上我們是一致的。

我們的夢想是：

- 我們想買一棟有自家前門的房子，這樣可以走到門口，不用爬樓梯就回到家。瑪麗想要一個有中島的廚房，我想要路邊停車位。
- 我們想要孩子。我想要兩個，瑪麗想要三個。
- 我們想每年一起旅行，一起看世界。
- 我們想比父母更早還清房貸。
- 我們想在經濟上獨立，但不知道該怎麼做。

我們互相看了看說，「我們叫它十年計畫吧。」然後，我們討論了想實現這些夢想的理由。

我們的動機非常相似，我們的移民背景意味著想要從生活中得到更多。看到父母輩辛苦地工作，為了家庭生存而犧牲很多，我們倆都想創造一種生

活，擁有父母從未擁有過的自由。

我們的「為什麼」給了我們深刻的使命感。請注意，在當時我們沒有房子，也沒有孩子，身邊沒有什麼值錢的東西。更關鍵的是，我們沒有錢，只是夢想著，並相信有一天會做到。

這種夢想和描繪生活願景的行為開啟了隨之而來的一切。它給了我們努力的方向，財務獨立是將所有其他目標結合在一起的終極目標。當初海灘上的夢想是我們簡單的開始，這種微不足道的美妙之處，就在於沒有什麼可失去的，事情唯一能發展的方向就是向上。

儘管 2011 年在經濟上充滿挑戰，我們剛剛從 2008 年的全球金融危機中走出來，全球經濟仍然脆弱，但懷抱願景仍然像是我們有一個其他人沒有的秘密花園。

另一個讓我們對未來感到興奮的因素是，我們相信信仰的力量。就我們而言，如果相信有一天會實現財富自由，加以計畫和持續行動，我們就能做到。在腦海中，一切都像安排好的一樣，我們可以清楚看到它。而且關鍵是，我們不僅描繪了願景，還寫下來，讓它變得更清晰。

十年後的 2021 年 1 月，我們不僅實現了在 2011 年的願景，而且遠遠超出了它，即使那十年經歷了包括疫情大流行在內的起起落落。當然，時間和機會有時是站在我們這邊。然而，我們相信，我們在那十年中取得成就的最大動力，是在這十年中的人生願景，驅使我們成為什麼樣的人。

生活變得非常忙碌。在不知不覺中，幾天變成了幾週，幾週變成了幾個月，幾個月變成了幾年。但我們依然記得十年前，一切彷彿昨日。我們敢說，這對你來說可能是一樣的，這麼說是要提醒你，儘管未來乍看之下還很遙遠，但它很快就會到來。

你可以控制的一件事是你如何到達未來，以及你想看到什麼。從簡單的起步開始這段旅程，寫下你的願景並清楚描繪。我們建立了一個實用的框架，可以幫助你做到。

提示：如果改變你的環境和你的生活瑣事，寫下人生願景會更容易，所以你可以在咖啡館、花園或其他你通常不去的地方靜下心來寫。

POST 框架

POST 框架的用途，是描繪出你的願景。它包括目的（Purpose）、目標（Objectives）、策略（Strategy）和戰術（Tactics）。

目的（Purpose）：就是行動的原因。它從根本上驅使你的行動、目標和選擇。它是在你的生活中提供重大、成就和有意義生活的潛在動機。

示例：想過無壓力的財富自由生活，同時從事覺得充實和享受生活的工作。

目標（Objectives）：就是正在努力實現的結果，它可以是你的終極目標，也可以拆分成更小的目標。目標必須是 SMART——具體（Specific）、可衡量（Measurable）、可實現（Achievable）、相關（Relevant）和有時效性（Timebound）。

SMART（目標）讓你確定目標的優先順序，以便分配資源和體力，還可以幫助你清楚地了解想要實現的目標，例如存款買房子、償還債務或設立緊急預備金。清楚的目標使你能夠集中精力達成。

示例：想在 15 年後建立一個價值 60 萬英鎊（約合台幣 2,400 萬元）的投資組合，並在 15 年後（55 歲）擁有一棟無房貸的房屋。

策略（Strategy）：是指方式和對象。是要實現特定目標所遵循的上層計畫，明確指出需要誰來參與。讓其他人參與可以更快達到目標，減少嘗試並降低犯錯的機會。參考其他人的想法和作法，可以打開自我的界限，讓自己更有信心。

示例：每月投資股票市場，全心專注於低成本的全球指數基金和交易所

指數股票基金（ETF），加上一份全職工作，同時開啟線上副業。對象可以是你的雇主、合作夥伴、教練或導師。

戰術（Tactics）：是指執行的細節。戰術是在廣泛範圍內實現短期目標而採取的具體行動。與策略不同的是，策略重視整體計畫和需要誰的幫助，而戰術偏向於日常特定行動的執行和運作。

示例：聽取他人的建議，開立一個節稅投資帳戶，把工資的 40% 拿來投資，並用副業收入補充，自動更新投資組合，每兩年轉職以賺取更多收入。

現在你已經有了如何寫出願景並把它說清楚的框架，重要的是要認知現在所處的位置，因為這是你的起點。

你的金錢自拍照

你的金錢自拍照是你現在財務生活的寫照。最簡單的方法是計算你現有的財務淨資產，就像是研究資產負債表來了解企業的財務狀況一樣。

計算方法很簡單：財務淨資產＝所有資產的總和減去所有負債的總和。

資產是你擁有或控制的東西——未來經濟利益的來源，或者是給你口袋裡增加錢的東西。包括：不動產（包括居住及非居住的房子）、現金、銀行帳戶存款、股票和權益股份、企業及其資產、數位資產、商標、專利、音樂著作權等。要排除的事項包括：收入（這在你的預算中），有時可以排除自己居住的房子，以便計算出隨時可動用的淨資產。

債務則是向某人支付的義務。簡單來說，就是任何能從你口袋裡拿走錢的東西。包括：信用卡債、銀行和房貸、先買後付（BNPL）❶、汽車貸款、未付租金、學生貸款（這取決於你所在地——在英國，這更像是一種稅收）

---

❶ 譯註：先買後付（Buy Now Pay Later）是一種從現金帳戶中分期支付所購買東西的方式。

你的財務淨資產（以英鎊為例）

資產		負債	
股票：	£10,000	信用卡債：	£17,000
儲蓄：	£5,000	融資帳戶：	£1,000
房子：	£350,000	房貸、貸款：	£250,000
汽車：	£10,000	汽車貸款：	£5,000
緊急預備金：	£3,000	先買後付：	£750
總資產：	£378,000	總負債：	£273,750

淨資產：（總資產 － 總負債）＝ £378,000 － £273,750 ＝ £104,250

淨資產：（不計住居的房子）：＝ £104,250 －（£350,000 － £250,000）＝ £4,250

等等。

我們排除了居住的房子（房屋淨值），以便計算隨時可動用的淨資產。當然，如果有一天換了小房子，這筆資產就可歸類為可動用了。我們還排除了任何確定給付（Defined Benefit, DB）[2] 或最終工資退休金的價值，但保留了確定提撥（Defined Contribution, DC）[3] 退休金的價值。這很重要，在本書第九週，我們會檢視退休金帳戶並計算出你的財務獨立密碼。

---

[2] 譯註：確定給付（Defined Benefit, DB）是雇主承諾員工於退休時，按約定支付定額之退休金或分期支付一定數額之退休俸，雇主給付之退休金與員工提撥之基金並無必然之關係，退休金數額之決定與薪資水準及服務年資有關。

[3] 譯註：確定提撥（Defined Contribution, DC）是雇主或員工依法定期（通常是每月）提撥一定數額之退休基金，交付信託人保管運用，於員工退休時將共同提撥之資金和運用孳息給付給退休之員工。員工所能領取之退休金決定於提撥之多寡及退休基金孳息之大小，雇主無法保證退休金給付之數額。台灣也有實施類似制度，雇主每月提撥薪資 6% 加上個人自行選擇提撥薪資 0 至 6%。年滿 60 歲，無論是否在職，都可以請領。

計算淨資產具有幾個重要優點：

追蹤：持續計算、改進。越常計算你的淨資產，你就越有動力讓它增長以實現目標。

對照：將淨資產列在紙上，能夠輕易發現重點。例如，在上面的淨資產表中，信用卡債務利率高達 35%，而存款利息只有 4%，沒道理一直使用循環利息欠卡債。用省下來的錢來償還昂貴的信用卡債務是必要的。

清晰：我們的財務狀況可能混沌不明。在紙上列出所有內容，清楚簡單。

反省：如果淨資產為零或負數，應該會讓你思考為什麼會這樣，並採取行動。如果你在戀愛中，更是一個談論金錢、目標和夢想的好機會。

作為第四週具體行動的一部分，你要試著算出淨資產。❹ 現在，請隨時在此處下載我們的動態 Excel 淨資產追蹤程式：www.thehumblepenny.com/networthcalculator

金錢之旅

每個人都在走自己的金錢之旅，但並不是大家都意識到這一點。了解自己的財務狀況，將有助於了解自己在金錢之旅中的位置，並且描繪距離夢想還有多遠。要注意的是，無論現在處於金錢之旅的哪個階段，你都可以體驗財富喜悅。

你對現在所處位置應該充滿感激，你有一個正在努力的計畫，心情上應該平靜許多，把帶給你快樂的體驗放在財務的中心。這才是展開金錢之旅的

---

❹ 編按：繁體中文版可以到 https://ibwec.bwnet.com.tw/images/FinancialJoy_BusinessWeekly.zip 下載。

金錢之旅

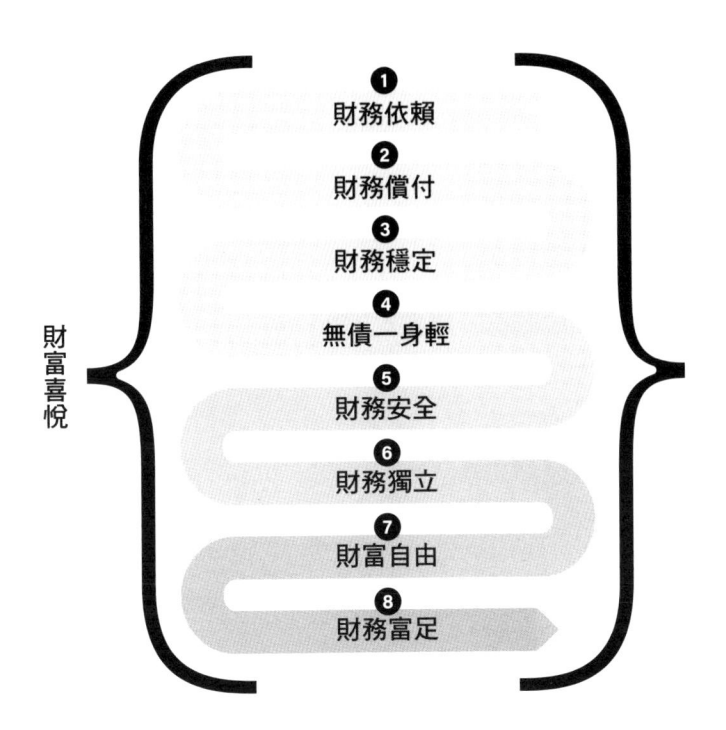

```
財富喜悅 {
  ❶ 財務依賴
  ❷ 財務償付
  ❸ 財務穩定
  ❹ 無債一身輕
  ❺ 財務安全
  ❻ 財務獨立
  ❼ 財富自由
  ❽ 財務富足
}
```

樣貌。

你可以在所有階段體驗到屬於自己的財富喜悅。財富喜悅生活對你來說是獨一無二的，符合價值觀和目標。這種心態給你滿足感，知道自己正處於一個獨特的、有目的性的進步旅程中。無論你在這段旅程的哪個階段，你都擁有平靜和快樂，不會因為還沒實現財富自由而覺得不快樂。

以下我們解釋每個階段的意義，以便了解你現在身處於金錢之旅中的位置。

階段 1：財務依賴（基礎）

這是金錢之旅的初始階段，你也許和父母一起住在家裡，也許完全靠自己過活。這個階段的人通常沒有資產，甚至可能沒有收入來源。

階段 2：財務償付（生存）

這是你靠薪水過活的階段，通常支出超出所得，或者把大部分收入花在過好生活和償還債務上。由於生活成本和生活方式的選擇，即使收入相對不錯，也很難存到錢。這個階段的人通常依賴單一收入來源，也可能沒有投資。不幸的是，大多數成年人在整個工作生涯中就停在這個階段，並接受這個現實。

階段 3：財務穩定（和平）

在這個階段，你有一些穩定性，因為你已經存了緊急預備金，代表生活花費低於所得，你正在養成健康的理財習慣。

階段 4：無債一身輕（彈性和成長）

除了穩定之外，債務成為你在這個階段的目標，重點是昂貴的壞債（信用卡、帳戶融資❺、個人貸款等等），這些壞債可能會把你推回沒有喘息空間的階段。在這個階段，你專注於如何擺脫債務（本書第六週），你可能會探索

---

❺ 編按：融資是指證券商對客戶提供融通資金買進股票的服務。

其他收入來源（本書第八週）。當你逐漸擺脫債務時，你會感覺自由就在不遠處。

階段5：財務安全（保護）

恭喜你，你已經擺脫了所有壞債，而且加入了一個小群組，群組裡的成員不僅沒有債務，而且還存有一到三年的生活開銷。這創造了很大的安全感，如果願意，你可以休假；如果沒有什麼大礙，你甚至可以辭掉工作。這個階段的金錢之旅正通往財務獨立的道路，但它需要勤奮、一致性、創造力、成長和冒險精神才能實現。

階段6：財務獨立（自由和世代相傳的財富）

在這個階段，為金錢而工作變得可有可無。你或許已經還清了房貸，並累積了大量儲蓄（在英國，一般認為應該是年度支出的28.5倍；在美國應該是25倍）和／或你的投資有足夠的收入來支付每月的基本開銷。請參閱本書第九週的內容，了解如何實現財務獨立。

階段7：財富自由（獨立和世代相傳的財富）

這個階段與第六階段相同，只是來自於資產的收入可以支付生活所需以外的更多消費。一旦你進入第六或第七階段，你可以選擇提前退休，如果你願意（雖然不是非得這樣做），你可以離開職場並從事充滿熱情的計畫，或者只是找一份兼職工作來調劑生活。

階段 8：財務富足（遺產）

這個最後階段是為華倫・巴菲特（Warren Buffett）、伊隆・馬斯克（Elon Musk）、蕾哈娜（Rihanna）、泰勒絲（Tyler Swift）、泰勒・佩里（Tyler Perry）、Jay-Z、碧昂絲（Beyoncé）以及傑夫・貝佐斯（Jeff Bezos）等人保留的。這些人名列世界上最賺錢或最富有的名單。在我們看來，財務富足始於心靈和思想。你可以在銀行裡只有 1,000 英鎊，但在很多方面都過著富足的生活，除了金錢之外。

無論目前處於哪個階段，請記住，不需要透過實現財富自由或財務富足才能創造財富喜悅的生活。

人們在財富自由時所期盼的平靜與喜悅，應該是當下自己的體驗。這一切都始於一種心態，即感恩自己的現況，並選擇將快樂置於財務狀況的核心，同時為明天而努力。

因此，你應該已經決定要達到金錢之旅的某個階段了。你會發現大多數人對此感到徬徨，根本不知道從哪裡開始。

訪談：費麗希亞

費麗希亞（Felicia Ogedengbe）與麥可（Hichael）結婚，他們今年 40 歲，育有三個孩子。他們住在肯特郡，擁有奈及利亞血統。如今，費麗希亞是一名品牌策略師。以下是她如何改善與金錢的不良關係並控制自己的財務狀況。

我在 2009 年到 2022 年擔任社會工作者，我決定辭職。最初，只是為了在大學畢業後找到一份工作，但我其實並不喜歡。當我快 40 歲時，我不想再在不喜歡的工作中度過一生。新冠疫情大流行期間，我創辦一家小公司，接受了品牌策略師的專業訓練。

我從前和錢的關係很差。經常花錢買讓自己開心的東西，尤其是名牌包、汽車、化妝品等。我曾經以為擁有昂貴的東西會讓我快樂，但我最終意識到真正的快樂來自內心。我對物質的偏好影響了我與麥可的關係，麥可在金錢的管理上要好得多。多年後，我發覺這種行為是個問題，我不希望我們的孩子也變成這樣。我必須學習如何有效地管理金錢並抑制消費習慣。

以前，我們會設定預算，但沒有定期檢視，財務狀況並不穩定，經常失控。為了財務穩定，我首先寫下必要的財務開支，並一點一點地解決它們。我鎖定最小的債務，制定了清償計畫。每月檢視財務狀況有助於我們保持在正確的軌道上。

為了實現財務穩定，我們採取了一個不尋常的措施：連續幾個月出門不開車。這很有挑戰性，但讓我們了解到擁有車子需要多少開銷。同時發現，我們可以在沒有車的情況下同樣把事情做好，而且更具成本效益。雖然這不是一個長期的解決方案，但它讓我們對開銷有了全新的認識，也節省了一筆錢。

由於未付帳單和累積的債務，我的信用評分下降到 550 分[6]。而你們啟發了我們，因為我想，你們沒有特別聰明，但已經還清了抵押貸款，而我仍然在這裡追逐小事。接近 40 歲時，我想如果現在不解決這些問題，那將是一個很大的遺憾。我立即採取行動改善這種情況，首先專注於償還小額債務，這產生了重大影響。我的信用評分顯著提高，第一次達到了 999 分（有關如何使你的信用評分達到 999 分的資訊，請參見本書第五週）。儘管我覺得工作尚未完成，但更加了解財務決策如何影響我們的信用評分。

---

[6] 編按：分數越高申貸越容易。700 分以上：信用良好。600 至 700 分：銀行貸款的基本門檻，申請貸款基本上都能通過。350 至 500 分：有信用瑕疵，銀行貸款較困難。

我給嘗試實現金融穩定的人的建議是：好好規畫，制定清晰的財務計畫，列出必要支出並設定最終目標，優先還清高息債務。最後，對伴侶開誠布公地談論財務狀況。

將更大的目標拆解為可管理的步驟

我們發現，本章先前的 POST（即目的、目標、策略、戰術）框架的確可以幫助大家實現目標。無論你是單身，還是為同一目標而努力的夫妻，都可以使用這種方法。假設你的目標如下。

目標：計畫在兩年內買房，並存款 6 萬英鎊（約合台幣 240 萬）。由於金額龐大且時間很長，這目標似乎很難規畫，我們建議將大目標分拆為可管理的幾個步驟，以方便採取行動實現目標。

步驟 1：透過 SMART 來定義目標。

在本章前述已經做過了。

步驟 2：將時間和金額拆解為季度目標。

大多數人每年都會回顧自己的目標，發現大部分時間都在拖延，導致目標從未真正實現。但是，如果將回顧時間改成是 12 週而不是兩年，它會迫使你採取行動。我們建議用 12 週為一個週期 ❼。

如果你給自己的期限太長，用大量的時間來完成一項任務，那麼原本可以在短時間內完成的工作，也會因為對自己過度寬容而浪費太多時間。你可以把工作量和時間拆成每 12 週一個時段，來規畫如何實現目標。對於上述在 24 個月內存下 60,000 英鎊的目標，這相當於有八個時段，每個時段 12 週，目標要存下 7,500 英鎊。

---

❼ www.12weekyear.com/

這相當於每個月從薪水中拿出 2,500 英鎊。

策略：決定如何在 12 週內實現這一目標。

步驟 3：你的策略可能是想方法存更多錢，同時也賺更多。此外，要清楚你需要誰在身邊提醒你，增加實現這一目標的可能性。例如，這個人可以是你的老闆或合作夥伴。

步驟 4：在 12 週的時段內，最多決定五種戰術。戰術是為實現目標而採取的實際行動。

戰術 1：列出所有非經常性和經常性費用，調整你的生活方式，提高存款比例，從薪水的 15% 提高到 30%，這樣每月就可以節省大約 1,500 英鎊。

戰術 2：找一份週六的兼職工作，每月多賺 750 英鎊。

戰術 3：列出在家中不再使用的物品清單，這些物品可以在 12 週內出售以賺到 1,000 英鎊。

戰術 4：在 eBay 或 Etsy ❽ 上開創副業，購買並轉售商品，在 12 週內產生 1,000 英鎊的稅後利潤。

如果執行得當，這個計畫將會在 12 週內存到 8,750 英鎊。這個金額高於你目標的 7,500 英鎊，它是一個難度較高的目標，如果你沒有完全達標，仍然有可能接近 7,500 英鎊。

步驟 5：將日期放在每種戰術旁，並使用行事曆進行系統化。

唯有想要實現每一個目標時，你的戰術才會落實。在日曆中留出時間，為即將到來的工作設置每週提醒。在行事曆留出空的時間，如果事情沒有按計畫進行，你還有機會可以調整，但往往不會這樣！

步驟 6：每週查看結果。

每週同一天檢視成果，甚至可以為當週的每種戰術評分（滿分 10 分）。

---

❽ 編按：美國網路商店平台，以手工藝成品買賣為主要特色，曾被《紐約時報》拿來和 eBay、Amazon 比較，被譽為「祖母的地下室收藏」。

不要因為沒有實現全部或部分目標而自責。最重要的是遵循這個流程並保持一致，直到看到結果為止。

步驟 7：評估你在 12 週後的狀況，然後開始下一個 12 週。

全面檢視上一個時段的情況，必要時調整你的策略，然後從頭開始，再持續 12 週。

這種方法已經在我們的個人財務和事業中經過測試，結果始終良好。

慶祝達標

正如我們所說，努力一口氣達成金錢目標可能會讓人感到挫折。但是，拆解成每週的目標，逐步達成里程碑是確保一路都能達標的好方法。

我們每週慶祝達標的方法包括：

- 點我們最喜歡的一餐當外賣〔我們喜歡加洛夫（jollof）飯 ❾ 和胡椒湯或義利大麵配大明蝦〕。
- 去看一場電影或舞台劇。
- 時間許可的話，至少每三個月預訂一次週末小旅行。
- 和朋友一起出去玩。

它不必昂貴或奢華，關鍵是在預算範圍內做能給你帶來快樂的事情。

---

❾ 譯註：加洛夫（jollof）飯是一種西非地區的主食，用米飯和番茄或番茄醬，加上辣椒、羊肉或牛肉煮成。

創立追蹤系統

追蹤系統對於衡量進度十分重要。我們使用 Excel（或 Google Sheets）和谷歌行事曆追蹤進度。試算表會追蹤進度，行事曆可適時提示工作並記錄。你可以參考這個作法，也可以簡單地使用紙本或數位工具搭配行事曆進行。

以下是一個示例，說明追蹤系統能把未來 12 週內每週的工作變得簡單許多。

目標 1：			
策略	到期週	到期日	負責人
1			
2			
3			
4			
5			

正如先前提到的，有檢視就會進步，你花心力創立這個追蹤系統會有所收穫。如果你在 12 週內有多個目標，也可以擴充表格。

── 第 4 週：課程和行動方案 ─────

第 4 週的三節課

◆ 光想著理想中的財務目標是不夠的，你需要寫下你的願景並詳細說明。

- POST 框架可幫助你將願景轉化為行動計畫,該計畫包括達成目標的原因,如何實現目標以及需要誰來提供指導、想法和聯繫。
- 慶祝達標,為繼續前進提供了必要的動力。不要把整段旅程看作是短跑,而應該是一場馬拉松。

第 4 週的三個具體行動

- **具體行動 1**:寫下你對財務生活的願景。

| |
| |

使用 POST 框架將上述願景建構成計畫。

目的	
目標	
策略	
戰術	

每 12 週最多實現三個 SMART 目標。對於每個目標,需要一個策略和最多五個戰術。

- **具體行動 2**:金錢之旅的八個階段中,你現在處於哪個階段?

你現在處於第幾個階段?	你下一步想達到第幾個階段?

- **具體行動 3**：透過計算財務淨資產看看自己的金錢自拍照。完成以下的範本，並根據需要添加其他資產和負債。與伴侶（如果有的話）交談、聯繫銀行或登錄線上帳戶，練習完成財務淨資產的計算會花一些時間，但這是值得的。

資產	負債
確定提撥（DC）退休金：	信用卡：
確定給付（DB）退休金：	銀行融資金額：
個人儲蓄帳戶或存款：	房貸：
房屋價值：	汽車貸款：
車子：	先買後付：
緊急預備金：	未付租金：
買房出租（房屋價值）：	買房出租（房貸）：
總資產：	總負債：

淨資產（總資產—總負債）＝

淨資產（不計住居的房子和確定給付退休金）＝

請記住，你可以在此處下載我們的動態 Excel 淨資產追蹤程式：

www.thehumblepenny.com/networthcalculator

（編按：繁體中文版可以到 https://ibwec.bwnet.com.tw/images/FinancialJoy_BusinessWeekly.zip 下載）

| 第 2 部 |

建立財富喜悅模式

目標：精進日常的財務，勇敢累積你的資產。

財富喜悅

| 第 5 週 |

掌握日常的財務狀況

透過管理、勤奮和創造力創造財富喜悅的生活。

2019 年，尼泊爾裔英國登山家尼姆斯·普爾加（Nims Purja）在短短七個月內成功登頂了世界上所有 14 座 8,000 公尺高的山峰（包括珠穆朗瑪峰），取得了非凡的登山壯舉。這項令人難以置信的成就被稱為「可能計畫」（Project Possible），打破原先七年內攀登 14 座山峰的紀錄。這個故事深深啟發了我們，因為尼姆斯和我們年紀差不多，面對英國生活的許多挑戰（包括財務上），他放棄了軍旅生涯，接受了艱難的挑戰，不僅證明沒有什麼是不可能的，也是為了替他的尼泊爾雪巴（Sherpa）族人帶來更多認同。

尼姆斯有一個明確的目標，這讓他有強烈的欲望、決心和毅力去實現。當我們大多數人檢視目標和日常財務狀況時，似乎就像是一座無法攀登的山峰。該從哪裡開始，又如何獲得繼續前進的動力？

英國家庭平均每週支出為 528.80 英鎊 ❶（每年約 27,500 英鎊，約合台幣 110 萬元），並且持續上漲中。主要的支出是住房、交通、食物和能源。對某些人來說，育兒費用也不斷上升，難怪少子化越來越嚴重。因為每天都在為

---

❶ www.ons.gov.uk/peoplepopulationandcommunity/personalandhouseholdfinances/expenditure/bulletins/familyspendingintheuk/april2021tomarch2022#

生存而戰，經濟環境也在變化。就像你試圖站著不動時，腳下的地毯卻硬生生被拉出來。今天大多數人，包括許多收入相對較高的人，都靠薪水過活，並努力擺脫這個循環。大多數人靠薪水過日子的主要原因是，他們無法管理現金流──也就是他們生活所需的現金進出。

無法管理現金流的現象，同樣發生在高收入的足球員、拳擊手、音樂家或名人身上，明明賺很多錢到頭來卻宣布破產。為什麼？除了不可預見或悲慘的生活環境外，無法有效管理現金流的最大原因是他們選擇的生活方式、缺乏金融知識以及不良的理財習慣。

一天中的每個小時，我們都在做選擇，每個選擇之間都會讓我們離目標更近或更遠。我們都有選擇的權力，因此選擇改變生活永遠不嫌晚。好消息是，這是可能的，你可以從今天開始。

了解盡責管理

盡責是一種道德價值，指的是一種管理和照顧屬於他人東西的觀念。例如基督徒對上帝託付給我們的金錢、資源、技能、天賦和運氣盡該有的責任和義務。《馬太福音》中才幹的比喻（Parable of the Talents）❷寫道，主人在出征之前，把不同數量的金袋託付給他的僕人。他給一個僕人五袋金子，給另一個僕人兩袋金子，給第三個僕人一袋金子，各按自己的能力賺錢。拿著五個袋子的僕人立即拿五袋的金子做生意，並翻倍賺到十袋金子。有兩個袋子的僕人也賺了兩袋金子。拿到一個袋子的人出於恐懼，在地上挖一個洞，把主人的錢藏起來。當主人在很久之後回來時，他讚揚了前兩個賺錢的僕人並給予獎勵，但斥責了第三個不懂得賺錢的僕人，認為把錢藏起來不是明智的投資。

---

❷ Matthew 25:14–30.

這個例子顯示了不同角度的盡責，包括聰明地管理資源、投資和增加收益。這是個很棒的故事，告訴我們應忠實和負責任地管理託付給我們的資源和機會。當你是個負責任的金錢管理者時，它會創造更多的現金流和財富，並增強財富喜悅生活。

在本書的第一部，你已經為財富喜悅生活奠定了基礎。在第二部中，你將採取實際步驟來掌握財務狀況，更勇敢地累積你的資產。首先，讓我們制定一個計畫，好好分配將來賺到的錢。請記住，重要的不僅僅是計畫的存在，還有為實行該計畫而培養的習慣和行為。

制定充滿喜悅的支出計畫

預算是每個月該如何用錢的計畫。我們把它當作指南針，引導你和你的財富朝著正確的方向前進，以實現目標。快樂的支出計畫是將快樂放在核心，我們指的不僅僅是當下給你帶來快樂的事物和經歷，還有為中長期目標配置財富而帶來的快樂。

根據經驗，快樂的支出計畫將生活中的「財務」和「快樂」元素結合在一起，形成完全符合自己的價值觀、生活方式和目標的計畫，同時又切合實際。這是一個針對自身收入和支出的計畫，儘管大多數人在考慮預算時只關注他們的支出。讓我們接著看下去。

Part A：收入

想像一下，今天是一個月的開始，你想規畫預算。首先你要盡可能準確地寫下期望賺多少錢以及用什麼方法賺錢。

收入來源（A）	預期收入淨額（B）	實際收入淨額（C）	差額（D）
工資			
副業			
總收入			

將 B 列中的金額相加，計算出預計下個月將有多少收入進到銀行帳戶。盡可能以實際狀況為準，如果每個月的收入不固定，請使用過去三個月的平均值。從收入出發的重要性在於，把重點放在計畫中隨著時間而增長的部分，包括目標收入（見本書第八週）。在月底，將實際收到的收入填入 C 列，D 列是預期收入與實際收入之間的差額。

Part B：支出

你可能聽說過流行的 50/30/20 預算法則，該規則將稅後收入的 50% 分配給「需要」（needs），30% 分配給「想要」（wants），最後 20% 分配給「儲蓄和財務目標」。這種方法是個很好的起點，但我們想要在快樂支出計畫中列得更詳細。為了讓財富能夠隨著時間累積，當獲得收入時，錢應該要有八個去向。

去向	百分比	原因
1. 工作或私人退休金帳戶❸	總收入的10%	先投資自己的未來,然後支付家庭開支(見第七週)
扣除免稅的10%收入,剩餘的90%為應稅所得——扣除稅金剩下的就是淨收入。將銀行帳戶中所有的淨收入分配到以下七個地方:		
2. 緊急預備金	淨收入的5%	建立一個安全網,先給自己,再支付家庭開支
3. 債務償還	淨收入的10%	償還壞債,讓財富累積更有彈性
4. 股票個人儲蓄帳戶(ISA)和終身儲蓄帳戶❹	淨收入的15%	每月投資,盡快擁有複利效果(見第七週)
5. 需要(needs)	淨收入的50%	支付生活必需品,包括保障支出
6. 娛樂和想要(wants)	淨收入的5%	優先選擇能帶給你快樂的體驗,讓自己沒有罪惡感!
7. 慈善捐獻	淨收入的10%	豐富的生活和為他人著想的心
8. 具成長和承擔風險的投資	淨收入的5%	尋找投資機會,提升並學習新知(見第八週)
	總計淨收入的100%	

---

❸ 在美國,會是401(K)或其他類似帳戶。

❹ 在美國,會是Roth IRA或其他類似帳戶(美國稅務局稱為個人退休安排),是一種長期的、稅收優惠的稅收帳戶。譯註:個人儲蓄帳戶(Individual Savings Account, ISA)是一種具免稅優惠的投資帳戶,政府透過稅賦誘因,鼓勵民眾把錢存入個人儲蓄帳戶作為投資用途。

請注意，這不是一個嚴格的指南，你大可根據自己的情況調整。如果已經有緊急預備金或本來就沒有債務，那麼可以分配更多在儲蓄、投資或支應更多的需求。經驗告訴我們，實行這個計畫最大的爭議是：為什麼只用5%的淨收入在娛樂和需求，卻拿10%捐獻？還有為什麼本身已經負債累累，還要把錢拿給別人？說實話，5%的「娛樂和想要」支出是90%淨收入中的一部分，它可以隨著時間而增加。以我們為例，一開始也是從5%開始，到現在大約是將淨收入的20%用於快樂的體驗，但這是在沒有負債之後才做的。

關於慈善捐獻10%，我們相信財富喜悅的生活應該包括發自內心的慷慨奉獻，這種奉獻是一種愛的行為，會為我們的生活帶來更豐富的回饋。例如，捐贈給熱中的社會或環境事務或公益機構，回饋社區，支付什一奉獻❺，捐贈給有需要的陌生人等等。我們奉獻是因為我們深感榮幸，而不是有所求。

不過，10%只是一個概數，沒有強迫性。重要的是你的內心，將奉獻視為生活方式中不可或缺的一部分——一種屬於自己的慈善。如果發自內心地給予1英鎊或10英鎊，總比不情願地給予100英鎊要好。一旦開始從小事做起，它就會漸漸消除你心中的稀缺感，讓你以愛為出發點持續下去。除了金錢之外，其他捐獻的方式包括時間和技能。

丹尼爾從事市場行銷工作，年收入35,000英鎊。以下是他充滿喜悅的支出計畫中，將收入分配到八個不同去向的建議。

請留意：稅率、國民保險費率和個人津貼的金額會隨著時間而變化，各國規定有所不同，百分比可作為指標。

---

❺ 譯註：什一奉獻（tithe）是猶太教和基督教的宗教奉獻，將所得的十分之一捐獻出來。源自歐洲封建社會時代，教會向成年教徒徵收的宗教稅。

去向	百分比	金額
	總收入	£35,000
1. 公司或私人退休金帳戶	減去總收入的10%	（£3,500）
	扣除退休金後金額	£31,500
	減：個人免稅額	（£12,570）
	應稅所得	£18,930
	減：所得稅	（£3,786）
	減：政府保險	（£2,692）
	加：個人免稅額	£12,570
	年度淨收入	£25,022
	每月淨收入	£2,085
2. 緊急預備金	減：淨收入的5%	（£104）
3. 債務償還	減去淨收入的10%	（£209）
4. 股票個人儲蓄帳戶（ISA）和終身儲蓄帳戶	減去淨收入的15%	（£313）
5. 需要（needs）	減去淨收入的50%	（£1,042）
6. 娛樂和想要（wants）	減去淨收入的5%	（£104）
7. 捐獻	減去淨收入的10%	（£209）
9. 具成長和承擔風險的投資	減去淨收入的5%	（£104）
	總計100%的淨收入	0

如果無法採取上述的分配方式？

如果你住在像倫敦這樣的大城市，你很難將淨收入的 50% 分配給你的需要，因為租金和房貸成本太高，更不用說其他生活成本了。此外，由於生活成本上升和高利率，儲蓄變得更加困難，這時你需要做出一些艱難決定。

例如，因為房產成本（租金或房貸）占可支配所得的很大一部分，重新選擇居住的地方就很重要。我們為此從倫敦搬到肯特郡，一個更便宜的通勤小鎮，這樣就可以大大減少貸款，讓預算能發揮更大效用。因為我們有一個更大的目標——實現財務獨立。

現在的問題是：為了實現財務目標，你做出哪些困難的犧牲？如果你不能使資金分配發揮作用，你就需要賺更多的錢（見第八週）或減少八個去向中一至二個。

保持正軌，並根據需要調整計畫的策略

以下是一些實用的策略，可以保持正軌並根據需要調整預算。

選出家庭財務長

充滿喜悅的支出計畫需要紀律和溝通。為了建立家庭的紀律，需要某人承擔責任，我們稱之為家庭財務長。我自己曾擔任公司財務長多年，管理數百萬美元的公司財務，我的主要職責之一是確保永遠不會缺現金。同樣的想法，我把它應用於家庭財務上。

就像在工作中，我定期向執行長報告，在家裡，我定期向瑪麗報告我們的家庭財務狀況。我們建立了規則：任何人要花 50 英鎊以上的費用都必須在支出之前提出。這對我們夫妻來說很有用，如果你有對象也可以這麼做。如

果你是單身呢？你勢必自兼財務長，並且可能需要其他人來督導你。

當然，家庭財務長不一定是男性，這個人應該是願意並有能力承擔管理家庭財務責任的人。

簡化你的帳戶

減少你的銀行帳戶和儲蓄帳戶數量，以便掌握最新情況並追蹤充滿喜悅的支出計畫，掌握資金的流動。

決定理財日

理財日是自己與伴侶一起詳細檢視財務狀況的日子。這很重要，首先，它會養成追蹤財務狀況的習慣；其次，它是一種有效的溝通工具。我們的理財日是每週五早上，你可以自訂每週、每兩週或每月，然後記錄下來。如果有合作夥伴，請確保這不是一個批判性的會議，最好選擇在不同的環境中輕鬆聊天。我們甚至還準備茶、餅乾和小型議程表。雖然本節的重點是保持你的喜悅支出計畫在正軌上，但以下是在理財日要考慮討論的事項。

- 個人檢討：你對生活的感受如何？你現在對什麼感到興奮？你感激什麼人事物？
- 回顧你的願景和第四週創立的 POST 框架。
- 你的喜悅支出計畫：你是否堅持你的計畫？如果沒有，問題出在哪裡？
- 你的財務淨資產：有什麼變化嗎？進展如何？
- 即將發生的事情：討論可能涉及金錢的重要支出或事件，例如假期、租金或房貸成本上漲、返校費用等。

在本週學習結束時，我們會在每月的日常財務清單中總結這些內容。

使用預算編製工具

你可以用以下方式追蹤財務狀況：

紙本或數位工具

有些人喜歡老方法，用記事本或計畫簿來記錄，也可以在手機或電腦上裝置應用程式。

使用試算表

你可以在 Excel 或 Google Sheets 上創立一個簡單的預算試算表，也可以上線搜尋。❻ 或者在以下網址下載我們的簡單試算表：www.thehumblepenny.com/SimpleBudget

使用預算應用程式 app

現在有了開放銀行 ❼，越來越多的應用程式不僅可以幫助你執行預算和追蹤資金流向，還可以在每筆交易中節省少量資金。可以考慮的應用程式包括 Moneyhub、Emma 和 YNAB ❽。這些應用可以將你所有的銀行帳戶和交易整合在一起。

---

❻ 編按：繁體中文版可以到 https://ibwec.bwnet.com.tw/images/FinancialJoy_BusinessWeekly.zip 下載。
❼ 譯註：2016 年英國政府為了活化金融市場，採取強制的開放銀行政策，要求英國國內銀行業者建立統一的 API 標準，將自主權回歸給用戶，在用戶同意的狀況下，把用戶資料透過開放 API 授權給第三方業者（TSP）使用。台灣也有金融 API，以六大機制提供交易保障。
❽ 編按：You Need a Budget，一個線上個人預算程式，它可以透過任何互聯網瀏覽器或行動應用程式獲得。

經由銀行帳戶進行預算

有些銀行或投資應用程式提供預算或儲蓄的功能，像是 Starling Bank ❾、Monzo ❿、Revolut ⓫、Chip 和 Moneybox ⓬。

需要注意的幾個關鍵事項：

- 確保這些應用程式是受金融行為監管局（FCA）⓭ 監管，並受金融服務補償計畫（FSCS）⓮ 的保護。
- 注意隱私，確保應用程式不會竊取個資牟利。
- 有些 app 是免費的，有些是付費的，找出最適合你的。

在嘗試了上述四種方法後，我們個人更喜歡使用試算表，因為你得捲起袖子自己做，也因此更了解自己的財務狀況。此外，也不會有隱私暴露的問題。

訪談：納森和莎賓娜

納森和莎賓娜·丹尼斯（Nathan and Sabrina Dennis）分別是 42 歲和 39 歲。他們已經結婚 17 年了，有四個女兒。他們有牙買加血統，住在西米德蘭茲（West Midland）郡。以下是他們如何改善與金

---

❾ 編按：一家英國銀行，也稱為數位挑戰者銀行或新銀行，在英國提供活期和商業銀行帳戶。
❿ 編按：Monzo Bank Limited，2015 年成立的線上銀行，亦是英國最早以 app 為基礎的銀行之一。
⓫ 編按：一家提供銀行業服務的金融科技企業，總部位於英國倫敦。
⓬ 編按：位於倫敦的金融服務公司。
⓭ 編按：總部位在英國倫敦的金融監管機構。
⓮ 譯註：金融服務補償計畫（FSCS）是英國的存款保險制度，保護在英國註冊的銀行、信合社的合格存款人。編按：台灣則是每一存款人在國內同一家要保機構之存款本金及利息，合計受到最高保額 300 萬元之保障。

錢的關係,並使用「瓶罐法」來管理財務的經驗談。

納森:我們的財務之旅始於當年面臨 15,000 英鎊的巨額貸款。當時壓力很大,我認為一輩子都無法翻身,不得不向莎賓娜坦承自己陷入混亂。我們意識到需要一起努力渡過難關。

莎賓娜:我們與金錢的關係發生重大變化。以前,我們拿到錢就花,財務狀況並不透明。現在,我們覺得正在做一項非凡的工作。我們學會了尊重金錢,承認錢可以成為解決問題的有力工具,是一種因特定目的而存在的貨幣。

納森:財富喜悅就是要有一種自由的感覺,不擔心財務問題,是關於我們全家人的體驗和過程,這是我們以前無法做到的。例如,我們帶孩子回去牙買加,這對作為父親的我來說是一項重大成就。此外,我們從回饋社區中找到了樂趣,比如在我長大的地方號召食品捐贈活動。這一切都是為了產生正面的影響。

莎賓娜:這也關於精神上的自由,不用一直擔心如何維持生計。我們曾經陷入買不起嬰兒奶粉等基本用品的窘境,如今能夠養家並幫助社區是很有力量的。

納森:我們開發了一種結構化的方法來管理夫妻間的財務。每週五是我們的財務星期五。我們有個會議,內容是:(1)祈禱;(2)檢查所有帳戶的餘額;(3)核對帳戶;(4)檢查收入是否入帳,想想要用這筆收入做什麼事;(5)查看需要支付的帳單(例如業務發票),打開帳單付錢;(6)為捐獻祈禱,(7)解決發生的問題。

莎賓娜:我們的財務系統是因為解決聯名帳戶問題而產生的,當時聯名帳戶的支出不斷增加。為了解決問題,我們為特定目的建立單獨的帳戶,並約定遵守規則。雖然看起來很極端,但這個方法為財務帶來良好秩序和結構,使我們能夠有效地管理個人和聯合帳

戶，即使是事業也是如此。

納森：最初，我們使用「瓶罐法」將現金分成五個用途不同的罐子，用於各種支出：10% 的什一奉獻，10% 的投資，5% 的娛樂，5% 的安全支出和 70% 用來支付債務和帳單。這個系統幫助我們建立了紀律和管理技能。後來，我們將罐子變成銀行帳戶，這使我們能夠在保持紀律的同時，存下不同來源的收入。

對於想要管理自己財務狀況的人，我的建議是多參與諮詢，而不是把頭埋在沙子裡。如果你遇到困難，請聯繫公民諮詢局[15]（Citizens Advice Bureau）等組織。你並不孤單。

莎賓娜：從任何地方開始都行，哪怕只是一小步。打開一封信或解決一個財務問題都可能產生重大影響。

削減成本和減少不必要開支的技巧

在追蹤收入和支出之際，有一些可以幫助你削減成本或減少不必要開支的小技巧。

必要與非必要

列出所有必要和非必要費用，決定什麼該花，什麼不該花，並說明原因。這並不容易，因為對一個人來說無關緊要的東西，對其他人可能是不可或缺的。

---

[15] 編按：公民諮詢局建立於二戰初期 1939 年 9 月 4 日。當時主要宗旨是為因於戰亂、資源匱乏的英國民眾提供免費、中立、獨立的資訊諮詢與顧問服務。

對我們來說，假期是不可少的，因為它帶來很大的快樂。有時候手頭比較緊，我們會找便宜的替代方案，但仍然會享受低成本的假期。對你來說，早上喝杯咖啡很重要，雖然這對其他人可能沒什麼，但它的確能滿足你心理健康所需。

基本開銷可能包括食物、瓦斯和電費、房租或房貸、保險和平價汽車（取決於你住在哪裡）。非必要費用可能包括多訂幾個第四台套餐、叫外賣和一輛好車。以上雖然是一個大致標準，但你可能會有不同的想法，這取決於給你的生活帶來什麼樣的快樂。

生活方式的改變

選擇更健康、更簡約的生活方式也可以省錢。例如，我們選擇從吃很多紅肉到大約 90% 的植物性食物。這是一個以健康和環境為原則的決定，也有助於大幅削減食物預算。此外，我們不喝酒不抽菸，這也不是每個人都可以落實的改變。但是，任何更健康、更簡約的生活方式，也會對荷包有好處。你不必大幅改變生活方式也能看到財務狀況的好轉，因為隨著時間經過，微小的變化會累積成巨大的改變。

存多少緊急預備金以及放在哪裡

剛開始存緊急預備金時，以第一筆 1,000 英鎊或 1,000 美元為目標。然後我們建議將緊急預備金的規模增加到三到六個月的基本開支。至於緊急預備金該存放在哪裡，最理想的條件有三：易於存取、市場風險低以及能夠計息或分紅。以下是緊急預備金的五個選項：

易於存取的儲蓄帳戶

這些帳戶的工作方式與普通銀行帳戶非常相似——可以隨時隨地提款。它們預期的報酬率相當低，因此存款不會增加很快。根據個人儲蓄免稅額 ❻（PSA），基本稅率的納稅人可以有 1,000 英鎊的免稅利息收入，高稅率的納稅人的免稅額為 500 英鎊。

國家儲蓄及投資銀行（NS&I）發行的樂透債券 ❼

這是你用來儲蓄並可能贏得每月高達 100 萬英鎊免稅獎金的機會。它與樂透獎券不同，買它永遠不會賠錢。我們自己有買樂透債券，發現最大的好處是不會拿出來花掉，心理上更不會用到緊急預備金。它的好處包括：贖回很方便——你可以隨時取款；所有獎金均免徵英國所得稅和資本利得稅；而且也可以為 16 歲以下的兒童購買。

定期儲蓄帳戶

類似普通儲蓄帳戶，但這個帳戶每年要求你提存一定金額，以獲得比其他儲蓄帳戶更高的利率。目前，某些銀行的定期儲蓄帳戶約合年利率高達

---

❻ 編按：台灣的個人儲蓄免稅額也有類似規定，納稅義務人、合併申報的配偶及受扶養親屬有投資與利息項的所得，可列為儲蓄投資特別扣除額，總額不能超過 27 萬元。

❼ 譯註：英國 National Savings & Investments（NS&I）所提供的樂透債券（Premium Bonds）是除了個人儲蓄帳（ISAs）外，唯一免稅的金融理財商品。這種債券並沒有固定配息，最低投資金額是 100 英鎊，最多是 30,000 英鎊，本金可隨時贖回，只要投資滿一個月起，就可以參加次月的抽獎，每投資 1 英鎊可抽獎一次，每月抽出頭彩 100 萬英鎊兩名，另有 50 至 100,000 英鎊 的獎項，中獎的獎金免稅。

7%[19]。但是,隨著經濟形勢的變化,利率會隨之變動,因此目前能拿到的利率水準,日後未必拿得到。使用定期儲蓄帳戶的一個缺點是有提款限制,你必須是既有客戶才能獲得最高利率。

個人現金儲蓄帳戶 ISA

個人儲蓄帳戶或 ISA 是一種靈活的儲蓄帳戶,利息收入不需要繳稅。在英國,每個 16 歲以上的人都會獲得年度的免稅額,目前為 2 萬英鎊。

全球指數基金或交易所股票基金（ETF）

此選項並不適合所有人,我們不建議將所有緊急預備金都放在這裡。如果你的生活開銷有保障,或是投資風險偏好較高,可以將一部分的緊急預備金投入。但投資一定有風險,只有在至少未來 24 個月內不會動用到的錢才適合投資。這是唯一可能戰勝通膨的選擇（第七週將更詳細介紹）。

加快緊急預備金成長的策略

你已經了解當有收入時,錢應該去哪裡,也弄清楚需要多少緊急預備金,現在讓我們看看如何累積。假設你現在幾乎沒有存緊急預備金。

開始賣東西：環顧你家,找到過去六個月裡沒有使用過的物品,然後在 eBay 等網路平台上賣出,或者,如果你有衣服要賣,可以在 Depop 或 Vinted 上架。這樣做可以快速累積第一筆 1,000 英鎊。

---

[19] 約合年利率（Annual Equivalent Rate, AER）是存款帳戶在考慮複利效果後的真實利率。

獲得退稅：如果你是稅率較高的納稅人，同時在自助投資個人退休金（SIPP）帳戶繳款，可以在自動 20% 的免稅額之外申請額外的 20% 或 25% 的退稅。聯繫稅務局申請退稅並選擇支票，而不是調整稅籍碼[19]。

搬回與父母或與家人住：這不會是每個人的選項（尤其是那些有孩子的人），但有助你快速存錢。

凍結支出：停止非必需品支出，你會發現就算沒有一些東西，你也可以活得下去，同時省下不少錢。

開始膳食計畫：規畫整個星期的飲食，包括早餐、午餐和晚餐，購物時依據需要，避免不必要的血拼並減少浪費。

開展服務性質的副業：以既有的技能來增加副業收入。如果你是一名會計師，請在 Upwork[20] 或 PeoplePerHour[21] 等平台上為小型企業提供記帳服務。

降低必要開支：檢視所有必要開支，問問自己是否真的需要它們。往往檢視後會發現可以省下不少費用。例如你可能會發現有更好的方案，提供快要到期的會員，特別是某家供應商的長期會員，通常會有優惠。

出租空餘房間：當擁有自己的房屋並有空房間時可以考慮這麼做，可能在一年內賺取高達 7,500 英鎊的免稅收入。

你已經掌握了累積緊急預備金方法，一旦設立了緊急預備金，下一個重點應該是解決昂貴的債務。這對其他目標，像是貸款買房來說，是獲得良好信用評分的方法。

---

[19] 譯註：這是指高所得稅率的納稅人，如果每月的薪資單是先扣稅，再扣退休金，就可以申請退稅。

[20] 編按：位於美國的自由職業平台，企業和個人可以透過平台聯繫並開展業務。

[21] 編按：總部位於英國的公司，是為企業提供接觸自由工作者的線上平台。

讓信用分數達到滿分

信用評分 ❷ 是銀行用來計算獲得貸款、信用卡、房貸額度的依據。良好的信用評分（881-960）或優良的信用評分（961-999）等於是為優惠打開了大門；而信用不良會導致選擇有限和成本增加。信用報告和評分就像一張財務X光片，反映了自身的財務狀況。擁有良好的信用評分非常重要，尤其是在西方金融體系中，個人的信用檔案可供銀行、公用事業供應商、房東、雇主、政府機構等相關查詢。好消息是，你可以採取行動去影響紀錄。以下是將信用評分提高到999並保持高水準的方法：

檢查報告中的錯誤

信用諮詢機構可能會出錯。我（肯恩）幾年前曾經看過我的信用報告（管理和償還債務的歷史紀錄），發現其中記載了縣級法院的判決。這是在報告中遇到的最糟糕的事情。對我的信用評分產生十分不利的影響，幸運的是我及時提出疑問並獲得更正，如果我沒有檢查報告就申請房貸，通常會被拒絕，這會讓我的問題更惡化。

---

❷ 編按：台灣信用評分在200分至800分之間是有效的聯徵分數，滿分則是800分。信評分以下五等：
1. 400分以下為「信用不佳」、「信用瑕疵」。
2. 550分以下，屬於信用分數偏中下階層，除非其他財力或工作條件非常好，才有可能申請到信用貸款。
3. 通常650分以下，就算信用貸款核貸，但利率也會偏高，且必須仔細挑選銀行。
4. 650分以上，大部分的銀行都會通過信貸審核。
5. 650分至800分，分數越高審核通過的條件利率會越好。

按時支付帳單，別拖拖拉拉

有些人不想定期支付電話費或水電費，認為小額費用不會被追討。公用事業帳單很容易被忽略，但欠款的後果會持續很久。常常查詢信用評分報告很快會找出問題所在。

維持低信用餘額

為了獲得貸款，通常必須證明有能力管理債務，因此妥善管理現有債務往往能很快提高信用評分。信用卡是個好管道。如果你有卡債，請確保餘額夠低（約為信用額度的 30% 或更低），這樣可以提高信用分數。如果信用卡信用額度為 3,000 英鎊，則經常性的餘額應為 900 英鎊以下。

信用紀錄的時間

擁有銀行帳戶的時間長短其實很重要。很多人像我們一樣，至少在三到五家銀行開戶。如果有一天想關閉某個帳戶，請留下擁有時間最長的帳戶，因為擁有帳戶的時間越長，表示銀行對你的信任和肯定長期維護帳戶的能力。

順其自然

從銀行的角度來看，擁有不同類型債務的客戶才是好客戶。因為有能力在生活中維持債務平衡，是一件加分的事。因此，與其擁有五張信用卡，不如只有一張信用卡、同時還有汽車貸款等等不同的債務，證明你對債務管理的責任。

在選民登記冊上登記 [23]

在選民登記冊上登記你的名字，能夠顯示個人狀態的穩定。一定程度上是反應了透過某些查察後才能將名字放到登記冊中，因為提供不正確資料的懲罰代價非常高。

信用評分由低變高證明個人財富成長，並且能夠承擔責任。但除非必要，盡可能不要負債，如果不得不背負債務，也要確保有償還債務的紀律。借錢不是免費的，以這種心態去借錢，你會是一個好的債務管理者，能夠獲得高信用評分。最後，要有耐心，不要喪氣，提高信用評分通常需要一到三個月的時間。

當你實行這些方法後，財富喜悅生活就不遠了，但換個角度探討一個人們喜歡獲得良好信用評分的原因，往往是因為想要貸款買車。

買車為什麼會讓你變窮

在奈及利亞文化和許多其他文化中，汽車也是顯赫的身分象徵。人們喜歡車，我們也曾不能免俗地陷入汽車「瘋」潮中。我們剛認識時，我（肯恩）開著一輛漂亮的、幾乎是全新的賓士雙門轎跑車，配備令人讚嘆的 19 英寸鋁合金鋼圈，花了我大約 21,000 英鎊（約合台幣 84 萬元），用光大部分存款還貸了一筆資金。最重要的是，我沒料到維護成本高得嚇人。

另一方面，瑪麗有一輛幾年前的歐寶科薩（Opel Corsa）小車，一邊車門老是關不好，但代步沒問題。她還有一個五位數的儲蓄罐，一直在存錢，目的是有一天能買房子。

---

[23] 譯註：在英國，無論是國會議員選舉或地方選舉，有投票資格的民眾必須事先註冊為選民。

很明顯，我們其中一人在金錢方面做出了正確的決定，另一個人則沒有。這輛車讓我變得更窮，六年後我最終以 2,000 多英鎊（約合台幣 8 萬餘元）的價格賣掉。

今天，我們開著一輛電動汽車，一輛二手的 2013 年日產 Leaf，我們以 9,000 英鎊（約合台幣 37 萬元）的價格買下。到目前為止，已經開了七年，它給我們帶來了便利，也讓我們有能力儲蓄和投資。根據我們的經驗，好車會讓你更窮。

維護成本

根據 Kwik Fit [24] 的說法，在計算汽車的實際成本時，應該了解汽車的維護成本為平均每月 162 英鎊，或每年近 2,000 英鎊。下表是詳細的分項。[25]

如果包括車貸的月付款，汽車的平均每月總成本達到 388 英鎊。而且，在你讀這本書的時候，這些數字會高更多，因為通貨膨脹和生活成本在上升，但人們的收入並沒有相對成長。

你的車真正花了多少錢？

要了解你的汽車真正花費了多少，用機會成本的概念是個很好的方法，也就是你可以用這筆錢實現的其他目標的代價。

---

[24] www.kwik-fit.com/press/motorists-costs-running-at-one-hundred-and-sixty-two-pounds-per-month-excluding-cost-of-the-car

[25] 編按：依據資料蒐集及自身經驗，台灣的情況約為：固定年度開銷：54,000 元＋ 11,920 元＋ 4,000 元＝ 69,920 元，變動開銷：48,000 元＋ 10,000 元＋ 12,000 元＋ 2,000 元＝ 72,000 元，一年養車總開銷約為 141,920 元，這還未包含購車款或貸款。

項目	平均每月支出（英國，英鎊）	平均支出（台灣，台幣）
汽油	£67.63	4,000（每月）
汽車保險	£31.64	4,000（基本，一年）
日常維護和保養	£15.96	5,000（定期，約半年）
意外維修和故障	£13.26	
車輛稅負（道路稅）	£12.16	11,920（小車，一年）
故障保險	£6.96	
停車費	£6.89	4,500（每月）
清洗	£4.15	1,000（每月）
罰單	£3.69	2,000（每年）
月平均總額（不包括財務）	£162.33	
車貸（月付款）	£226.12	
每月平均總額（包括車貸月付款）	£388.45	

假設，你沒有在五年內每月償還 226.12 英鎊（五年是汽車貸款的平均期限），而是將這筆錢投資於股票市場（假設投資美國標準普爾 500 指數，平均每年 8% 的報酬率）。使用複利計算，五年後總價值為 16,725.35 英鎊，賺了約 3,158 英鎊。

同樣用機會成本的觀念，如果時間是 25 年，結果更為驚人。同樣每月 226.12 英鎊的投資並假設平均年報酬率為 8%，25 年後投資組合價值會達到 215,951 [26] 英鎊，總本金為 67,836 英鎊，複合獲利高達 148,115 英鎊。我們要強調的是，當你考慮你是否買得起車時，不要只是對自己說：「我每月能付得起 226.12 英鎊」。相反地應該問問自己，「我這樣做會錯過什麼大機會？」

擁有汽車的機會成本

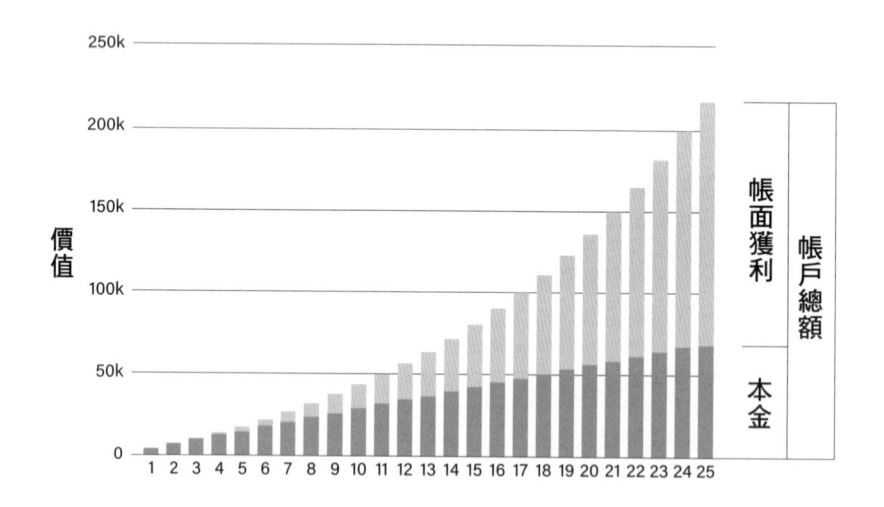

　　金錢是有時間價值的，投入資產增值的錢應該要能創造財富，而不是讓我們變得更窮。

　　買車的撇步：

---

[26] www.thecalculatorsite.com/compound

- 如果可以，不要向未來借錢買車，盡量用現金買車，因為它可以讓你平均少付很多錢。
- 如果必須買車，請考慮具有服務品質的優質二手車。強烈考慮電動汽車。根據我們的經驗，它可以節省很多錢。我們從每週支付 40 英鎊的油錢到每月支付 28 英鎊的電費，平均每月里程相同，而且更環保。
- 把打算花在汽車貸款上的錢拿來投資（我們將在第七週說明如何投資）。
- 盡可能延長汽車的使用年限（目標是十年），好好維護它，讓它的價值發揮到最大。
- 如果家裡擁有兩輛車，設法賣掉一輛，拿這筆錢投資創造可能的獲利；如果家裡只有一輛車，請避免變成兩輛。

最後，如果你堅持要花很多錢買車——因為它給你帶來了喜悅，或者因為財務狀況已經很好了——只要你明白擁有汽車的真正機會成本後，那就去做吧。

租房與買房

買房與租房的話題常落入情緒化和複雜的爭論，大多數人被教育成以買房視為人生中的必修課題。晨間電視節目，如《鎚子下的家》（*Homes Under the Hammer*）、《逃到鄉下》（*Escape to the Country*）和《陽光下的地方》（*A Place in the Sun*），都在強調擁有夢想房屋的重要，如果沒有房子，你甚至會覺得自己不夠成功。事實上，對一些人來說，如果告訴他們窮盡一切去買房子不是明智之舉時，他們心理上可能會感到備受打擊。

帶著兩個孩子，我們二人在購屋方面有很好的經驗。我們認為，如果可以的話，你應該盡早買房，選一個好的位置安定下來，不要背太多房貸，並

且盡快還清。但是，我們也明白，對於某些人來說，租房是更好、更明智的選擇，視每個人的狀況而定。

租房不該是一種次等選項，我們甚至應該質疑「買房」這個從小到大根深柢固的觀念。有些人認為租房子等於是放「死錢」（dead money），因為是在幫別人還房貸 ㉗。雖然租房並不完美，但優點是住在自己喜歡的地方，一切維護費用由房東承擔。由於買房和租房各有利弊，讓我們思考為什麼你應該買房，以及不應該買房的理由。

為什麼要買房

以下是我們的建議，如果可以的話，你應該去買房子。

穩定和安全：房屋所有權提供了穩定和安全感。擁有房產可以更好安排自己的生活，可以根據自身需要修改和變更房屋設計。房子還提供了一種歸屬感，與社區建立穩定的關係，特別是如果有好鄰居或家人住在附近時。

退休：擁有自己的房子可以降低退休後的生活成本，讓退休生活更舒適、更無憂無慮。雖然維護費用和房屋稅會是一筆開銷，但相對於退休後還得租房的負擔來說，費用相對少很多。

收入來源：根據我們的經驗，房子可能是你一生中最好的創造財富工具之一。例如，你可以將空房間騰出來，出租給國際學生或房客，來賺取一些收入（有關現實生活案例，請參考第九週的說明）。

資產和財富累積：買房可以讓你累積個人資產。隨著房貸的付清和房子

㉗ 譯註：死錢（dead money）源於賭場和撲克牌桌術語，意思是技術不好的玩家放在桌上的籌碼，很容易被莊家贏走，其實不算是玩家的錢。

的潛在升值，財富會逐漸累積。這些財富可以透過二胎貸款[28]、再融資或是未來出售房產而提升。它還提供了將財產傳承後代子孫的機會，確保遺產。

長期節省成本：從長遠來看，擁有房屋可能比租房更具成本效益。雖然每月支付的房貸有時可能高於租金（如果不是固定利率房貸，又遇上升息的情況下），但擁有房屋消除了租金可能上漲的不確定性，並且每次付房貸時，就相當於多累積一筆資產。

為什麼你不該買房

以下是應該選擇租房而不是買房的原因，當然你可以在不同階段評估個人情況。

負擔能力：房貸支出最高不要超過稅後淨收入的 25%。這已經是喜悅支出計畫當中，分配給需要（稅後淨收入 50%）的一半。如果發現自己的每月房屋支出大幅超過淨收入的 25%，那麼租房可能更有意義，直到一切準備好再說。此外，請不要把房貸年限延長到 35 年或更久。你可以簡單算一下，它會讓你多繳了數萬到數十萬英鎊的利息。下表是一個範例。

請注意，這只是一個簡單的說明，還沒有考慮通貨膨脹因素。印花稅視房屋價格而定。抵押貸款利息是用 25 年的平均計算，實際上會隨著時間不同而增加或減少，請用自己的抵押貸款利率來計算。你可以在網路上找到合適的房貸計算工具，或下載我們的免費試算表[29]：thehumblepenny.com/mortgagecalculator

---

[28] 編按：把已經抵押給 A 銀行的房屋，再次抵押給 B 銀行，額外取得一筆可運用的資金；因為是第二次抵押，因此叫作「二」胎房貸。

[29] 編按：繁體中文版可以到 https://ibwec.bwnet.com.tw/images/FinancialJoy_BusinessWeekly.zip 下載。

首次購屋者在 25 年與 35 年的真實成本[30]

	25 年期房貸	35 年期房貸
英國平均房價[31]	£286,000	£286,000
頭期款（10%）	£28,600	£28,600
印花稅[32]	0	0
法律、規費和其他購買費用（2%）	£5,720	£5,720
貸款利息（每年 5%）[33]	£196,056	£273,703
年度維護[34]（1% 或 2,860 英鎊）	£71,500	£100,100
家庭保險[35]（每年 216 英鎊）	£5,400	£7,560
主要家居裝修[36]	£107,350	£118,085
人壽保險[37]（每月 38 英鎊）	£11,400	£15,960
市政稅[38]（每年 2,065 英鎊）	£51,625	£72,275
總成本	£763,651	£908,003

---

[30] 編按：台灣的評估方式與英國不同，它可以分成「一次性支出」的成本和「定期支出」的成本。「一次性支出」包括仲介費（成交價 6%）、印花稅（房屋評定現值＋土地公告現值後 ×0.1%）、契稅（核定契價 ×6%）以及代書費等；「定期支出」部分，如果單純考量貸款成本，現行一般房貸方案：1,000 萬貸款，期限 30 年，地板利率 2.06%，每月須繳 37,263 元。此外，房屋住宅險及地震險的保費，保險金額年限由貸款銀行核定（年限均為一年）。地價稅及房屋稅則視所在地區有所不同，蛋黃區當然是最貴的。

[31] www.ons.gov.uk/economy/inflationandpriceindices/bulletins/housepriceindex/april2023

[32] www.stampdutycalculator.org.uk/

以上計算還沒有考慮其他成本，例如清除和搬家成本，新家具和白色家電❸，如果住在大城市附近，可以預期這些數字還會高得多。此外，你花在房子上的錢的機會成本也要考慮在內。

　　不可預見的維護：如果你是租房子，當熱水器或洗衣機壞了，或其他電器無法使用時，你可以請房東修理，費用由房東負擔。但當你買了房子後，你就得支付所有不可預見的費用，包括如果購買公寓大樓的管理服務費成本。

　　小額存款：雖然在英國，可以只付 5%，甚至 0 首付購買房子，但我們建議至少要存到 10% 的頭期款。2008 年，英國首次推出了不需要擔保人的 100% 房貸。雖然吸引一些租房者成為有房階級，但我們建議累積一些存款再考慮，因為這不僅可以減少債務，還能選擇條件更好的貸款利率。

　　靈活性：租房的另一個優勢是具有靈活性。無論是因為另一個地方的工作機會而搬家，甚至搬離英國；或是希望在全國或世界各地旅行，同時仍然能夠在線上工作，不受地理位置限制。如果這些是你的優先選項，那麼租房可能更有意義。

　　未安頓下來：如果你還沒準備好安頓下來，那麼在決定安頓下來之前租房可能更合適。根據我們的經驗，兩個人承擔購房費用在財務上更容易。當然，如果你單身、並且能夠舒適地擁有自己的房子，那就太好了。或者，考慮尋找其他能夠分享財產的人，來分攤成本並更快累積收入，也能更快還清

---

❸ www.mortgageable.co.uk/mortgages/history-of-mortgage-interest-rates/
❹ 假設 1%，但大都介於 1% 至 4% 間。見 https://www.airtasker.com/uk/costs/general-maintenance/house-maintenance-cost/
❺ www.moneysupermarket.com/home-insurance/
❻ www.checkatrade.com/blog/cost-guides/cost-renovating-house/
❼ www.reassured.co.uk/life-insurance/average-life-insurance-cost-uk/
❽ www.gov.uk/government/statistics/council-tax-levels-set-by-local-authorities-in-england-2023-to-2024/council-tax-levels-set-by-local-authorities-in-england-2023-to-2024#
❾ 編按：指生活及家事用的家庭用電器。例如洗衣機、洗碗機、電冰箱、空調等。

房貸。

總之，如果你有能力長期支應也沒有太多債務，那就盡早買房，盡快還清房貸，避免搬家。我們建議不要根據你的工資倍數購買最大的房子。如果你有孩子，要考慮到他們最多和你一起生活到成年，所以買適合的房子就好。但一定要考慮金額，不要過度借貸，即使因此要搬到較遠的地方也可以，那裡的房價較低，貸款也更少。

然而，正如前面所言，買房子並不是每個人的必修選項，而是根據個人的狀況而定。有些人現在適合租房，然後經過一段時間再評估需求。如果你選擇買房或渴望進入有房階級，我們將在第六週說明如何在七年內還清房貸。

撫養孩子的實際成本

生孩子是最昂貴的人生決定之一，難怪少子化的趨勢越來越明顯。當人們想到生孩子的成本時，重點通常放在早年的育兒費用，這往往是天文數字。在英國，2歲以下兒童的全日制托兒所[10]的平均年費用為14,836英鎊[11]（約合台幣60萬元）。許多父母不得不減少工作時間或放棄工作，這對他們來說一點也不划算。有些人則選擇推遲生孩子或根本不生。

根據撫養兩個孩子十多年的經驗，我們了解到在考慮生孩子時，除了金錢之外，還有許多經常被忽視的成本（機會成本、體力成本、情緒成本）。然後是你想給孩子高品質的生活。

---

[10] 編按：「全日制」為上午9時至下午4時半；「長全日」則由上午8時至傍晚6時，甚至可延長至晚上8時。

[11] https://www.familyandchildcaretrust.org/sites/default/files/Resource%20Library/Childcare%20Survey%202023_Coram%20Family%20and%20Childcare.pdf

在英國，將孩子撫養到 21 歲的平均成本大約為 230,000 英鎊 [12]（299,000 美元，約合台幣 920 萬元），如果有兩個或更多孩子，可以簡單乘以倍數，如果孩子性別相同，預計會節省一些費用。為了讓貨幣計算的成本更加真實呈現，我們根據自己的生活經驗和研究，假設四種不同的生活方式來估算育兒成本。

養育孩子的四種生活水準

生活方式	假設
基本生活	依靠國家提供教育（小學和中學）、國家醫療健保，且孩子沒有上大學。
基本生活 +	與基本生活相同，只是孩子上大學。
中產生活	孩子在小學階段接受私立教育並上大學。在國家健保之外另購買私人健康保險，並且擁有人壽保險可以支應孩子的支出。
富裕生活	孩子完全接受私立教育，然後上大學。有買私人健康保險及人壽保險，可以保障孩子的開支。此外，生活的花費都不便宜，從課外活動、度假和全新的汽車。

請注意：上述假定兒童照護是全天制的，直到 4 歲，其他形式的課後和假期照護一直持續到 12 歲。

---

[12] www.openaccessgovernment.org/the-cost-of-raising-a-child-has-increased-for-families/136613/

下表是我們將孩子撫養到 21 歲的估計成本。請注意，這些數字每年都會增加 2%，因此總數是未來成本的總和。你必須計算貼現才能得到現值。不過老實說，這差別不大：

撫養孩子至 21 歲的費用 [13]

	每月估計成本（英鎊）				基本生活	基本生活＋	中產生活	富裕生活
	基本生活	基本生活＋	中產生活	富裕生活				
食物	60	60	80	240	18,564	18,564	24,752	74,256
服飾	30	40	50	150	9,282	12,376	15,470	46,410
育兒看護	1,052	1,052	1,284	3,016	63,759	63,759	77,821	182,793
私立初等教育	-	-	1,505	1,505	-	-	113,887	113,887
私立中等教育	-	-	-	1,624	-	-	-	122,914
私立六年制教育	-	-	-	1,706	-	-	-	41,360
大學	-	1,063	1,063	1,271	-	39,801	39,020	46,671
私人健康保險	-	-	33	56	-	-	10,313	17,189
玩具	20	20	30	50	5,139	6,188	9,282	15,470
度假	42	42	100	250	12,892	12,892	30,940	77,350
校外教學	25	25	67	125	3,285	3,285	8,760	16,425
額外娛樂／活動	100	100	150	250	19,169	19,169	28,753	47,922
房子	200	200	600	1,200	61,880	61,880	185,640	371,280
車子	129	129	129	185	40,062	40,062	40,062	57,296
定期壽險	-	-	10	33	-	-	3,094	10,313
其他雜支	20	20	30	40	6,188	6,188	9,282	12,376
總計（英鎊）					240,220	284,163	597,076	1,253,911
總計（美元）					$312,286	$369,412	$776,198	$1,630,084

對這些數字的直接反應可能是震驚。我們盡可能地真實呈現，當然可能少計算一些成本，但這些數字基本上告訴我們，無論選擇哪種生活方式，長

---

[13] 編按：在台灣，從出生到 18 歲這段時間的撫養費（包含學費），依據行政院主計總處的數據，2023 年，台北市的平均每人每月消費支出為 34,034 元，意即扶養一個小孩的費用至少要 34,034 元；有些家長還會為孩子補習才藝和課業，支出更是驚人。

期下來，撫養孩子的成本都很可觀。請注意，地理位置是一個重要因素，我們假設住在英國或類似國家的主要城市附近。當然，在偏遠城鎮或鄉村，撫養孩子的成本會便宜得多，因為生活成本較低。無論如何，養孩子都得花錢。以下列出幾項可以降低養孩子成本的方式：

降低育兒成本的方法

二手用品
向家人和朋友尋求二手衣服和玩具，或利用慈善機構的捐贈。

政府協助
依據孩子的年齡，政府提供的免稅措施。見 www.Childcarechoces.gov.uk

膳食計畫
做好預算，提前規畫，擬好購買清單並依計畫購物。

開創事業
考慮接受培訓並開展育兒事業，這樣可以節省大量開支，也能幫助他人。

社區花園
參與社區花園活動，你可以種植蔬菜水果和各種植栽。和他人共享種子、工具和照護成本，減少雜支開銷。

趁早投資
將收到的現金禮物和兒童福利金拿出 50%，加上其他存款，盡早存入未成年的個人儲蓄帳戶（junior ISA）。

買中古商品
向他人借或買中古的育兒設備、高腳椅、推車等。

自己動手
自己做嬰兒食品，縫補衣物和手工玩具。

互助保母
建立一個信得過的朋友、家人或鄰居群組，彼此能夠互助免費帶孩子。

共乘制
聯繫附近有共同需要的父母，組成共乘團體，可以一同接送上下學、課後活動和出遊。

英國政府正在增加免稅托兒服務，預計多數有 5 歲以下兒童的受薪家庭將可獲得每週 30 小時的免費托兒。這將幫助父母有時間從事支薪的工作。關於英國政府免稅托兒服務的最新資訊，請上網查 www.childcarechoices.gov.uk，並使用托兒計算工具查詢可以獲得哪些托兒補助 [44]。你也可能符合「家庭幫助計畫」（Help For Households scheme）的資格，獲得更多生活費補助 [45] [46]。

看完以上內容的直覺反應是，生孩子似乎是一場財務上的災難，但我們認為更值得的是養育孩子帶來的真正樂趣。為人父母的喜悅是難以用言語表達的。

綜上所述，雖然生孩子對我們來說是一種福報，也是美滿生活的重要成分，但並不一定適合所有人。因為有些人不想生孩子，或者最終選擇不生孩子，我們完全尊重這一點。如果你不想生孩子（或不想生很多孩子），不要因為社會、文化規範、父母或朋友而感到壓力。過最好的生活，做任何適合你的事情，同時考慮撫養孩子的成本和樂趣。

---

[44] www.gov.uk/childcare-calculator?utm_source=childcarechoices&utm_medium=microsite

[45] www.helpforhouseholds.campaign.gov.uk/

[46] 編按：在台灣，政府也有類似的補助措施（即 0 至 6 歲國家一起養 2.0）：
1. 0 至 2 歲（未滿）幼兒托育補助：自 2024 年起，送托公共化托育機構（如公設民營托嬰中心、社區公共托育家園）每月補助 7,000 元；送托準公共服務者（如準公共托嬰中心或準公共保母）每月補助 13,000 元；中低收入戶則再調高 2,000 元、低收入戶及弱勢家庭再調高 4,000 元。
2. 2 至 6 歲（未滿）幼兒就學補助：就讀公立、非營利及準公共幼兒園者，第一胎每月繳費分別為 1,000 元、2,000 元、3,000 元，第二胎、第三胎（含）以上再優惠，中低及低收入戶家庭子女就學「免費」。
3. 0 至 6 歲育兒津貼（含私幼 5 歲就學補助）：第一胎 0 至 6 歲（未滿）每月 5,000 元，第二胎 6,000 元及第三胎（含）以上幼兒 7,000 元；5 至 6 歲（未滿）幼兒就讀私立幼兒園，其就學補助額度比照育兒津貼發放。

夫妻理財

夫妻應該將財務完全併到一個聯名帳戶中,還是各自單獨管理?這個問題沒有絕對的答案。然而,根據我們的經驗,夫妻關係中應該優先考慮溝通、信任和透明度,不僅會讓事情變得更容易,夫妻齊心協力,還會讓你們走得更遠。

我們把所有進入這個家的錢都當作是家裡的錢,而不是他或她的錢,這樣就可以避免誰比誰賺得更多或貢獻更多的壓力。我們的收入存入聯名帳戶,完全透明,我們設有自動支付,從投資帳戶以及各種家庭開支中一起扣款。我們也有個人帳戶,彼此轉帳互通,花在想要的任何東西上。但是,如果聯名帳戶中的花費超過一定金額,我們就會在之前互相討論。這樣一來,不僅透明而且彼此負責,以確保我們實現儲蓄和其他財務目標,而不是花在沒有計畫的事情上。

我們知道這種作法不常見,但我們從父母身上看到他們的困境,他們的財務完全獨立,遺憾的是,如果他們齊心合力,彼此信任,就可以生活得更好(例如,更多的投資)。然而彼此之間並不知道另一個人到底賺多少,這在他們那一輩當中很常見。

近期有一項新研究,關於夫妻建立銀行帳戶的方式,以及如何影響他們之間的關係。研究發現,聯名銀行帳戶可以幫助夫妻調整財務目標並遵守約定,而不是最後花更多。如果帳戶裡的錢屬於每個人,那麼個人就不需要維持信用評分[17]。

你應該做對自己有幫助的選擇。我們從不後悔將所有的財務狀況結合,事實上,我們認為它改善了我們的婚姻,並給了我們別人沒有的優勢。

---

[17] www.insight.kellogg.northwestern.edu/article/key-to-happy-marriage-joint-bank-account

在結束第五週前，我們要說的是，創造財富喜悅的生活取決於妥善處理日常財務，並且量入為出。這會讓你睡得更好，享受自由、平靜與和平的生活。除了突發事件外，它來自於你在房子、食物、汽車、養兒育女和非必需品等生活方式做出的選擇；也來自於管理資金的流入和流出的能力，不僅要能每月支付應有開銷，還要創造足夠的餘額來為未來儲蓄和投資。我們的環境一直鼓勵用力花錢並依賴債務，殊不知實現債務自由才是財富喜悅生活的關鍵，我們將在第六週面對這個問題。

第 5 週：課程和行動方案

第 5 週的三節課

- 你的日常生活選擇和養成的習慣，將決定你是否賺多花少、規律存錢和投資，是隨著時間累積財富資產的最大因素。你的生活方式越簡單、越有規畫，你的財富累積就越容易。認真分析你在房子、結婚、生孩子、買好車等重大決定的成本和效益，但不要過度分析，免得你瞻前顧後，無法過最好的生活。
- 制定一個快樂的支出計畫，它會幫助你了解每月收入的去向。如果你先把錢分配在儲蓄和投資，剩下的錢花在快樂的體驗上（即使你的收入增加也持續這麼做），即使花光也不會有罪惡感，因為你已經做了很好的規畫。
- 累積財富始於掌握生活中微小的現金進出。如果你每個月都用日常財務清單管理收入和支出，控制因比較心態產生的衝動消費，你就會有一個規律的生活，對金錢的管理充滿信心。

第 5 週的三個具體行動

- **具體行動 1**：為你的收入和支出定一個快樂的支出計畫，也就是預算，使用以下建議的百分比來配置月薪的八個去向。你可以調整在第二欄建議的百分比，以反映個人不同的環境，然後在第三欄中寫下你的規畫。

去向	我們建議的百分比	你的百分比
公司或私人退休金	總收入的 10%	
剩餘的 90% 為應稅所得——扣除稅金剩下的就是淨收入。 將銀行帳戶中所有的淨收入分配到以下七個地方：		
1. 緊急預備金	淨收入的 5%	
2. 債務償還	淨收入的 10%	
3. 股票個人儲蓄帳戶（ISA）和終身儲蓄帳戶	淨收入的 15%	
4. 需要（needs）	淨收入的 50%	
5. 娛樂和想要（wants）	淨收入的 5%	
6. 捐獻	淨收入的 10%	
7. 具成長和承擔風險的投資	淨收入的 5%	
	總計 100% 的淨收入	

每個月的日常財務清單

編號	活動	完成打 ✓
1	每週、每兩週或每月的理財日。 讓它成為常態活動。	
2	查看設定的 POST（目的、目標、策略和戰術），回顧設定的願景和目標。有任何進展嗎？開始討論。	
3	計算財務淨資產（即現在所處的位置）。 有什麼進展嗎？	
4	討論債務和償債的進展狀況。確保持續償還債務。	
5	檢視投資。過去 12 至 24 個月的表現是否良好？（請記住，投資有漲有跌，所以要從長遠考慮。）	
6	查看喜悅支出計畫。是否有按計畫分配收入？如果沒有，為什麼？開始討論。	
7	比較銀行對帳單上的實際數字與預算，檢查過去 30 天的支出詳細資訊。你有持續計畫嗎？	
8	如果有房貸，是否能提前還款？如果是，請先還掉。本書後續會闡述提前還款的重要性。	
9	檢查每個月的訂閱或自動轉帳支出。能終止或重新議約嗎？	
10	檢查信用報告和評分。有什麼異常嗎？ 使用以上分享的方法討論需要改善的地方。	

- **具體行動 2**：決定家庭財務長和理財日。

 家庭財務長（可能就是你）將負責管理每月財務收支，並隨著時間累積財富。例如，理財日可以是每個月的第一個星期六，因為通常在月初會檢討上個月的工作。選擇一個適合的日期，並保持心情輕鬆愉快。

- **具體行動 3**：每月的日常財務清單（或其他類似的表格）來掌握每個月的財務狀況。

| 第 6 週 |

減債策略：好好消除債務

財富喜悅生活向壞債務宣戰，利用好債務來累積財富。

　　債務是一把雙面刃，英國和全球經濟均賴以維繫，只是債務體系本身存在極大差異。一方面，貧窮者要借款買房子以求生存，而且他們的信用評分通常較低且沒有資產擔保，因此借貸成本要高得多。生活上，也更依賴昂貴的信用卡、融資、發薪日貸款❶和個人信貸。由於利率較高，在複利效果下，累積的債務更難以償還。較貧窮的家庭通常收入水準較低，一般只能償還最低額度的債務。

　　另一方面，富裕的家庭借錢則是投資讓他們更富有的資產，他們通常有更好的信用評分和可以抵押的資產，貸款成本相對便宜。自 2008 年以來至今十多年間，創紀錄的極低利率和數十億美元的印鈔（又稱量化寬鬆）導致的資產價格膨脹，貧富差距比過去以往任何時候都大。簡單來說，如果你擁有資產，那麼你應該相當開心，因為資產價格在高通膨的環境中往往會持續增長。如果你擁有昂貴的負債，則會隨著利率上升而越來越痛苦。

　　你要如何從一個不斷拚命工作才能還債的人生，變成一個無債一身輕，

---

❶ 譯註：發薪日貸款（payday loan）是一種小額、短期、無需擔保的貸款，借款人用他們下一個薪水支票來還款。發薪日一到，帳上就會被扣回借款的本息。

甚至可以有閒錢來投資資產的人生？

我們將在本章詳細敘述並分享策略，這些策略將幫助你償還昂貴的所謂「壞債務」，如信用卡。同時養成習慣，幫你用更便宜的「好債務」，如房貸，作為一種工具。如果你願意這麼做，有一天同樣可以累積財富。關於利用房貸債務投資房地產來累積財富，會在第九週深入討論，屆時我們將會更勇敢地使用金錢。

我們的債務有多大？

個人借的錢被稱為家庭債務，由金融債務（信用卡、信貸和其他非房貸債務）和財產債務（房子和以財產作為抵押）組成。英國的家庭債務總額約為 1.28 兆英鎊 ❷，其中 1.16 兆英鎊（91%）為房地產債務，1,190 億英鎊（9%）為金融債務，這兩種債務都在持續上升中。金融債務中，成長最快的是學生貸款、分期付款和信用卡債務。要分析持有所有這些債務的人，以及與他們財富狀況的關係，讓我們看以下三個重要的圖表。想像一下，人口分為十組，稱為十分位數。擁有最多總財富的 10% 的家庭是第十個（最高）十分位數，總財富最少的 10% 家庭則是第一個（最低）十分位數。第一張圖顯示了貧富差距擴大的原因之一。與中高財富家庭相比，貧困家庭有更高的金融債務，而中高財富家庭有較多的財產債務 ❸。

---

❷ www.ons.gov.uk/peoplepopulationandcommunity/personalandhouseholdfinances/incomeandwealth/bulletins/householddebtingreatbritain/april2016tomarch2018

❸ 編按：台灣前 10% 有錢人的門檻是人均淨資產 2,319 萬元，前 1% 門檻是人均淨資產 9,865 萬元。

金融服務集團安聯發布的《全球財富報告》，2023 年台灣以高達新台幣 523 萬元的人均金融資產淨值，穩居全球第五名。但相對於英國，根據瑞銀資料，台灣人淨資產有 30.9% 來自非金融資產的市值。根據行政院主計總處 2024 年公布的家庭財富分配，台灣貧富差距擴大至 66.9 倍，財富最低的 20% 家庭，金融負債 30 年來增加 16 倍，平均為 405 萬元。

按所得分類的家庭負債百分比

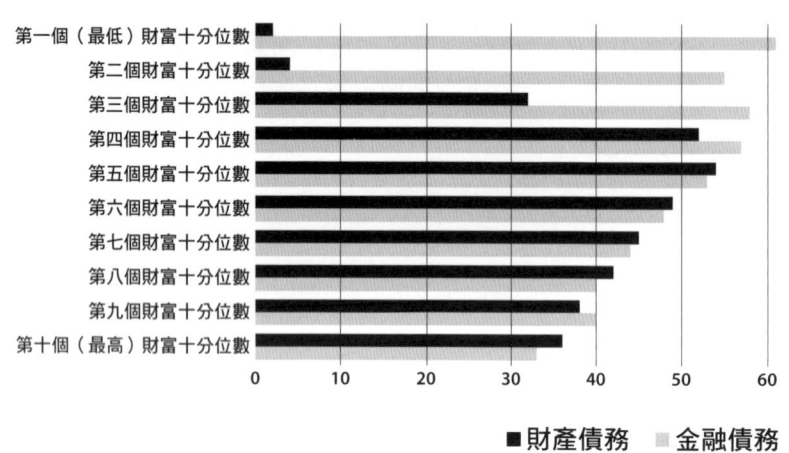

十分位數	財產債務	金融債務
第一個（最低）財富十分位數	2	61
第二個財富十分位數		
第三個財富十分位數		
第四個財富十分位數		
第五個財富十分位數		
第六個財富十分位數		
第七個財富十分位數		
第八個財富十分位數		
第九個財富十分位數		
第十個（最高）財富十分位數	36	33

■ 財產債務　　▫ 金融債務

　　在第一個十分位數（最貧困的家庭）中，因為收入較低，獲得房貸的人較少，大約 61% 的家庭有金融債務，只有 2% 的家庭有財產債務。然而，從第五個十分位數（中產階級）到第十個十分位數（最富有的家庭），財產債務都超過了金融債務。第十個十分位數的家庭，約 36% 的家庭擁有財產債務，33% 的家庭有金融債務。如果從總債務的分布來看，最富有的 50% 家庭擁有家庭債務總額的 64% 左右，最不富裕的 50% 家庭則擁有家庭債務總額的 36%❹。

---

❹ https://www.ons.gov.uk/peoplepopulationandcommunity/personalandhouseholdfinances/incomeandwealth/bulletins/householddebtingreatbritain/april2016tomarch2018

債務和財富有關嗎？

簡單回答,是的。事實上,最富有的家庭擁有更多的債務,其中包括很高比率的低成本房地產貸款,這與他們的財富呈現正相關。一種方法是按前面家庭所得的十分位數分類法,觀察家庭債務總額與家庭總財富的比率。

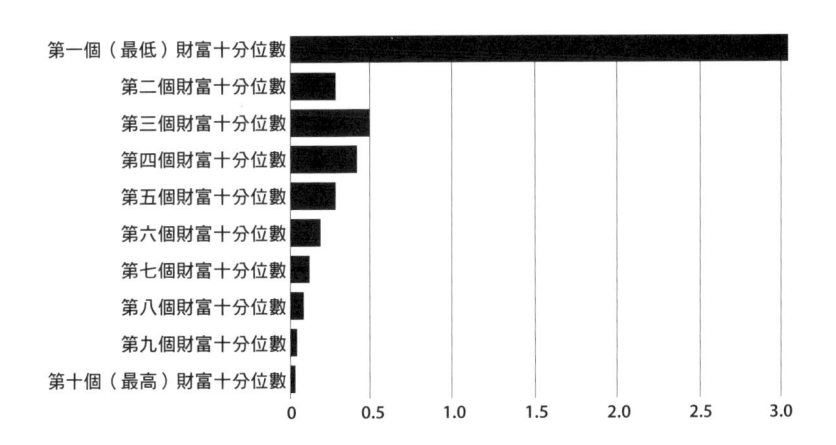

總債務與總財富的比率

財富十分位數	比率
第一個(最低)財富十分位數	約 3.0
第二個財富十分位數	約 0.3
第三個財富十分位數	約 0.5
第四個財富十分位數	約 0.4
第五個財富十分位數	約 0.3
第六個財富十分位數	約 0.2
第七個財富十分位數	約 0.1
第八個財富十分位數	約 0.1
第九個財富十分位數	約 0.05
第十個(最高)財富十分位數	約 0.03

上圖顯示,雖然與富裕家庭相比,最不富裕家庭的總債務金額較低,但他們的總債務卻是總財富的三倍;而最富裕的家庭,其債務與財富比率幾乎為零。以下是按資產類型分類的家庭財富,房地產是最富裕家庭的第二大財富來源,僅次於退休金。這種模式多年來一直在增長,美國和世界上其他以債務為基礎的經濟體也有類似的樣貌。

按資產類型分類的家庭總財富（英鎊計價）

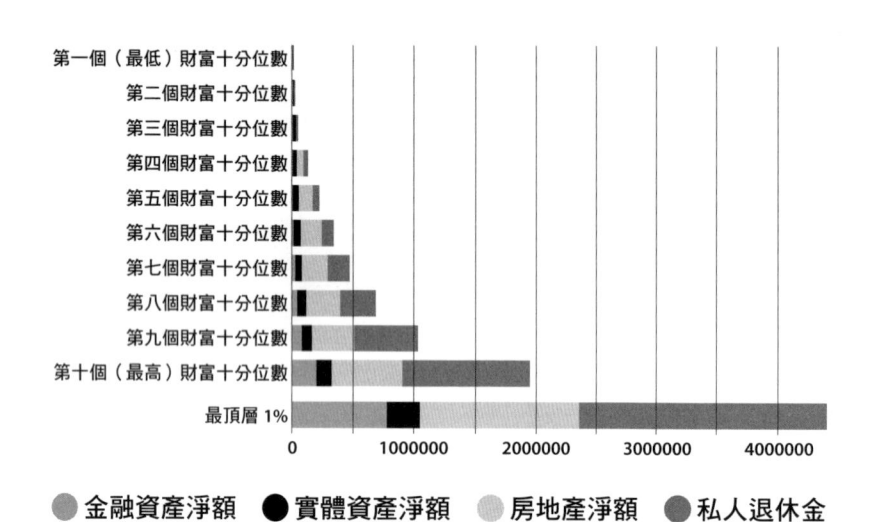

第一個（最低）財富十分位數	
第二個財富十分位數	
第三個財富十分位數	
第四個財富十分位數	
第五個財富十分位數	
第六個財富十分位數	
第七個財富十分位數	
第八個財富十分位數	
第九個財富十分位數	
第十個（最高）財富十分位數	
最頂層 1%	

● 金融資產淨額　● 實體資產淨額　　房地產淨額　■ 私人退休金

這說明了什麼？它說明了持有的債務類型很重要。在第一個十分位數的家庭中，有 15% 的家庭持有所謂的問題債務，這些家庭難以償還所有的債，尤其是在利率上升的情況下，這可能會影響家庭的生活水準、穩定性和金融彈性。而中產階級和最富裕家庭中，這個數字分別為 5% 和 2%。擺脫金融債務或「壞債務」才能建立長期財富增長。為了了解如何消除這些債務，我們得先了解這些債務是從何而來。

負債的 22 個真實原因

我們在本書第三週介紹過，知道不該負債並不足以避免負債。而是又回到管理可控的議題（行為、金錢觀和做出的選擇），並制定計畫來應對無法控制的事情（生活中的意外事件和外在環境變化）。由於錢的議題在文化上仍然很隱晦，大家通常避而不談，沒有人想在金錢上被評斷，失敗的金錢管理往

往令人羞愧。因此創造一個可以談論債務狀況的環境很重要。我們詢問了「普通人的小錢」社群的人們,他們是如何陷入債務泥淖的,答案既令人震驚又發人深省,並且有一些值得注意的趨勢。以下是負債人的真實反應。

負債的 22 個真實原因

	原因	實際狀況
1	昂貴的婚禮	「因為辦婚禮要花錢。在付款期限前幾天貸款 6,000 英鎊。」
2	有孩子之後的大額房貸	「沒有其他負債,但有一大筆房貸,因為我低估了生完孩子後的開銷,而薪水不夠負擔。」
3	衝動消費	「我喜歡在難過和開心的時候瘋狂血拼,所以搞砸了。」
4	入不敷出	「我以為我會賺的錢夠還債,想不到事情有了變化。」
5	度假	「開心去度假,卻出現意想不到的開支。」
6	借錢投資	「我借錢去投資指數型基金 ETF!」
7	沒有保險	「我父親因為治療癌症而負債累累,因為國民保健署(NHS)❺的等候名單太長。」
8	為他人借錢	「前夫讓我為他貸款。我同意了,但他沒還。」
9	支出與收入不匹配	「因為超支,我沒有檢查收入能不能還得起債。」

---

❺ 編按:大不列顛及愛爾蘭聯合王國構成的公費健保系統,全球最大的單一保險人制度醫療體系。

	原因	實際狀況
10	打腫臉充胖子	「我不斷借錢來維持生活,而真實情況是越來越糟。」
11	嘗試生孩子（試管嬰兒）	「試管嬰兒很花錢,但我一點也不後悔。」
12	糟糕的商業建議	「來自以前商業夥伴／經理的糟糕建議……就像一場災難。」
13	奢華生活	「奢侈品實在太貴了。加起來很快就比我賺的還多。」
14	融資買車	「融資買車,我以為可以輕鬆還清,但事實上不能。」
15	取悅他人	「想買好東西來取悅他人,並希望給他們最好的。」
16	生活中的突發事件	「我的父母去世了,我的微薄工資根本支付不了家庭帳單。」
17	大學	「我決定回到大學讀書,但成年學生無法申請貸款和助學金,所以我刷信用卡。」
18	父母債務	「我父親負債累累,恐將入獄,家人向我施壓,要求我貸款償還他欠的債。」
19	利用債務提高信用分數	「作為首次移民,我試著用信用卡來獲得信用評分。」
20	無知	「老實說,我沒有想到還有其他方法。」
21	裝修房屋	「重新裝潢房子。希望能增值。」
22	缺乏金融知識	「年輕時不知道。我一直以來從不檢查我的銀行餘額。」

以上負債的原因是否似曾相識？它們確實引起我們的共鳴，其他像失業也是人們負債的主要原因。當然，這不是一份完整的清單，但它揭示了一個重點：陷入債務的途徑是多種多樣的。然而，好消息是，我們可以做一些事情來擺脫並避免重新陷入債務泥淖。

請捫心自問，你是怎麼負債的？如果你有伴侶，和他們討論，但不要互相指責。在稍後使用 The Debtonator® 方法之前，你需要弄清楚這一點。如果不確定負債是怎麼來的，那麼請查看你的銀行對帳單，弄清楚何時負債，以及錢去哪兒了，這很重要。

如何處理債務的負面情緒

從負債到最終擺脫債務的過程中，情緒會從壓力、沮喪、焦慮、恐懼和羞恥等四面八方襲來，並且持續多年。然而，隨著逐漸朝向無債一身輕前進，情緒將轉變為興奮、自信、自由、滿足和喜悅。處理債務的負面情緒非常具有挑戰性，因為情緒是你的一部分。然而，有幾個實用的技巧可以幫助你管理情緒，並利用它們來創造一個更積極的心態。

談論你的感受：真誠談論自己的感受會讓人如釋重負，因為你會發現自己不是在一個無法擺脫的深淵中，其他人也曾到過那裡，或是目前處於相同的情況，而且不是無路可走。與信賴的朋友或家人交談，或加入類似的社群，談論它但不互相比較。請參閱本書附錄的資源，尋找可以談論的債務慈善機構。

尋找健康的壓力宣泄管道：參與有助於減輕壓力和焦慮的活動，例如運動、冥想、深呼吸、寫日記或與親人共度時光。

善用自我暗示 ❻ 的力量：這是一種心理技巧，重複對自己積極地肯定或陳述，以影響潛意識。例如：

- 「我可以過沒有債務的生活，我正一步步實現它。」
- 「我盡到責任償還債務，為我的生活帶來了富足和財富自由。」
- 「我努力過著沒有債務的生活。我絕對能做到！」

你可以把這些寫在「肯定卡」上，每天反覆念幾次；或者乾脆背下來，在你對債務壓力感到沮喪時複誦。言語激勵與採取行動相結合，可以成為改變心態和行為的有力工具，可以幫助你逐漸擺脫債務。

想像一個沒有債務的未來：想像一下，一旦你無債一身輕，你的生活將如何改善。想像積極的結果可以激勵你保持正軌，也能幫助你消除身為負債者內心的消極想法。相信自己能擺脫債務，就等於成功的一半。

與債務直球對決：如果你屬於迴避者的角色（見本書第二週），那麼在面對債務時，很容易會說出「我明天就做」。然而事實是，規避或忽略債務的存在只會增加負面情緒。動手做一些事，比如打開早已忽略的帳單，就是跨出一大步。這些步驟將幫助你擬定計畫，這部分我們將在下面介紹。

實現無債一身輕：The Debtonator® 方法

我們創建了 The Debtonator® 方法，以幫助大家更快地消除債務。然而，在進入實際細節之前，需要轉變思維方式。解決問題（例如負債）的最有效

---

❻ 譯註：自我暗示（self-suggestion）是一種心理上的自我激勵方法。用自己喜歡的正向行為或觀念不斷提醒自己，讓行為和觀念受到影響，真的朝向激勵的方向。例如一直告訴自己快要成功，結果往往就會成功；告訴自己痊癒了，結果病就真的好了。

方法之一是重新建立看待它的角度。所以，與其想著「我正在償還債務」，不如想著「我正在累積財富」。你可以把它看作是「財富累積的過程」，讓清除債務變成喜悅的事。當你還清 1 英鎊或 1 美元的債務時，心情應該是輕鬆自在的，因為你正在金錢之旅中前進並累積財富。The Debtonator® 方法是一個循序漸進的過程，我們發明了這個方法，並讓自己百分百沒有負債，它的成功是基於看待的角度和心態。以下是 The Debtonator® 方法的十個操作步驟。

The Debtonator® 方法

步驟	行動
步驟 1	停止花更多的錢
步驟 2	列出你擁有的東西（你的資產）
步驟 3	列出你所欠的（你的負債）
步驟 4	計算償還能力
步驟 5	制定償債計畫
步驟 6	為意外做好準備
步驟 7	每週專注於一件事
步驟 8	讓債務目標可見
步驟 9	尋找可信賴的夥伴
步驟 10	賺外快

以下讓我們一步一步詳細探討，一次一個。

步驟 1：停止花更多的錢

這很明顯，但追求無債務的第一步，就是不要再挖更大的坑，停止累積更多債務。這需要行為上改變，在金錢和債務之間製造更多的障礙。有兩種方法可以實現這個目的。

選項 1：只用現金：這很老派，但很有效。從現在開始只用現金！與信用卡刷卡消費相同金額相比，花費 500 英鎊或 500 美元的現金要困難得多。心理學家稱其為「付出的痛苦」（the pain of paying），指的是在購買時所感受到的負面情緒 ❼。這種心態的出現，是因為人們都想要避免損失，認為損失比同金額的收益更重要。使用現金的心理效應隨著面額變大而變得更深 ❽，這是一種認知上的誤差，意思是與小面額的等值貨幣相比，人們更不喜歡用大面額的貨幣——例如 50 英鎊或 100 美元的鈔票。利用這種心態，加上預算的觀念，如善用信封，把現金放入不同的信封來支應不同的開銷。這方法很有效，因為它們付的是現金，進而改變消費行為。

選項 2：只用金融卡：這跟只用現金的想法類似，重點是最多只能花金融卡裡帳戶的餘額，確保不能用到銀行帳戶的融資功能。現在，許多銀行都提供「存錢罐」（pot）功能，能將銀行帳戶依特定目的做分割，把錢「藏」在裡面，與主帳戶互不相通。

步驟 2：列出你擁有的東西（你的資產）

如果不在一張紙的篇幅內看到所有內容，很容易忽略某些明顯的事情。例如，我們曾經和客戶一起審查財務狀況，發現他們的活期帳戶中有大約

---

❼ www.thedecisionlab.com/reference-guide/psychology/pain-of-paying

❽ www.thebehavioralscientist.com/glossary/denomination-effect

10,000 英鎊，沒有利息，但也有大約 30,000 英鎊的信用卡債務，年利率約為 22%。然而，他們寧願不看信用卡餘額，因為生活中要操心的事情太多了。當自顧不暇時，把頭埋在沙裡是最常見的反應，我們深知這一點。因此，列出你全部有價值的東西，一切就變得清晰。你已經在第四週填過清單了，現在打開它即可。

步驟 3：列出你所欠的（你的負債）

在第四週你把負債扣除後得到淨資產，但這裡需要更多資訊。以下是一個使用範本：

債權人	債務類型	金額	利率	條款或截止日期	優先或非優先
	總計				

以下是範例：

債權人	債務類型	金額	利率	條款或截止日期	優先或非優先
美國運通	信用卡	£3,000	22.90%	最低	非優先
滙豐銀行	房貸	£250,000	3.99%	25 年	優先
巴克萊銀行	融資	£500	31.90%	250 英鎊內 0%	非優先
學生貸款公司	助學貸款	£25,000	6%	與薪資帳戶連結	非優先
塞恩斯伯里銀行	汽車貸款	£7,500	7.50%	2 年	非優先
	總計	£286,000			

如果看到債務集中在某一項時，雖然會震驚，但不要太擔心。因為它把你的債務呈現得清清楚楚，更重要的是你正在梳理它。

在上表的最後一欄中，你要弄清楚每一項債務是優先還是非優先。我們需要依此決定先償還哪些債務。

優先債務是那些不還款就有嚴重後果的債務，通常被視為重要的債務。如果不優先解決，可能會面臨嚴重後果，像是引起法律訴訟、重要資產損失或基本服務中斷。例如，房貸是一種優先債務，因為如果不支付，銀行可能會把你趕出家門。

非優先債務是指就不償還的後果而言，通常被認為嚴重程度較低的債務。雖然這些債務仍需要償還，但與優先債務相比，債權人強制償還的直接法律權力較少。以下是優先債務和非優先債務的例子。

優先債務	非優先債務
房貸、房租、市政稅、煤氣或電費、電話費或網路費、有線電視月租、法院罰款、未付的稅額抵減、分期付款、未繳納的所得稅或加值稅、未支付的子女撫養費	信用卡債務、商店卡債務、發薪日貸款、融資帳戶、學生貸款、未付水費、多付的福利、未付停車費、欠朋友和家人的錢

步驟4：計算償還能力

　　能償還多少債需要與現有的生活方式妥協。也就是在第五週裡所談的，為你的快樂支出計畫中，所得應該去的八個去向（見第五週）。我們的建議是，應該用稅後收入的10%償還優先債務和昂貴債務（壞債）。如果這還不夠實現還債目標，就要考慮從其他項目挪移。拿出第五週列出支付的基本與非必要費用清單，問自己幾個問題。像是我們真的需要一輛每月花費400英鎊（約合台幣16,000元）的汽車嗎？我們可以在家做飯來省下每月150英鎊的外賣嗎？專注消除一次性支出並減少經常性付款。這些作法就能幫助你省下更多現金來償還債務，並將焦點放在該放棄的消費習慣上。

　　如果，在檢查支出和分配50%所得給「需要」後，發現仍然需要更多的錢來實現還債目標，我們建議暫停5%的緊急預備金，5%的成長和承擔風險投資，和15%的股票個人儲蓄帳戶分配，直到還清優先債務和昂貴債務為止。不過，你應該保留10%的退休金帳戶和5%的娛樂開支，因為這是必要的，以保持持續下去的動力，並在努力擺脫債務的同時仍然能夠享受生活。至於剩下10%捐獻，是很個人化的選擇，我們不打算做出建議。但請記住，發自內心的捐獻才是最重要的。

步驟 5：制定償債計畫

此步驟利用我們在第四週介紹的 POST 框架。

目的：為什麼要擺脫債務？實現無債一身輕的核心動機是什麼？寫下你的答案。

目標：想償還多少債務？何時要償還？寫下你的答案。

債務金額	期望無債一身輕的時間

如果不設定償債的目標，你很可能只會繼續自動償還債務的最低限額。

策略：打算如何還清債務？向誰承諾還清債務？應該先還清哪些債務？寫下你的答案。

要決定債務的償還順序,需要考慮兩件事。

優先債務與非優先債務:優先債務應該要先還清,以免失去房屋、水電瓦斯或面臨法律懲罰。優先債務的利息和費用會持續累積,讓債務繼續惡化。而非優先債務,儘管它們也會累積,但可以協商[9]。

債務滾雪球法 vs 債務雪崩法:這是兩種不同的清償債務方式。債務滾雪球法是從償還最小的債務出發,建立持續還債的動力。債務雪崩法則是先針對利息最高的債務下手,快速降低利息成本。下表是它們的優缺點摘要。

	債務滾雪球法	債務雪崩法
優點	心理素質提升	節省利息支出
	簡單直覺	快速消除債務
	很快見到效果	財務效率高
缺點	利息成本較高	心理上挑戰
	整體花的時間長	第一次成功的時間更長

[9] www.citizensadvice.org.uk/debt-and-money/help-with-debt/dealing-with-your-debts/work-out-which-debts-to-deal-with-first/

儘管研究 ❿ 建議從債務滾雪球法開始，讓小額債務更快還清，但我們更傾向債務雪崩法，先償還昂貴的債務，以節省最多的利息，其他債務則支付最低限額。不過，每個人可以依據個性做出不同選擇。

以下是債務優先順序 vs 債務成本的摘要：

	昂貴的債務	較不昂貴的債務
優先債務	房貸欠款、法院訴訟罰款、子女撫養費欠款、所得稅和加值稅欠款	稅務欠款、有線電視費用、多付的福利
非優先債務	信用卡債務、商店卡債務、發薪日貸款、融資帳戶	個人貸款、購物分期、學生貸款（還款）、無擔保信用借款

我們傾向的債務償還順序是：

1. 優先且昂貴的債務。
2. 優先且非昂貴的債務。
3. 昂貴且非優先的債務。
4. 非昂貴且非優先的債務。

請注意，你可以在這些類別中使用債務滾雪球法，例如，在「優先且昂貴的債務」中，包括房貸欠款、法院訴訟罰款、所得稅欠款等債務。你可以先還清當中金額最小的一筆，以增加持續還債的動力。只是，你要考慮債務的緊迫性，以確保最先還清短期間到期的債務。

---

❿ www.hbr.org/2016/12/research-the-best-strategy-for-paying-off-credit-card-debt

戰術：還有哪些步驟可以擺脫債務？見下文。

步驟 6：為意外做好準備

雖然把手中每 1 英鎊或每 1 美元都拿來還債很有效果，但也要考慮到意外的發生，像是輪胎爆胎、熱水器壞了，都會有額外帳單要付。在第五週的快樂支出計畫中，我們建議將稅後收入的 5% 分配給緊急預備金。如果你的負債太多，先存下 1,000 英鎊（約合台幣 4 萬元）的緊急預備金就夠了。除此之外，把其他的錢都先拿來還優先且昂貴的債務。

步驟 7：每週專注於一件事

當踏上清償債務的路途時，很容易不知所措，我們的方法是簡單化，一次只專注於一件事。例如，我們建議一次專注於一項債務，也說明了應該先償還哪些債務。只是，實際的運作上，每次只須專注於更小範圍，以便更快實現清償債務的目標。如果第一步是利用金融卡來還債，我們建議每次專注於一個銀行帳戶即可，不用同時還多個帳戶，因為這樣更容易觀察自己的收入和支出。每週最多進行五次這樣的「一件事」活動。下表是我們的建議。

步驟 8：讓債務目標可見

將債務目標視覺化是個很好的策略，可以保持動力並專注於償債。以下是我們最喜歡的方法，可以幫助你隨時看得到債務目標。

視覺化進度表：設計一個追蹤債務償還進度的圖表。它可以是個簡單的圖形、表格或有刻度的記號，上面有預定還清債務的日期。你可以定期更新，並放在顯眼的位置。

我們的建議	你的「一件事」
選一種債	例如:「我目前正在努力還清 5,500 英鎊的房貸欠款」
選一個銀行帳戶	例如:「我的收入將匯入巴克萊金融卡,同時支付費用」
養成一個習慣	例如:「我會在每天早餐後查看網路銀行對帳單,以檢查我的支出」
一週選一天不花錢	例如:「我每週三絕對不花錢」
找一個額外的收入來源	例如:「我會用現有的技能來賺更多的錢」

債務還清願望板:設計一個願望板,上面包括財務目標以及在債務還清後想要實現的目標。包括夢想中的假期、債務還清的慶祝活動、其他激勵項目,甚至是「保持無債一身輕」等簡單訊息,讓自己專注在還債上。

行事曆:在行事曆上設定自己(或伴侶)的理財日。每個理財日都是一個迷你的里程碑,可以檢查償債進度,根據需要調整策略,或者慶祝成功還債。

請記住,關鍵是要找到適合你的方法,好將債務目標放在首位。這些視覺化的工具會幫助你保持動力並專注於實現財富自由。

步驟 9:尋找可信賴的夥伴

可信賴的夥伴是能夠分享無債務目標的人,他們鼓勵你並讓你對這些目標負責。你們可以每週聯繫一次,分享通往無債務之旅的進展,甚至分享困境(如果有的話)。這個夥伴可以是配偶、家人或朋友。

步驟 10：賺外快

如果想更快實現無債一身輕，將生活簡單化加上賺外快，將會很快達成目標。根據我們的經驗，賺錢始於一念之間，把賺錢遊戲化更顯得趣味。我們將在第八週說明如何賺外快。

我們已經介紹 The Debtonator® 方法的十個步驟，以幫助你擺脫債務桎梏。如需其他債務解決方法，請諮詢信譽良好的債務公益機構或查看 www.thehumblepenny.com/debtsolutions 的內容。

我們如何在七年內還清房貸

我們完成了家族史上、甚至在朋友圈中無人能及的成就：在 30 多歲時，僅短短七年多的時間裡還清了 25 年的房貸。總共還了大約 380,000 英鎊（約合台幣 1,520 萬元），包括房貸本金加利息。我們沒有繼承任何遺產，也沒有中樂透，從 2012 年開始，在利率最低的時候做到了。

很多人認為我們瘋了，為什麼要還清房貸？這可是廉價的債務！而且重要的是，利率如此之低，為什麼要還清？為什麼不把錢投資在股票上，或者再抵押房子借更多的錢來投資呢？看吧，在實現財富自由的過程中，你需要做出許多反文化的決定，對一些人來說，這根本不合邏輯。然而，你需要勇敢地堅持信念——即使別人沒有看到你的生活願景。在撰寫本書時，利率正大幅上升，人們應該會明白為什麼我們要提前還清房貸了吧。以下是我們的策略。

策略 1：先把它當作目標

在利率上升的環境下，支付房貸對很多人來說是重中之重。為了盡早還

清房貸（這並不適合所有人），首先要讓它成為目標。優先償還昂貴的債務，例如信用卡，並擁有緊急預備金。目標也不需要設在七年內還清。像我們的 25 年房貸，最初的目標是大約 20 年還清。然後，隨著計畫確實執行，目標變成 15 年，然後是十年，最後是七年。做有用的事情，專注你的目標。

策略 2：謹慎選擇居住地

房子的位置會決定借多少房貸，以及多久還清。儘管有能力借錢並住在倫敦，我們還是選擇搬到首都以外的一個通勤小鎮，以大約 340,000 英鎊（約合台幣 1,360 萬元）買了一棟房子，符合我們生活和撫養兩個孩子的計畫。這樣做給了自己提前還清房貸的可能性。

策略 3：多還點錢

我們每月多還一點錢，以抵消複利❶的影響。每 1 英鎊或 1 美元都很重要。想像一下，你在 25 年內為 250,000 英鎊（約合台幣 1,000 萬元）的房貸支付 5% 的平均利率：

每月多還 100 英鎊（約合台幣 4,000 元）：可以省下約 26,000 英鎊（約合台幣 100 萬元）的利息，並提前三年還清房貸。

每月多還 500 英鎊（約合台幣 2 萬元）：可以省下 83,000 英鎊（約合台幣 332 萬元）的利息，並提前十年還清房貸。

每月多還 1,000 英鎊（約合台幣 4 萬元）：可以省下 112,000 英鎊（約合台幣 448 萬元）的利息，並提前 14 年還清房貸。

我們從小規模還款開始，但有時候我們每月會多還 1,000 英鎊（約合台

---

❶ 編按：compound interest，按照這種計算利息的方法，利息除了會根據本金計算外，新得到的利息也同樣可以生息。

幣 4 萬元）。以下會介紹如何做到。上述三種情況說明，只要多還款都可以節省開支，從小額開始是值得的。有人認為，多還款可能引發超過 10% 上限的提前還款費用，我們將在下一節分享如何克服這個問題。

策略 4：靠一份收入生活

我們調整了生活方式，主要依靠一種收入來源，而用其他收入來投資和多還房貸。這並不容易，尤其瑪麗在休產假時收入下降了。我們不得不放棄好車和頻繁的外賣，並提前 12 個月就開始計畫家庭度假以多省一點錢。我們還執行每週 50 英鎊（約合台幣 2,000 元）的食物預算，出於健康因素和省錢，我們主要吃素。現在，我們四口之家的食物預算約為每週 70 英鎊（約合台幣 2,800 元）。生活方式的選擇應該是越簡單越好，我們找到了免費或便宜的活動，仍然玩得很開心，並更有計畫避免超支。

策略 5：開始副業

我們投入了大量的時間和精力來從事家教、開辦托兒所業務、出租房間等副業，以賺取更多收入。我們的稅後收入越多，就越能提早還清房貸並投資於股票市場。

策略 6：利用獎金和遣散費

我們的事業成長，同時努力工作獲得了獎金，我們用其中一部分的錢來享受生活，但大部分都投入到投資和還房貸中。另外一個資金來源是遣散費。和資方協商一個好的裁員方案，能夠幫助我們提前還清房貸。我們沒有揮霍這筆錢，而是很快找到了新工作，並用這筆錢來還房貸。

策略 7：每月還款二次

如果每月還款兩次——例如，來自副業所得或其他方式的額外收入——而不是大多數人的 12 個月，這會減少複利的影響。只要向銀行索取分類代碼、帳號和你的房貸參考帳號，每個月二次銀行轉帳償還房貸，或設置自動扣款。

策略 8：職涯發展

我們重視職涯發展，在獲得了新的資格證書後，收入變得更高了。瑪麗通過兒童保育資格的再培訓，使她能夠經營一家家庭托兒所，作為我們合資企業的開始。肯恩完成了他的 EMBA 學位〔我們還設法取得 MBA [12] 所需 75,000 英鎊（約合台幣 300 萬元）學費的七折，加上前雇主支付的生活費助學金〕。這些資格讓肯恩升職——成為財務長，瑪麗成為經理——加薪和獎金主要投資於股票市場，但也用於提前償還房貸。

提前還清房貸改變了我們的生活，但我們並不後悔，反而強烈推薦；因為它讓我們變得更勇敢，追求新的職業和熱情，做喜歡的事情。我們擁有了更大的財富自由，但是，我們理解這並不適合所有人。有些人會批評，認為償還房貸的錢可以拿來投資好股票，或者通貨膨脹會隨著時間讓債務貶值，為什麼要提早還錢呢？這些論點不無道理，只是對我們來說，心靈上的自由和回報勝過這種邏輯。

你應該提前還清房貸還是投資股票？

儘管投資股票可能會帶來更好的報酬，然而，決定多還些房貸或投資股

---

[12] 編按：Master of Business Administration，企業管理碩士。

票取決於個人近期的財務狀況和長期目標。以下是一個例子。

有一對夫婦都是 35 歲，有兩個孩子，身體健康，薪水不錯，有房貸；此外，在金錢之旅中處於財務穩定階段，可以存三到六個月的生活費。他們應該提前還清房貸還是投資股票？在我們看來，他們應該繼續投資股票，以嘗試進入金錢之旅的下一階段——財務安全。到了下一階段，他們至少能夠存下一年的生活費用。這會提供更多的安全性和流動性（資產變現的難易程度），因為他們有孩子，需要的不僅僅是緊急預備金。

想像一下，他們正處於財務安全階段，並且最終的目標是財務獨立。他們應該繼續投資股票還是多付房貸？假設在這個階段，他們討厭自己的工作，看不到未來的前景，希望其中一人有機會經營自己的事業。對他們來說，在這種情況下，開始多還一點房貸以減輕債務負擔，並為未來的創業提供靈活性則更有意義。因為創業沒有固定的薪水。他們可以這麼做，同時仍然保留一些資金投資股票。

這裡要強調，投資股票並不是一個必要的決定——即使它合乎邏輯。因為個人的情況可能有所不同。例如，健康情況不好的時候，會立刻改變生活的優先順序，你可能會更想要一棟無房貸的房子，因為它提供了安全性。我們同時還了房貸也投資股票，而且隨著時間調整二者的比率。有時在股票和還房貸的比率為 50：50，有時是 70：30，當接近後期時，調整為 30：70。我們仍然每個月都有投資股票，即使有時候只放一些錢在公司的退休金帳戶。

千金難買早知道

以下是我們在經歷房貸自由的過程中明白的一些事情，現在回頭想，如果在貸款前就知道該有多好。

25 年期與 35 年期房貸的影響

隨著房地產價格的上漲，越來越多的人為了還得起貸款而簽下 35 年（甚至更長時間）的房貸，我們理解這麼做的原因。但是，它的影響卻沒有被說清楚。你知道嗎，如果你以 5% 的利率借了 300,000 英鎊（約合台幣 1,200 萬元），並選擇 35 年期房貸而不是 25 年，這額外的十年會讓你多付超過 100,000 英鎊（約合台幣 400 萬元）的利息。換句話說，這就是 226,000 英鎊（約合台幣 904 萬元）和 328,000 英鎊（約合台幣 1,312 萬元）之間的差距——這只是利息！儘管銀行可以讓你更輕鬆地延長期限，但請記住，這對銀行來說是求之不得的好生意。如果你的目標是盡早實現財富自由，我們建議盡量不要延長期限。儘管有些人延長了期限，將原本應付的房貸拿來投資股票，但並不是每個人的投資都那麼有紀律。

無上限房貸

為了更快還清房貸，你可以透過房貸經紀人換成沒有 10% 超額還款上限的房貸。如果預算允許，盡可能多還貸款，而不用擔心有提前還款費用。

獲得出租同意

如果手上有一戶房產想出租，你可以向銀行辦理出租同意書（consent-to-let）[13]，而不會用到買房出租（buy-to-let）貸款。你可以在不獲得買房出租房貸的情況下保留現有房產。銀行通常會每 12 到 36 個月辦理一次出租同意，並在需要時續簽。

---

[13] 譯註：出租同意書（consent-to-let），指屋主自住一段時間，在銀行有還款紀錄，當屋主想把房子出租，可以取得銀行的出租同意，保有原有的貸款條件繼續還款。而買屋出租

有些銀行比其他銀行更容易貸款

如果你要獲得新的房貸或再抵押貸款，有些銀行的條件會比較好談。了解這一點並多加比較，能獲得更好房貸的機會。在線上社群和論壇上爬文或與房貸經紀人討論，都有助於了解哪些銀行合適。

善用房產經紀人

我們喜歡和不預收費用並了解整個房貸市場的經紀人往來，和經紀人打交道很重要，因為他們擁有你不容易了解的面向。此外，也可能因此獲得一筆不錯的房貸。

你可以每隔一段時間多還些房貸

以下是你可以多還房貸的三個時間點：

- 當期還款和下期還款之間的日子。
- 運用新房貸交易時 10% 的超額還款額度。
- 新的年度開始，通常在每年 1 月，10% 的超額還款額度將會重設。

如果你的超額還款超過 10%，可以在償還這些超額貸款時仔細計算時間點，而不會產生提前還款費用。但是請先聯繫銀行，以確保償還超額貸款在限額內，且不會有其他費用。

（buy-to-let）則是屋主買房的目的就是出租，這通常發生在海外投資客，或是為未來退休打算的購房。買屋出租的利率通常較一般房貸利率要高。

在這一週結束前，告訴自己，如果選擇了無債一身輕的目標，它是會實現的。是的，它需要一些時間，在某些情況下甚至需要幾年，但如果改變對債務的看法，把它當作是累積財富的一種工具，你不僅會擺脫生活中的「壞」金融債務，生活也會逐漸改變，創造具有生產力的「好」財產債務，投資房地產甚至創業。在第七週，我們將把重點轉移到投資未來，我們將說明如何投資股票市場以實現長期目標。

第 6 週：課程和行動方案

第 6 週的三節課

- 債務是一把雙面刃，而且差異甚大。昂貴的金融債務使貧窮的家庭更加貧窮，讓他們看不到機會，富裕的家庭則能夠利用便宜的財產債務來累積更多財富。我們的目標是積極地擺脫所有金融債務，首先從優先和昂貴的債務開始，這樣我們可以行有餘力，留下資產投資的空間。將財產債務作為進入累積財產的捷徑，但最終，還清房貸應該是主要目的。

- 英國和全球經濟是建立在債務之上的，借貸的心理無處不在，無形的力量總是將我們推向債務，並讓背負債務合理化。你有能力選擇不負債。言語的力量、自我暗示等工具是處理債務負面情緒的方式，使用正面積極的語言，例如，「我值得過上無債一身輕的生活，而正在採取必要的手段來實現。」

- 永久擺脫「壞」債務，無債一身輕是做得到的，但需要自律。誠實面對所處環境，養成健康的理財習慣，接受更簡單的生活方式，並重新定義你對「償還債務」的看法，將其視為「財富累積的過程」。此外，The Debtonator® 方法是個經過驗證的十步驟，可幫助你更快地結束負債。

第 6 週的三個具體行動

- **具體行動 1**：使用 The Debtonator® 方法建立你的無債務計畫，參考本週學習的每個步驟。
- **具體行動 2**：如果你已經有房貸（並且沒有其他昂貴或優先債務），請考慮每個月在預算中騰出一部分來多還房貸。請寫下一個數字——例如每月 100 英鎊（約合台幣 40,000 元）——作為起點。

- **具體行動 3**：不要害怕談論對債務的感受。它是可以好好談論的，你會發現你不是在一個真的無法擺脫的黑洞裡。如果覺得有必要，請寫下將與哪個信賴的朋友、家人或社群談論債務。請記住，這離你的無債一身輕的未來更近了一步。

| 第 7 週 |

為未來投資：通往財富自由之路

財富喜悅的生活來自於：讓錢為你工作，讓事情變得簡單。

投資股票市場最常見的迷思是：你得成為投資專家，你得有很多錢，而投資就像賭博，因此它只適合有錢人。這些迷思讓許多人不敢投資。後來我們在 YouTube 社群針對數千人的調查中，有 49% 的人認為「沒有早點開始投資」是他們最大的財務決策錯誤。

曾幾何時，我們也陷入這些迷思，因為我們家族裡沒有人投資過股票。在看到周遭一些人進場後，我們在 2010 年邁出了第一步，開始用少量的資金投資股市。這一大進展讓我們建立起信心，相信經過研究股票和基金就能學習到更多知識，以實現財富自由的長期目標。

一開始，投資並非一帆風順，因為賺錢的幻覺和興奮之後，往往是某些個股大賠的痛苦。我們花了一段時間才得出關於投資的簡單道理，這讓我們明顯增加了財富。我們將分享這些簡單原理，幫助你在複利的推動下，緩慢但肯定能致富。

由於智慧型手機和指數基金的創新，你可以在客廳花幾分鐘時間，就能將資金投資於世界各地——而且彈指之間就能完成。在本書的這一部分，我們想幫助你回答一些問題，例如在投資方面，你想從哪裡開始？你如何選擇投資股票或基金的類型？如何避免賠錢？以及其他問題等等。總之，我們希

望排除複雜的術語，讓問題變得非常簡單，讓所有人可以立刻採取行動。如果你是一個完全的初學者，可以開始進場投資；如果你是老手，則會更聰明地投資。

為什麼要投資？

有些人沒有投資股市也實現了財富自由，對於這些人來說，為什麼還要談投資？我們想到三個理由：

- 如果你有財務目標，並希望盡快實現，將錢投資於股票市場，可以讓你獲得公司的擁有權，讓你的錢每週七天、每天 24 小時夜以繼日地工作。
- 將資金投資於股票是戰勝通貨膨脹和累積實際財富的最佳機會之一。
- 與許多其他資產相比，股票市場在長期（20 年以上）來說提供了高於平均的報酬率，並且提供了多樣化，分散了投資組合的整體風險。

基於上述原因，或許還有更多原因，我們認為投資股票市場是累積財富的關鍵。

為什麼要投資股票？

投資股票（也稱為股份）處於投資光譜的末端，伴隨著很多風險，但也可能獲得可觀的回報。我們在 2015 年投資了蘋果股票，八年來這筆投資增長了 644%。事實上，在截至 2023 年 8 月的十年時間裡，蘋果股價的報酬率約為 1,030%。然而，這是非常特殊的例子，因為投資也可能因為一家公司的經營風險而賠光，投資無法保證一定會獲利。

我們拿標準普爾 500 指數基金投資（稍後會詳細介紹）作為對比，該指數基金在過去十年期間的回報率約為 217%。投資一定有風險，因此會要求高的報酬。但關鍵是要明白，只有在具備長期投資的心態下，才應該投資股票。首先，你必須有財務目標。其次要有一個具體的時間範圍，而且必須認知投資一定會有風險。

股票市場實際上是如何運作的？

股票市場是股票買家和賣家交易的地方。如今，這些交易幾乎都在網路上撮合，他們買賣的是公司股票和權益股份。當你買進一檔股票時，某個地方就會有人賣出這檔股票。為什麼會有公司股票和權益股份在交易？因為公司想要籌集資金以擴大業務。他們將從市場籌集到的資金投資於行銷、員工、產品、技術開發等領域。

當你投資一家股票和權益股份時，就如同擁有這家公司的一小部分。人們很容易忽略，一家公司是由許多勤奮的員工組成的，而每個人都有家庭。因此當你擁有一家公司的一小部分時，背後可能有成千上萬的人在為你工作。

當你開始投資股票市場時，首先要將資金分配在三個主要領域：

股票：具有高風險，但也有潛在的高報酬，這是財富增長所必需的。如果正處於人生中財富累積階段，並努力實現財富自由，投資組合中往往會配置較多的股票。

債券：債券大都屬於低風險，報酬也會較低。它們定期提供收入並抵禦通貨緊縮（與通貨膨脹相反），還能使投資股票的波動性降低。如果正處於人生中財富保值階段並且即將退休，投資組合中往往會有較多的債券。

現金：現金沒有任何風險，但通貨膨脹會侵蝕現金的購買力。它是作為緊急變現之用，也能在市場下跌時提供撿便宜抄底的機會。在本書第五週已經介紹保有緊急預備金的方法。

以上三個領域的分配比例，取決於個人的風險偏好、時間範圍和財務目標。例如，我們在財務上是獨立的，幾乎百分百的可投資資產（不包括房地產）都是股票，只有少量現金，沒有任何債券。這是因為我們目前 40 歲，還有幾十年的工作時間，會有一定的收入，因此將大多數的投資放在股票承擔市場風險。不過配置的比例會隨著時間而改變。

大致來說，如果正處於人生中財富累積階段，積極地投資股票，只保留很少甚至沒有債券是合理的。如果處於財富保護階段，可以持有較多的債券，還可以將部分資金分配給大宗商品，例如黃金，作為抵禦通貨膨脹或市場崩盤時的去處。我們稍後會談到這一點，以下分別討論股票、債券和現金。

你如何開始投資股票？

要開始投資股票，首先需要清楚認知投資的目的，設定一個目標，然後才開始設定具體的策略，最後是戰術。這又回到我們曾用過的 POST 框架，以下是一個範例。

目的：例如：「我想要有一個無憂無慮的退休生活」或「我想投資孩子的教育基金」。

目標：例如：「我想在 20 年內建立一個 100 萬英鎊（約合台幣 4,000 萬元）的投資組合，當我 60 歲時，能提供每年 40,000 英鎊（約合台幣 1,600 萬元）的稅前收入，讓我能過著舒適的退休生活。」你的目標不一定是 100 萬英鎊，因為大多數人用更少的錢也能過上好的退休生活。如果有多個目標，可以分成不同的類別，例如退休、財富自由、教育基金等。把每個目標用明確的數字表示，並設定好時間範圍。這是很重要的動力，因為可以藉此設定一個合理的預期報酬率，並推算出每個月需要投資多少才能實現每個目標。我們將在第九週介紹，如何計算投資金額。

策略：這是投資時所依循的方法，也是能學習到的、最有效的聰明投資

方法。

戰術：為了避免投資虧損，有些必要的行動，例如：不要經常檢查投資部位的表現，特別是當市場上感到恐慌時。

一旦清楚投資目的和目標，以下介紹兩種方式可以透過股票市場擁有公司的所有權。

投資股票就是拿現金直接購買公司的股票。通常會透過證券經紀人❶（更多內容見下文）執行買進交易，並支付交易費用。

投資基金則是將資金（透過與他人共同擁有的股票池）分散到許多公司，可以實現多元化投資。每檔基金都將權益分割成許多單位（unit），因此投資基金就是擁有基金的單位數，基金單位的價格是每日計算淨值。然後，該基金（集合許多人的資金）就會把錢投資在許多標的公司股票，透過擁有基金單位，相當於擁有基金投資的一小部分標的公司，每個單位的價值可以像直接擁有股票一樣漲跌。投資基金的優勢，主要能降低個別公司相關的特定風險，不過還是會面臨整體市場風險。相對於投資個別公司股票，基金是一項風險較低的投資，潛在的報酬率也會較低。

什麼是投資策略？

投資策略是配置資產的行為準則。決定哪種類型策略來配置資金的因素，包括風險承受能力和對未來資金的需求。

投資策略可以幫助你實現資本累積的速度。如果正處於人生中財富累積階段，資產的快速增長就很重要；如果處於財富保護階段，財產保護就會是

---

❶ 編按：證券經紀人與證券自營商有所區別，證券經紀人可以代客戶買賣證券、基金、認股證及其他衍生產品，從而獲得費用或佣金收益。

策略重心。一般而言，投資股票市場的策略包括：

短期交易：這可能是你在社交媒體、親朋好友或路人甲之間最常見、充滿噪音的類型。有些人認為這是一種賺快錢的方式。這個策略就是試著「把握市場時機」，挑選在短時間內（通常是 12 個月或更短時間）會表現良好的股票。我們建議應該完全避開這種策略。

低買高賣：這也是一種嘗試把握市場時機，買入持有（buy-to-hold）策略。透過挑選股票、低買高賣來獲利，通常持有的時間會超過 12 個月。

價值投資：這些是低價購買的策略，基本上選擇價格低於其公司真實價值的股票。這也是世界上最成功的投資者之一華倫・巴菲特所做的，因為他擁有對公司進行評價的技能，並且有足夠的資金對他投資的任何公司產生重大影響。

上述投資策略的共同點是，選擇股票或委託給投資經理。這種類型的投資稱為主動投資。大多數時候，市場在擇時、選股和專業技能的培養付出了很大的成本。更糟糕的是，大量研究證明，主動型投資經理的表現並不明顯優於市場。

那麼，為什麼還要挑選股票或聘請昂貴的投資經理呢？當然，也有例外，比如巴菲特，他作為主動型經理，卻採取不同的方法。他同時也是被動投資——你應該好好關注這個策略——的最著名支持者。

為了證明這一點，在 2008 年，巴菲特對一家避險基金（一種主動型基金）下了 100 萬美元的賭注，賭指數基金 ❷ 的被動投資將比避險基金表現更好，十年後，他贏得了賭注 ❸。

---

❷ Index Fund，又稱指數型基金，是被動式管理的共同基金主要形式。
❸ www.businessinsider.com/warren-buffett-wins-million-dollar-bet-against-hedge-funds-2018-1?r=US&IR=T

被動投資

　　被動投資是一種投資策略，是在很長一段時間內，用最少的買賣交易，將投資報酬極大化。這很重要，因為它避免了頻繁交易所產生的交易成本影響投資報酬。從本質上講，這是一種買入並持有的策略，與短期交易的行為相反。

　　利用投資指數基金（index fund）和交易所交易基金（ETF）❹ 來實行這個策略的投資者，對短期的市場走勢並不感興趣，而且幾乎不會選擇進場時機。被動投資的關鍵假設是：如果時間夠長，市場終會產生正報酬。被動投資就是要隨著時間經過緩慢、穩定、確實地致富。

　　我們對長期投資的偏好是遵循這種被動投資策略，因為它提供了最好的賺錢機會，同時能保護資金免受損失。我們確實將部分資金分配給了個別公司股票，因為我們相信這些公司，並進行詳盡的研究。但是，如果你不準備研究公司資產負債表 ❺、損益表以及找到買進公司股票的理由，我們就不建議初學者這樣做。我們認為，只有在以下情況下，你才應該購買個股：

- 你了解如何研究或評價公司價值。
- 你是一個老練或富有的投資者。

　　為了讓事情變得超級簡單和無壓力，最好的方式就是持續投資指數基金或 ETF，同時忘記它們，只是偶爾檢視你的帳戶並在需要時再平衡（rebalance）調整就行。

---

❹ 編按：ETF 若追蹤特定指數也屬於指數基金。
❺ 編按：簡單來說，資產負債表就是評估公司財務體質是否強勁的最佳報表。

太棒了！但什麼是指數？

指數是一組清單，類似於購物清單。但是，指數不是雜貨，而是可以投資的股票市場中的公司清單。一些例子包括標準普爾 500 指數、富時 100 指數❻、富時 250 指數等。該名單通常由一個委員會根據既定的篩選門檻組合而成。標準普爾 500 指數是最負盛名的指數之一，因為它是美國股票市場前 500 家公司的名單。由聲譽卓著的公司——標準普爾道瓊指數公司維護這份名單。該名單包括世界上一些最大的科技公司，它的歷史績效表現良好❼。

那麼，什麼是指數基金？

指數基金是追蹤指數表現的被動式基金。它是兩種主要追蹤指數的投資工具中最原始且較簡單的，另一種是交易所交易基金（ETF）。它適合新手和市場投資者，特別是每月定時定額直接轉帳投資。這些基金的結構大都為開放式投資公司（OEIC）❽，這是英國的術語，意思是將資金集中在一個籃子裡，用來投資各種類型的股票和其他類型的投資。英國的其他指數基金為單位信託（unit trust）架構（在美國，這些基金被稱為共同基金）。OEIC 和單位信託基金都是「開放式」的，意思是你可以隨時買賣基金的股份。請注意，指數基金不太會頻繁交易，也沒有交易成本。投資人只須支付年管理

---

❻ 編按：創立於 1984 年 1 月 3 日，是由富時集團根據在倫敦證券交易所上市的最大的一百家公司表現而製作的股價指數。

❼ 編按：ETF 在台灣上市 20 多年，除了最熟悉的 0050、0056 等股票型 ETF 外，還有債券型 ETF、原物料 ETF（期貨型 ETF）、放空 ETF（槓桿型 ETF）及反向 ETF 等。由於 ETF 同時具備開放式基金的能夠申購和贖回的特性和封閉式基金的交易特性，被認為是最偉大的金融創新之一，近年來逐漸成為平民理財顯學。

❽ 譯註：OEICs：Open-Ended Investment Companies，開放式投資公司。

費，通常也只有零點幾個百分點，這讓指數基金成為很便宜的投資方式。

投資於指數基金是拿錢申購基金，然後基金將這筆錢投資於指數清單上的各個公司。舉足球為例，這就像購買整個英超聯賽❾（指數基金）而不是購買單一明星俱樂部（單一股票）。如果在標準普爾 500 指數中投資 1,000 英鎊（約合台幣 4 萬元），則這 1,000 英鎊將分布在指數的 500 家公司中，並按其市值（公司所有股東目前持有的公司股票的總價值）加權。透過追蹤指數，指數基金提供與指數本身相同的表現。例如，如果標準普爾 500 指數在一年內的報酬率為 9%，那麼如果該指數基金密切追蹤該指數，預計該指數基金的報酬率也會是 9%。

指數基金投資優勢

類別	指數基金的優勢
成本	與主動型基金相比，成本較低（通常為每年 0.04% 至 0.25%，而主動型基金每年為 1% 至 2%）。
多樣化	廣泛且分散投資，降低個股特定風險。
自動篩選	指數基金定期自動納入表現良好的公司，同時剔除表現不佳的公司。
情緒穩定	減少對短期市場波動的反應，關注長期績效。
普及性	任何人都能投資，無論其財務專業背景為何，使投資更加平易近人。
良好的報酬	長期下來，歷史平均報酬率約為 7%，有助於財富累積。
財富自由	指數基金具有成本效益，在財富累積和財產保護方面相當重要。

指數基金投資也有一些缺點：

市場風險：雖然指數基金消除了個股的「特定風險」，但不可避免仍會面臨市場風險，即整個市場可能隨著時間上漲或下跌的風險，這是無法避免。

追蹤誤差：雖然指數基金追蹤標的指數，但它們之間仍可能會有追蹤誤差，也就是基金表現與指數表現之間的差異。這可能是由費用、稅收和其他因素所引起。

行業和產業偏重：多數指數基金的行業和產業配置並不完全分散。像是標準普爾 500 指數在金融和科技的權重偏高。因此，投資這樣的指數基金等於是把資金分配給少數幾個行業。

缺乏彈性：指數基金的持股無法客製化，如果有特定價值、偏好或風險考量時，調整投資的能力會受到限制。

市場報酬：這是指數基金的基本特徵。雖然它們提供與市場相近的報酬，但績效不太可能超越指數。這可能是尋求更高報酬的投資者所顧慮的問題。但是，如果目標是緩慢但肯定地致富，這就不會是問題。

關於指數股票型基金（ETF）

ETF 類似指數基金，只是它的交易方式更近似股票，在股票市場上買賣。因此，需要支付交易成本（通常每筆交易約 10 英鎊左右）。ETF 是市場上的新生力量，作為投資者，它提供了更多的選擇。倫敦證券交易所有 1,500

---

❾ 編按：英格蘭足球超級聯賽，是英格蘭足球最高等級的賽事，也是世上最頂級的足球聯賽之一。

多檔上市 ETF [10]，由於相當受歡迎，在可預見的未來將繼續增長 [11]。

ETF 是一種交易行為類似公司股票，以買賣基金單位數來投資整個市場（或指數）的方式。ETF 是一個追蹤器，可以投資追蹤任何標的指數。例如富時 100 指數、標準普爾 500 指數、MSCI [12] 世界指數等 ETF。也可以投資追蹤黃金、白銀、可可和石油等大宗商品的 ETF，甚至是追蹤加密貨幣和區塊鏈 [13] 等創新公司的 ETF。

有些產品只提供指數基金，有些產品則只提供 ETF。關鍵是要了解差異並持續投資，體認到二者最終都在做同樣的事情，無論追蹤哪個指數，最終都會提供該指數的報酬。

追蹤指數如何致富

指數產品集合許多投資者在一起並投資於一個池子（一大筆錢）。然後使用該池子（透過指數基金和 ETF）購買指數中的每家公司。一些指數產品完全複製指數中的成分股，有些則採取部分複製。以一個完全複製為例，標準普爾 500 指數基金追蹤並投資標準普爾 500 指數中的所有 500 家公司。

請注意，既然是追蹤，就不會挑選贏家的股票，因此沒有挑選時機的問題，只專注於追蹤指數並從股票表現獲得報酬。實際上，透過這種方式，才可以投資全球數百家公司，如果靠自己一家一家投資，既昂貴又不切實際。

---

[10] www.londonstockexchange.com/raise-finance/etps/etfs

[11] 編按：台灣買賣 ETF 需要負擔證券手續費與股票交易同為 0.1425%，而證券交易稅是 0.1%。在台灣，ETF 也越來越受投資者青睞，根據財政部最新統計 2024 年 1 至 9 月，台灣 ETF 已有 200 多檔，交易金額突破 7.4 兆元，創下歷年新高。

[12] 編按：明晟公司，是一家美國股票基金、所得型基金、避險基金股價指數和股東權益投資組合分析工具提供商。

[13] 編按：藉由密碼學與共識機制等技術建立與儲存龐大交易資料串聯的點對點網路系統，目前最大的應用是加密貨幣，例如比特幣。

指數基金與 ETF 的比較

	指數基金	交易所交易基金（ETF）
結構	共同基金（美國）或開放式投資公司（OEIC）和單位信託（英國）追蹤特定指數	在證券交易所交易的指數股票型基金
交易	於交易日結束時以資產淨資產價值（NAV）交易	整個交易日都能在交易所買賣
價格	收盤後每天定價一次	價格在日內（一天內）與市場走勢同步變化
成本	通常具有較高年度管理費用	由於結構原因，通常具有較低的年度管理費用
最低投資額	最低投資額的門檻較高	最低投資額的門檻較低
透明度	每季或每半年披露一次（每年兩次）持股明細	每日均披露持股交易和明細
稅收效率	由於基金結構，節稅效果較佳	如果不常交易，會有節稅效果
流動性（資產轉換為現金的難易程度）	每日僅能交易一次，流動性略低	日內均可交易，具有高度流動性
多樣化	反應特定指數內的多樣化	提供跨指數間的多樣化
買進／賣出	直接透過基金管理公司買賣	透過股票經紀人買賣
投資者形態	長期買入並持有的投資者	長期或短期交易者
追蹤市場	緊密複製指數表現	緊密複製指數表現

被追蹤指數的範圍越廣越好。富時全球全市值指數、富時成熟國家（英國除外）指數 ⓮、富時英國全股指數和標準普爾 500 指數等都是值得投資的類型。這些指數盡可能提供多樣化，消除了個別公司的特定風險。如果指數中的公司的業務範圍不限一個國家或地區就更好了，這樣還可以分散各個國家的風險。這種全球範圍的指數產品現在就有，而且成本也不高。關鍵是要盡可能廣泛地投資。

解析常見投資術語

如前所述，投資術語是許多人遲遲不願開始投資的原因之一。假設你想投資追蹤指數的 ETF——你該搜尋什麼？在哪裡搜尋？稍後將討論搜尋平台。現在，讓我們先解決「你搜尋什麼」的問題。

所有基金都有一個唯一的國際證券識別號（ISIN）用以識別。它是 12 位的數字和字母組合而成。以下是一些基金的示例（僅供說明，並不涉及推薦）。

	基金名稱	ISIN
A	先鋒富時全球全市值指數基金 （Vanguard FTSE Global All Cap Index Fund）	GB00BD3RZ582
B	iShares 富時 100 UCITS ETF（配息型） （iShares FTSE 100 UCITS ETF Dist）	IE0005042456

讓我們深入了解每個基金名稱中的實際含義。

⓮ 編按：是由大約 3,700 家大中小型公司的普通股組成的市值加權指數，位於加拿大、歐洲和太平洋地區的主要市場。

A：先鋒富時全球市值指數基金

名稱內容	含義
先鋒	基金業者名稱。
富時全球全市值	該基金追蹤或複製的指數（清單）。
指數基金	基金類型，在英國也稱為開放式投資公司（OEIC），在美國稱為共同基金。

B：iShares 富時 100 UCITS ETF（配息型）

名稱內容	含義
iShares	資金業者的名稱。iShares 來自貝萊德[15]。
UCITS	代表「可轉讓證券的集體投資」——本質上是歐洲監管機構所批准，使人們更容易將資金投資於不同歐洲國家的基金。
ETF	交易所的指數股票型基金。
配息型	「配息型」的意思是，ETF 將分配股息，通常是每季分配一次，你可以將收到的股息再投資。 配息型的替代方案是「累積型」，ETF 會將收到的股息自動再投資，目標是實現成長。

除了透過 ISIN 搜尋外，你還可以透過基金或證券的簡短代碼來搜索大多數指數基金或 ETF。這些符號在證券交易所和金融平台間

---

[15] 編按：一家美國的投資管理公司，總部設於於美國紐約，並在全球 30 個國家設立辦事處。

廣為使用，以方便這些基金的交易和追蹤。

例如，英國的先鋒富時全球市值指數基金的代碼為「VWRL」，美國的先鋒全股市指數基金（大額及長期投資人級別）[16]的代碼為「VTSAX」。代碼通常會在基金名稱旁邊同時顯示。在基金概述、關鍵投資者訊息文件（KIID）[17]或公開說明書中則會看到 ISIN。

指數基金和 ETF 入門

市面上有數千檔指數基金和 ETF，要從中挑出一些來建立投資組合實在不容易。在決定要選擇哪些指數基金或 ETF 之前，你需要先進行以下步驟。

步驟 1：確定投資重點和資產配置

你可以決定要投資的資產類別（股票、債券、現金）以及每個類別的配置比重。其中主要是股票和債券的配置，有一個有用的經驗法則，是用 120 減去你的年齡，就是投資股票的百分比，其餘投資於債券。

例如，如果今年 30 歲，該法則建議將 90%（120–30）投資於股票，其餘 10% 投資債券。這個經驗法則的論點在於，年輕的投資人在市場上的金融資本相對於人力資本（未來的工作和賺錢能力）來說較少。該法則還考慮了人們預期壽命的增加。

但是，這只是個經驗法則。沒有人能阻止你要 100% 投資股票或是想放多少在債券裡。如果有興趣投資房地產（像是房地產投資信託──REITs）或

---

[16] 譯註：大額及長期投資人級別（Admiral Shares）：是先鋒基金的一個單獨級別，提供大額投資及長期持有投資較低的費用。

[17] 譯註：KIID：Key Investor Information Documentation，關鍵投資者訊息文件。

其他的商品（不包括黃金），你也可以從資產中挪出一部分資金進行配置，但我們建議配置比重在 5% 到 10% 之間即可。

如果對加密貨幣等數位資產感興趣，也可以配置一些，我們建議配置比重最多占投資組合的 1%（如果有的話）。黃金和現金也可以配置。目標的配置比重在 5% 到 10% 之間。本週最後的課程中將總結這些資產在投資組合中扮演的角色。

步驟 2：確定多元化策略

關於股票，你可以選擇全球市場或特定市場。如果選擇全球基金進行全球投資，你的資金大致會分配約 60.5% 給美國，3.9% 給英國，14.1% 給歐洲

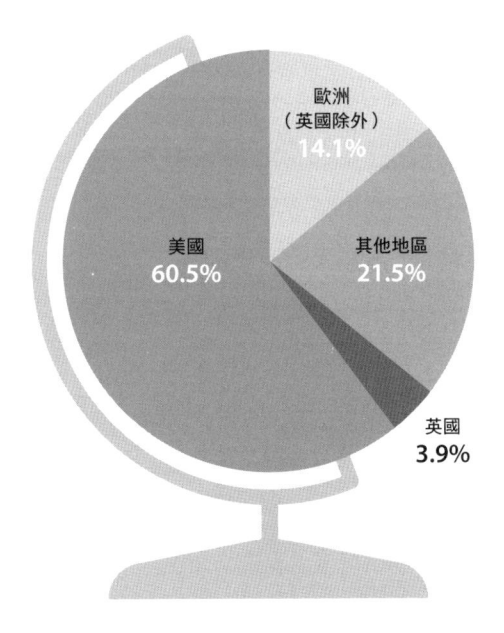

投資全球股票時，資金的配置

- 美國 60.5%
- 歐洲（英國除外）14.1%
- 其他地區 21.5%
- 英國 3.9%

（英國除外），約 21.5% 給其他地區 [18]。

步驟 3：想要追蹤哪些市場？

例如，英國股票或美國股票等等。這取決於你判斷在未來的投資期間表現會比較好的市場，或者選擇一個避免本土偏好（home bias）[19] 的市場。例如，我們已經在英國擁有房地產，而且大部分生活都在這裡。因此在過去十年中，我們大都投資在美國股市，並獲得相當好的報酬。展望未來，我們把重點放在全球，不過多數仍放在美國，因為全球基金無論如何配置，都有超過 60% 的資金分配給美國。一旦決定了要追蹤的市場，下一步就要決定哪些指數涵蓋這個市場。

步驟 4：哪些指數（清單）涵蓋這個市場？

如果你住在英國，以下是一張主要市場表格，代表的指數和建議的基金，幫助你進一步研究。要強調的是，這不是投資顧問或個人建議，你應該進一步研究，在需要時尋求財務建議 [20]。

---

[18] www.vanguardinvestor.co.uk/investments/vanguard-ftse-global-all-cap-index-fund-gbp-acc/portfolio-data

[19] 譯註：本土偏好（home bias）：屬於投資心理學的一種，由於對本國的環境、金融市場運作、標的股票較為熟悉，往往在做投資決定時會投資過高的比例在本國的市場中。例如，台灣人只投資台股，美國人更愛美股。這樣會有過度集中的風險。

[20] 編按：台灣目前尚未有全球股票型 ETF，但國內首檔海外股票型 ETF 於 2011 年掛牌，在台灣上市的國外 ETF 標的指數成分包含國外證券，有單一國家股市如美國、日本、越南等，也有區域股市如新興市場、歐洲等，還有不同主題如儲能、半導體、生技等。例如統一 FANG+（00757）為 2023 年的 ETF 績效王，全年報酬率將近 100%，2024 年上半年績效也超過 30%。FANG+ 的選股概念來自尖牙股（FAANG），追蹤 NYSE FANG+ 指數，持有的十檔成分股全是各科技創新領域的巨擘。

市場	代表指數	描述	可供英國投資者投資的基金(例)
全球股票（成熟市場）	MSCI 世界指數	代表 23 個成熟市場的大中型股票。	• iShares MSCI 全球核心 UCITS ETF（SWDA）。 • 先鋒富時全球 UCITS ETF（VWRL）。
全球股票（成熟市場和新興市場）——全市值	富時全球全市值指數 MSCI 全球全國家指數（ACWI）	涵蓋成熟市場和新興市場的大、中、小市值的全球股票。	• 富時全球全市值指數基金——累積級別。 • iShares MSCI 全球核心全國家 ETF。
英國股票	富時英國全股指數	富時英國全股指數涵蓋英國市值的 98% 至 99%，由富時 100 指數、富時 250 指數和富時小型股指數組成。	• 富時英國全股指數基金。 • iShares 富時 100 UCITS ETF。 • 先鋒富時 100 UCITS ETF（VUKE）。
美國股票	標準普爾 500 指數	追蹤美國 500 家最大的上市公司。	• iShares 標準普爾 500 UCITS ETF。 • 先鋒標準普爾 500 UCITS ETF（VUSA 或 VUAG）。 • 先鋒美國股票指數基金 - 累積級別。
全球（英國除外）股票	MSCI 全球（英國除外）指數	涵蓋成熟市場（不包括英國）的大中型股票。	• iShares MSCI 全球（英國除外）UCITS ETF。 • 先鋒富時全球（英國除外）UCITS ETF。 • 富時成熟國家（英國除外）股票指數基金 – 累積級別。
新興市場	MSCI 新興市場指數	涵蓋 27 個新興國家的大中型股票。	• iShares 新興市場股票指數基金。 • 先鋒新興市場股票指數基金。
全球債券	彭博巴克萊全球綜合債券指數	代表全球投資級固定收益證券。	• iShares 全球綜合債券 UCITS ETF。 • 先鋒全球債券指數基金。

市場	代表指數	描述	可供英國投資者投資的基金 (例)
英國政府債券	富時英國國債指數	衡量英國政府債券的表現。	· iShares 英國金邊債券[31] UCITS ETF。 · 先鋒英國政府債券指數基金。
美國政府債券	彭博巴克萊美國公債指數	衡量美國政府債券的表現。	· iShares $ 美國公債 7 至 10 年期 UCITS ETF。 · 先鋒美國國債 UCITS ETF。

如果以美國市場為主，以下是一些追蹤美國市場的標的。

股票

先鋒全市場指數基金—大額級別（VTSAX）：追蹤全市場指數，提供更廣泛市場範圍的基金，包括大型股、中型股、小型股和微型股。

先鋒全市場 ETF（VTI）：與上述（VTSAX）具有相同範圍的 ETF。ETF 具有成本效益，與 VTSAX 相比，VTI 的費用率[32]通常較低。

先鋒標普 500 指數 ETF（VOO）：追蹤標準普爾 500 指數的 ETF——集中在大型股，具有 ETF 的成本效益，與 VTSAX 相比，費用率也會較低。

上述標的選擇取決於每個人的投資目標、風險承受能力和對基金種類的偏好（共同基金相對於 ETF）。

---

[31] 譯註：金邊債券（gilts bond）是英國政府債券的別稱。早期英國公債的債券帶有金黃色的邊，因此被稱為「金邊債券」。

[32] 編按：指依證券投資信託契約規定應負擔費用（如：交易直接成本—手續費、交易稅；會計帳列費用—經理費、保管費、保證費及其他費用等）占平均基金淨資產價值之比率。

債券

先鋒全市場債券指數基金（VBTLX）：以多元化和低成本的優勢投入美國投資級債券市場，是美國投資者的熱門選擇 [23]。

有些投資人會同時利用上述先鋒全市場指數基金 VTSAX（或 VTI）和 VBTLX 搭配，做成股票和債券的組合，依照個人的投資目標——財富累積還是保護，來調整兩者之間的比重。

如果不是居住在英國或美國，在當地也能夠找到類似的基金。請查詢交易平台或股票經紀人。

步驟 5：選擇追蹤想要投資市場的指數基金或 ETF

如同前面的解釋，指數基金或 ETF 的投資範圍越廣，價格越便宜越好。如果住在英國，請參閱上表，作為投資基金的起點。我們在表格下方列出了一些對美國基金的建議。你可以在投資平台上找到這些基金（更多內容見下文）。

如何建立簡單的全球投資組合

建立投資組合的主要目標，是以多元化的方式投資於不同的資產類別（例如股票和債券）和市場，有效建立一種風險組合，不僅可以產生資產累積

---

[23] 編按：債券 ETF 結合了債券投資的穩定性和 ETF 的交易便利性，使投資者能夠以較低的門檻參與債券市場，並且可以像買賣股票一樣方便交易。台灣的債券 ETF 種類不少，有高評級美國公司債 ETF、投資等級公司債券 ETF、非投資等級公司債券 ETF、金融債 ETF 及月月配息債券 ETF，投資人可以衡量自己的狀況擇優布局。

所需要的報酬，還有助於保護財富盡可能避免損失。如果你想要有一個投資組合，不想擔心美國未來是否會表現良好，就應該選擇全球範圍投資，將持股分散到世界上主要國家的基金。

好消息是，你只需要一檔指數基金或 ETF 就可以實現這一目標，而且費用很低。投資不限於一個國家，可以擺脫英國脫歐 [24]，或其他經濟的不利因素對別國的影響。此外，也沒有投資的錯失恐懼症（FOMO）。如果人們擔心資金將流出英國或美國，你不會太在意，因為你的投資是全球性的。以下是兩個涵蓋全球市場的指數。

富時全球指數（FTSE All World Index）：該指數涵蓋了全球成熟和新興市場約 90% 的市值，包括大型、中型和小型公司。追蹤該指數的熱門基金是先鋒富時全球市值指數基金，該基金投資約 7,156 檔股票，年度經常費用（Ongoing Charge Figure, OCF）為 0.23% [25]。

MSCI 全球指數（MSCI ACWI）：涵蓋全球約 85% 的市值，包括大、中、小型公司；其中 89% 包含了 23 個成熟市場，11% 包含 24 個新興市場。追蹤該指數的熱門基金是 iShares MSCI 全球全國家 UCITS ETF，該基金投資於約 1,720 檔股票，年度總費用率（Total Expense Ratio, TER）為 0.2% [26]。

除了上述的單一指數基金或 ETF 方法外，另一種方式是運用上一節步驟 4 和步驟 5 的方法，找出想要追蹤的市場和代表基金，用兩到三檔基金組成一個簡單投資組合。

除了股票和債券之外，隨著對市場越來越熟悉，你可能還希望在投資組合中加入其他資產類別。以下是不同資產類別及其在投資組合中扮演的角色。

---

[24] 編按：指英國主動退出歐洲聯盟並與之切斷各種聯繫的行為。
[25] www.vanguardinvestor.co.uk/investments/vanguard-ftse-global-all-cap-index-fund-gbp-acc/overview
[26] www.ishares.com/uk/individual/en/products/251850/ishares-msci-acwi-ucits-etf

不同資產類別在投資組合中扮演的角色

資產類別	資本增值	資本保值	多元化	抗通膨	抗通縮
股票	✓				
債券		✓			✓
房地產（REITs）	✓		✓		
商品			✓	✓	
指數基金	✓		✓		
ETFs	✓		✓		
貴金屬（例如黃金）		✓	✓	✓	

大致來說，投資組合越簡單越好。如果目標是長期的財富累積，請不要猶豫，選擇適當的指數基金或 ETF 配置在股票部位上。

如何依照年齡投資

下面是在一般的情況下，根據財富累積過程中所處的位置，決定最適合的資產配置。為簡單起見，以下用年齡做區別。

年輕投資（通常在 10 幾歲、20 或 30 歲出頭）

- 將資金投入較高風險的資產中（例如投資在股票），因為往後還有幾十年的時間產生豐厚的報酬。指數基金和 ETF 是好的工具，如果你更偏好風險，可以考慮將少量（最多為投資金額的 10%）投資在個股，

- 享受個股成長並學習如何研究公司。雖然要有損失的心理準備,但長期投資的眼光足以攤平損失。
- 保留一些現金或類現金的資產——準備好三到六個月的開支。
- 學習各種資產和帳戶〔個人儲蓄帳戶（ISA）、退休金等〕的運作方式及其稅賦優惠。在未來十年內將發揮作用。
- 養成儲蓄和投資的習慣,從至少 15% 至 20% 的淨收入開始,隨著職涯的成長,儲蓄率也會提高。
- 良好的配置是 80% 股票和 20% 債券,但你也可以像我們一樣選擇 100% 股票。

中年累積（通常為 35 歲至 50 歲出頭）

- 這是職業生涯的巔峰時期,是人生賺最多錢的時候,重點應該是盡量減少稅賦。我們在第九週內容會詳細介紹。
- （在英美）如果你的稅率很高,應該將大部分資金投入到退休金中,以符合最大利益,因為它們節稅效果最好。然而,這不是一個放諸四海皆準的方法,還是得因人而異,例如有人會想提前退休。
- 50 多歲時開始增加債券的配置。不過,這仍視個人風險承受能力以及離財務目標的遠近而定。參考 120 減去年齡的經驗法則。但是,我們仍然建議盡可能多配置股票。
- 估算一下距離退休還有多少年工作。如果正在努力實現財務獨立或提前退休,這一點尤其重要。假設認為還有 15 年的時間,請保守改為十年,這會強迫自己拿更多收入來投資,以更快實現目標。

傳統退休者（通常為 55 歲以上）

- 如果你的退休投資仍然不夠，在這個年紀的風險承受能力會比較低。因此，會更加依賴退休金（私人、工作和國家）和個人儲蓄帳戶（ISA），計算出需求缺口，配置較高的債券和現金比重。建議的配置是 70% 的股票，20% 的債券和 10% 的現金。這樣的配置提供了平衡，既需要從股票中產生回報，又能夠適度降低風險。當然，每個人可以根據自己承擔風險的意願調整這些百分比。
- 如果你屬於退休投資已經足夠的小群體之一，財務管理的重點會放在遺產規畫和財富傳承上。重點不會在規避風險，因為擁有的已經足夠，放一些資金在股票，承擔一些風險是可以的，因為這筆資金仍然會為你工作幾十年。

投資指數基金和 ETF 前要知道的事

這裡要強調的觀念是，儘管指數基金和 ETF 相對於個股是風險較低的投資，但仍然有風險。此外，並非所有指數基金都一樣好，有些能夠很好地追蹤指數，有些則不然。以下是投資指數基金和 ETF 前需要弄清楚的一張清單。相關訊息可以在基金說明文件或關鍵投資者訊息文件（KIID）或公開說明書中找到。

投資指數基金及 ETF 檢查清單
- ☐ 低成本、分散投資全球的指數基金和 ETF。
- ☐ 詳讀關鍵投資者訊息文件（KIID）或公開說明書摘要。
- ☐ 了解追蹤的指數：確保是追蹤總報酬，即包括資本利得和收益。
- ☐ 計算經常性費用或總費用率（TER）：確認能低於 0.5%。

- ☐ 基金規模（至少超過1億英鎊。越大越好）或歷史績效（至少五年）。
- ☐ 追蹤誤差：確認夠低。計算並比較指數與基金的表現。
- ☐ 曝險區域：確認投資的地區符合所需。
- ☐ 績效：回顧過去十年，至少也要有五年的績效紀錄。
- ☐ 最低限額：確認符合基金最低限額的要求。
- ☐ 完全複製：確認指數裡的每個成分股都在基金的投資組合中。

有關指數基金和 ETF 的主要發行者清單，以及相關研究工具，請參閱本書結尾的有用的資源部分。

如何選擇投資平台

多數人一旦選定了投資平台就不太會更動。如果花點時間做研究，就會發現這是累積財富所必要的步驟。你選擇的投資平台將決定你投資的成本。此外，每個人選擇的平台不盡相同，原因是：

資金多寡：如果一個人的投資金額少於 10,000 英鎊，另一個人有 250,000 英鎊，那麼兩個人所選擇的平台類型將大不相同。

人生目標：每個人都有不同的人生目標。正在閱讀本書的你，可能需要一個擁有 ETF、個股甚至商品的投資平台。另一個人可能只想要一個簡單、已經設定完成的工具就好。

策略：你可以選擇被動投資策略，可以是頻繁交易，也可以是簡單的買入持有。這會影響平台的選擇。

以下是選擇投資平台之前應該確認的四件事。

1. 你會投資什麼？

假設策略是被動投資。要確認平台類型是否具有感興趣的、特定類型的指數基金和 ETF。

2. 有你需要的帳戶嗎？

確認平台擁有正確的節稅帳戶，讓你的錢能在節稅狀況下投資。在英國，有節稅功能帳戶包括個人儲蓄帳戶（ISA）、個人股票和權益股份帳戶、個人終身帳戶、個人現金帳戶和自助投資個人退休金帳戶（SIPP）。在美國包括 401k、傳統個人退休帳戶（IRA）和羅斯退休帳戶（Roth IRA）[27]。

3. 你會得到什麼服務？

有些平台不提供投資應用程式（app），有些平台則提供非常有用的投資研究工具，仔細考慮所提供的服務，因為便宜不一定是最好的選擇，要考量良好服務的需求與費用之間的平衡。

4. 總成本是多少？

投資平台收取的費用往往會吃掉不少本金。隨著投資時間拉長，費用較

---

[27] 譯註：羅斯 IRA（Roth IRA）：美國一種特殊的個人退休帳戶，通常適合收入低於一定門檻以下的個人，個人需要為存入帳戶的錢交較低的稅，但未來取出時不再需要繳稅。〔編按：台灣投信投顧公會從 2018 年起爭取建立「個人投資儲蓄帳戶機制」（TISA），盼給長期投資人有免稅優惠，但迄 2024 年為止均失敗，現階段將以彙整現行稅制優惠為主。〕

低的平台，對投資組合規模的影響就越明顯。事實上，大多數主動基金㉘ 經理人使用低成本的指數基金進行被動投資，但收取高額的管理費用。低成本的優勢往往是擊敗多數主動經理人的原因。然而，低成本並不等同於選擇一個號稱「免費」的投資平台，以下是英國不同類型平台的資訊，以及它們最適合的族群。

類型	簡述	適合族群	投資平台
提供全方位服務的經紀人	提供廣泛的服務，包括研究、顧問和各種投資產品。	尋求全面和個人化建議的投資者。	Hargreaves Lansdown, AJ Bell Youinvest, Interactive Investor
機器人理財顧問	全自動化投資管理，通常基於演算法和最低人為干預。	希望透過自動化投資組合管理，沒有其他人為干預的投資者。	Nutmeg, Wealthify, Moneyfarm, Moneybox, PensionBee
股票交易	個別公司股票和相關證券的買賣。	交易員和投資者著重於個股買賣。	IG, Trading212, Freetrade, Barclays Smart Investor, Halifax Share Dealing
基金平台	讓投資者購買、持有和管理各種投資基金。	希望透過指數基金和 ETF 實現多元化的投資者。	Vanguard, Fidelity, Charles Stanley Direct

㉘ 編按：指經理人主動採取各種策略，選取投資標的、決定進出場時機，期望取得比「整體市場更好」的報酬率。

類型	簡述	適合族群	投資平台
社交平台交易	將投資與社交網路結合，允許使用者跟隨和複製他人的交易。	想向有經驗的交易者學習和模仿策略的人。	eToro, Plus500, Revolut Trading

我們目前在 Vanguard、Hargreaves Lansdown 和 PensionBee 上交易，但也一直在尋找更好的平台。如果有必要，我們會更換平台。當然，我們不建議每個人這麼做，建議使用我們提供的方法選擇最適合你的平台。

應該投資多少，為什麼？

基本上，只要跨出投資的第一步就算是一大成就。在英國，你可以從每月 20 英鎊（美國是 1 美元）開始，也可以依照投資平台的最低投資額，或是自己所能負擔的額度做一次性投資。不久，你很快就會發現，為了實現目標，已經投資的金額和需要投資的金額之間一定會存在差距。如果好好思考，你需要投資的金額應該是基於以下的假設：

- 你的財務目標有多大，是為了什麼目的？
- 你的投資期間有多長（時間長短）來實現財務目標？
- 扣除通貨膨脹和費用後，每年的預期報酬率是多少？

上述假設本質上是一種數學計算，只要用簡單的複利計算機，就能算出需要投資多少才能實現目標。你也可以從以下連結下載我們使用的程式：

www.thehumblepenny.com/compound-interest-calculator/。❷⁹ 我們理解雖然計算結果往往令人難受，也很容易氣餒，問題有了解答，至少不會一無所知，只有回到現實面，才能幫助你專注於可控的事情。如果身旁有伴侶，這也是彼此討論財務目標的好機會。

道德投資

人們越來越意識到，尤其是在 Z 世代 ❸⁰ 和千禧世代 ❸¹ 中，他們更願意因為道德的原因投資，以符合價值觀。像是避開武器製造商、菸草和賭博公司，或破壞環境的公司。例如，我們利用 PensionBee 平台在一個退休金帳戶中投資一項無化石燃料 ❸² 計畫，藉此嘗試可能的投資機會。這只不過是我們整體投資組合的一小部分。道德投資可以透過兩種方式進行 ❸³。

- 篩選出有某些特徵的公司。
- 查看公司的活動，並選擇最符合道德標準的公司。

道德投資的名稱中，經常使用的縮寫詞包括：

- SRI：社會責任投資（Socially Responsible Investing）。
- ESG：環境、社會和公司治理（Environment, Social and Governance）。

---

❷⁹ 編按：繁體中文版可以到 https://ibwec.bwnet.com.tw/images/FinancialJoy_BusinessWeekly.zip 下載。
❸⁰ 編按：在 1990 年代末至 2010 年代前期出生的人，數位原生世代。
❸¹ 編按：指 1980 年代至 1990 年代中期出生的人，又稱 Y 世代。
❸² 編按：淘汰煤、石油及天然氣等化石燃料，以綠電或氫能替換。
❸³ 編按：在台灣，永續概念股也受到投資人的矚目，FTSE 永續指數、MSCI 永續高股息精選 30 指數、特選 ESG 高股息報酬指數、特選上櫃 ESG 電子菁英報酬指數及特選上櫃 ESG 成長報酬指數，都是參考標的。

你可以試試看證券商網站，但大多數網站的篩選程式都無法快速找到這類產品。

對於 ETF，請試 www.JustETF.com 網站，使用 ETF 篩選器 ❹ 來搜尋「社會／環境」的股票策略，查看具有社會責任的 ETF 清單並進一步篩選。

對於指數基金（也就是英國的開放式投資公司），請考慮晨星（Morningstar）的基金篩選器 ❺，選擇五星評級的基金。然後，在「資產類別」中選「股票」；「晨星類別」中選「全球大型股股票」；在「組合基金」中選「否」；「經常性費用」低於 1%；「最高初始銷售費」選 0。這可以縮小搜尋範圍。❻

我們分享這些網站和產品僅供參考，不代表任何推薦。

道德投資仍然非常小眾，在某些狀況下甚至被政治化。你需要在價值觀驅動的投資，以及願意接受的績效類型之間取得平衡。與標準普爾 500 指數相比，道德基金的表現可能不盡如人意，一些基金收取的費用較高，並將從事某些可疑活動獲利的公司排除在外。例如，過去十多年來，瑞銀 MSCI 世界社會責任 UCITS ETF A 配息級別的報酬率為 138.6%，而同期間標準普爾 500 指數的報酬率為 229%。

---

❹ www.justetf.com/uk/find-etf.html?assetClass=class-equity&groupField=index&equityStrategy=Social%2B/%2BEnvironmental

❺ www.tools.morningstar.co.uk/uk/fundscreener/default.aspx?Site=uk&LanguageId=en-GB

❻ 編按：台灣也有這類產品，例如鉅亨買基金的「基金搜尋」功能，網址是 https://m.anuefund.com/Search，可以按照主題、基金類型、計價幣別、基金品牌、投資區域等條件挑選；另外，也可以透過投資主題「配息王」，內含「鉅亨買基金」為投資人精選的配息基金，或是直接利用基金組別來選擇，進階篩選出符合投資需求的配息基金。此外，基富通也能透過聰明選基金的線上服務，引導投資人從上千檔基金中找尋適合自己的標的。

訪談：夏蜜拉和麥特

夏蜜拉·貝恩（Sharmila Bain，一半馬來西亞血統和英國人）和麥特·貝恩（Matt Bain，英國人）都是29歲，已婚，住在康沃爾郡。夏蜜拉是一位企業家，致力在 SharmilaJoy.com 網站上拓展基督教藝術，麥特是一名會計師。以下是他們追求財富自由過程中的心路歷程。

夏蜜拉：財富喜悅是要與金錢保持良好的關係。它不是負擔或理想，因為我們相信神賦予了一切。我們希望擁有一棟沒有房貸的房子，以及可以支應日常生活費用的被動收入，不一定要累積巨額財富。與家人和朋友共度美好時光，撫養未來的家庭，好好分配時間和財富。

麥特：我們的過程有起有落。2019年9月結婚後，開始一起儲蓄和投資，總共節省了約30,000英鎊（約合台幣120萬元）。我們原本計畫投資一處房產，但疫情改變了我們的想法。

夏蜜拉：我們決定把重點放在各自的事業上。

麥特：我們最初打的如意算盤是：加入「財富喜悅學院」，發展夏蜜拉的線上藝術業務，同時進行房地產投資，雙管齊下。然而，當COVID-19來襲時，事情出現了變化。我開始研究股票和加密貨幣，在一個月內開始投資不同的股票和加密貨幣，在接下來的12個月裡賺了不少錢。我沒有全部賣出，但的確獲利豐厚。我們投入了大量資金，帳面收益可觀。也就在那時，我決定辭去工作，這是我們邁向財富自由的一大步。這是過程中的一個高點。

六個月後，市場遭受了重大打擊。由於一家加密公司破產，我損失了大部分現金。這是一次痛苦的經歷，也是一次教訓。為了維持生計，我從2022年9月開始，同時兼了好幾份工作以支付開銷，因

為我們的投資付不起。

另一方面，夏蜜拉的藝術工作一年一年地增長，朝著正確的方向發展。所以我們還是有資金投資，感覺就像進兩步退一步。

過程中一個好的方面是，我們搬到了康沃爾，這大幅改善了工作與生活的平衡。消費比所得少，夏蜜拉也可以同時經營她的藝術工作。這是一個好的進展，但無疑地也具有挑戰。

夏蜜拉：財富自由不是一蹴可幾的。它需要一致性、紀律性和努力工作。我認為我能做的比想像的要多。這要做出一點犧牲，對不必要的支出說不，並努力達成目標，這一點非常重要。

麥特：我學到了一個寶貴的教訓，當時因為錯誤的加密貨幣投資而損失一大筆錢。我不得不重新思考什麼是希望、安全和信任。這段經歷讓我學會不要把財務上的成功和幸福綁在一起。我現在的希望是寄託在金錢之外的東西上，我已經學會了不要讓財富的起伏決定自我價值。

夏蜜拉：我學會了如何成為一個團隊，必須一起做出決定，避免在事情不如所願時互相指責。這才是團結、恩典和寬恕，明白我們都不是完美的。團隊合作非常重要，挫折有時會激勵我們更加努力。

麥特：那次的損失讓我感到自己有點志得意滿，我需要回到職場並保持一致。這段過程教會我不要把成功視為理所當然，以及保持職業道德的重要。

希望我們在 20 歲時就知道投資

以下是我們一路走來的感想，這些想法改變了我們的人生，不僅讓我們每個月更積極地投資，也為打造世代的財富拓展了視野。

感想 1：盡早開始投資，複利讓你更富有

假設兩位投資者班和露西，他們年齡相近，但他們決定在不同的時間開始投資。露西從 19 歲開始每年投資 2,000 英鎊（約合台幣 8 萬元），並連續七年這樣做。在這七年之後，總共投資了 14,000 英鎊（約合台幣 56 萬元），但到 65 歲退休前不再投資。班直到 26 歲時才開始投資，每年投資 2,000 英鎊，直到他 65 歲退休時，總共投資了 80,000 英鎊（約合台幣 320 萬元）。假設他們的投資每年平均產生 10% 的報酬，誰在 65 歲時擁有較多的財富？我們沿用投資作家理查・羅素（Richard Russell）在 1950 年代的例子中的 10% 報酬率[17]。結果令人驚訝。

露西只投資了 14,000 英鎊（約合台幣 56 萬元），但她在 65 歲時的淨資產為 930,641 英鎊（約合台幣 3,462 萬元）。她的本金成長了 66 倍。而班投資了 80,000 英鎊（約合台幣 320 萬元），在 65 歲時的淨收益為 893,704 英鎊（約合台幣 3,575 萬元）。他的本金只成長了 11 倍。雖然露西只投資了七年就停止，但她在 65 歲時擁有比班更多的資產，即使班投資了 40 年！

假設報酬率為 5%，露西 65 歲時將獲得 106,371 英鎊（約合台幣 425 萬元）的淨資產，而班在 65 歲時獲得 173,680 英鎊（約合台幣 695 萬元）。雖然露西的淨資產比班少，但她投資的本金才 14,000 英鎊（約合台幣 56 萬元），而班是 80,000 英鎊（約合台幣 320 萬元），露西的本金成長了八倍，而班只成長了兩倍。

請注意，以上例子說明了投資越早越好，在 20 多歲時就開始投資會有優勢。但如果你現在是 30 多歲、40 多歲、50 多歲或年紀更大，請不要覺得自己錯過了機會。關鍵是現在就開始投資，而不是以後。

---

[17] www.cmgwealth.com/wp-content/uploads/2015/11/Rich-Man-Poor-Man-Richard-Russell-Nov-2015.pdf

感想 2：如何每天投資 10 英鎊也能成為百萬富翁

你有沒有試算過，如果今天開始存錢，多久後會成為百萬富翁？如果每天存 10 英鎊，要達到 100 萬英鎊需要誇張的 274 年。即使每個月節省 1,000 英鎊，仍然需要大約 83 年才能成為百萬富翁。這告訴我們，如果這是你的目標，單靠存錢並不是成為百萬富翁的方法。

每天投資 10 英鎊或每月投資 300 英鎊（約合台幣 12,000 元），即使在可支配收入較低的情況下，大多數人都做得到。假設將這筆資金投資於標準普爾 500 指數或低成本的全球指數基金，平均年回報率為 8%。40 年後，將獲得約 1,054,284 英鎊（約合台幣 4,217 萬元）的淨資產。其中投資的本金總額僅為 144,000 英鎊（約合台幣 576 萬元），910,000 英鎊（約合台幣 3,640 萬元）的獲利來自複利——隨著時間的經過，讓錢自己滾錢。

雖然這個例子過於簡化（需要考慮通貨膨脹因素），但它說明只要把錢放在正確的地方，會產生極大的效果，並隨著時間最終改變生活。

相反地，這個例子也告訴我們，每浪費 1 英鎊或沒有投資的機會成本。假設報酬率為 7%，如果你有投資，你的每 1 英鎊將在十年內翻倍至 2 英鎊。

感想 3：為什麼 10 萬英鎊是達到 100 萬英鎊的神奇數字

對很多人來說，存到 10 萬英鎊幾乎是不可能的，即使是 20 多歲的人也是如此。然而，如果了解為什麼這個數字如此重要，就有動力避免在 20 歲出頭時揮霍，並更有意願投資。無論年紀多寡，無論銀行戶頭裡有多少錢，這種認知都會激勵自己儲蓄並投資第一個 10 萬英鎊。

幾年前，在一次活動中，一位年輕人向巴菲特已故的商業夥伴、億萬富翁投資者查理・蒙格（Charlie Munger）尋求建議，因為他正在努力儲蓄和投資，見證自己的財富增長。蒙格在談到節省頭 10 萬美元時說：

「這真是廢話，但你必須這樣做。我不在乎你做什麼——像是只走路不開車，不用優惠券就不買東西，總之想辦法拿到 10 萬美元。有了 10 萬美元之後，你可以稍微放鬆一點。」[38]

這就是為什麼頭 10 萬英鎊很重要的原因。

舉例：丹尼爾今年 30 歲，設定投資期限為 40 年。他希望每年投資約 10,000 英鎊（約合台幣 40 萬元）。假設平均年報酬率為 7%（如果你認為 7% 的報酬不合理，我們下面就會分享我們所投入的實際資金）。使用複利計算，他大約需要 7.7 年才能達到他的第一個 10 萬英鎊。如果他繼續每年投資 10,000 英鎊，那麼下一個 10 萬英鎊就會快得多，大約五年時間就能實現。然後下一個 10 萬英鎊將只需要 3.75 年就能達到，依此類推。下頁表和圖表顯示了每增加 10 萬英鎊的速度。

達到第一個 10 萬英鎊花了 7.7 年——這是最困難和花費時間最長——而最後的 10 萬英鎊只需要 1.33 年，總共要花 30.3 年才能達到 100 萬英鎊。我們仔細研究了這些數字後，才真正認識複利的力量。請注意，累積第一個 30 萬英鎊要花 16.4 年，比後面 70 萬英鎊花費的 13.9 年更長。為什麼會這樣？主要有三個原因。

1. **指數式成長**：複利的力量需要時間才能發揮作用。如果在 40 年內每年投資 10,000 英鎊，平均年報酬率 7%，最終將會有 2,059,618 英鎊的淨資產。但是，如果將投資額翻倍，每年投資 20,000 英鎊，同樣平均 7% 的報酬率，但只投資了 20 年，最終只能有 845,893 英鎊的淨資產。研究顯示，標準普爾 500 指數總報酬有 69% 是來自於股息和複利的力量。[39]

---

[38] www.uk.style.yahoo.com/b-gotta-charlie-munger-says-140000516.html
[39] www.hartfordfunds.com/dam/en/docs/pub/whitepapers/WP106.pdf

每年投資 10,000 英鎊，每增加 10 萬英鎊，達到 100 萬英鎊所需的時間
（平均年報酬率 7%）

（英鎊）	年數	年數
100,000	7.70	
200,000	5.00	
300,000	3.75	16.40
400,000	3.00	
500,000	2.50	
600,000	2.08	
700,000	1.92	
800,000	1.58	
900,000	1.50	
1,000,000	1.33	13.90
	30.30	30.30

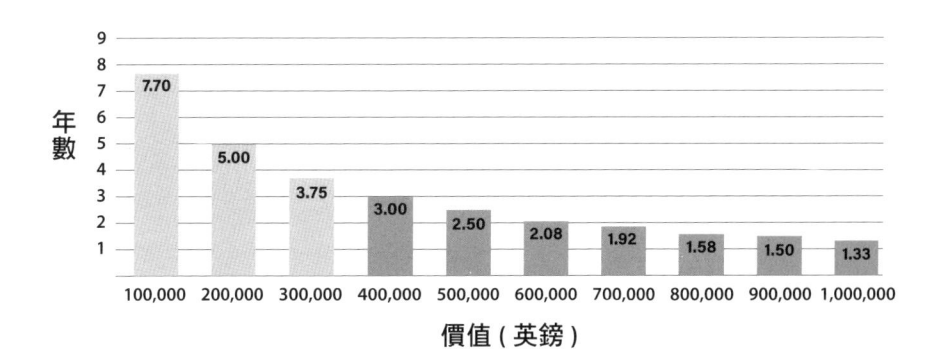

股息再投資的力量

1 萬英鎊的成長（1960-2022）

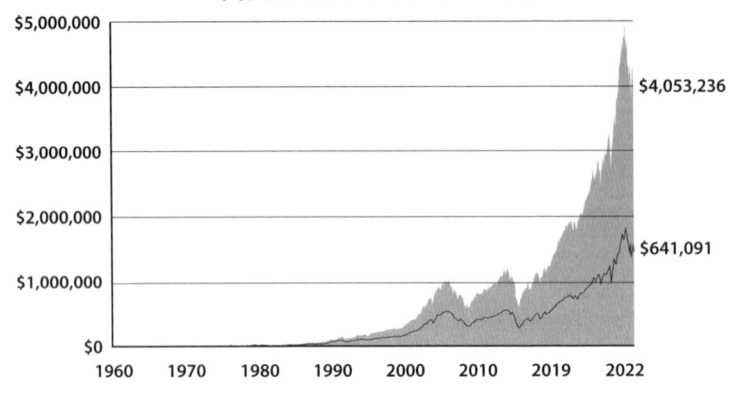

$4,053,236

$641,091

■ 標準普爾 500 指數總報酬（股息再投資）
╱ 標準普爾 500 指數價格報酬（不包括股利）

2. **更大的投資組合規模**：這部分解釋了為何富人會變得更富有。想像你有 10 萬英鎊的投資，產生了 7% 的報酬，獲利 7,000 英鎊。在原來的 10 萬英鎊本金的基礎上再增加 7,000 英鎊，金額相當可觀，然後它本身會繼續滾出更多的獲利。因此更高的本金會產生滾雪球效應。隨著時間經過，產生下一個 10 萬英鎊的速度會更快，所需的時間更短 [10]。

3. **健康的理財習慣**：為了第一個 10 萬英鎊，你的習慣和行為發生了很多變化，多年下來逐漸形成努力節省的心態。這些習慣、行為和金錢心態的改變會是堅實的基礎，不僅有一天會達到 10 萬英鎊，而且會看到財富隨著時間持續成長。

---

[10] www.investopedia.com/ask/answers/042415/what-average-annual-return-sp-500.asp

我們到底在投資什麼？

我們倆目前按以下順序投資這些帳戶：個人儲蓄帳戶的股票和權益股份（免稅帳戶）、終身個人儲蓄帳戶（免稅帳戶）、一般投資帳戶（課稅帳戶）、自我投資個人退休金（遞延課稅帳戶）、初級個人儲蓄帳戶（18歲以下免稅帳戶）、初級個人投資帳戶（18歲以下退休金帳戶）。身為自雇人士，我們希望在傳統的退休年齡之前能拿到一筆錢，同時也優先考慮退休金。每個人的情況不同，帳戶順序也會不同。

多年來，我們一直在投資以下幾檔指數基金和ETF：先鋒美國股票指數基金（累積級別）、先鋒標普500 UCITS ETF（VUSA）、先鋒富時全球UCITS ETF（VWRL）、先鋒富時成熟國家（英國除外）股票指數基金（累積級別），最近則開始投資無化石燃料的基金。這樣的投資組合配置在北美高達90%、歐洲4.5%、英國0%、亞太地區3%、日本2%、中東和非洲0.5%。基金中持股的前十大股票分別是蘋果、微軟、谷歌、亞馬遜、輝達⓫、臉書、特斯拉、波克夏海瑟威⓬、聯合健康集團和摩根大通⓭。除此之外，我們還有持有超過十年的一些個股。整體來看，我們的配置是100%的股票，沒有債券，且美國占絕大部分。至於中國的崛起，美國會不會保持主導地位？沒有人知道，不過歷史告訴我們，經濟強權會隨著時間而改變。從這點來看，較安全的方法是全球配置。請記住，以上的投資內容或基金名稱都不是個人建議或投資推薦。我們會繼續關注投資組合，在全球進行更多投資。

⓫ 編按：一家以設計和銷售圖形處理器（GPU）為主的半導體公司，近年朝向AI運算和機器視覺的市場發展。
⓬ 編按：巴菲特是公司的最大股東、董事長及執行長。
⓭ 編按：俗稱「小摩」，業務遍及50多個國家，包括投資銀行、證券交易及服務、投資管理、商業金融服務、私人銀行服務等。

投資停看聽

從日常可見的一些有趣的事情,來討論投資應避免或可考慮的事。

投資應避免或可考慮的事

	應避免	可考慮
來自計程車司機、任何家人朋友或遠房親戚的財務建議	✓	
這個投資機會的費用很低		✓
低風險、高回報的投資,例如三個月內獲得 50,000 英鎊或每月 21% 的報酬	✓	
投資機會受主管機關金融行為監管局(FCA)監管		✓
投資期間有限,必須迅速採取行動,以免錯過機會	✓	
可以隨時變現的投資		✓
提供過於誘人優惠的平台,例如免費的股票	✓	
投資機會的潛在損失與可承受的損失金額相匹配		✓
投資費用異常的高	✓	
投資機會是充分多元化的		✓
投資機會流動性極差	✓	

本週我們分享了很多內容，目的是揭開投資的神秘面紗，幫助你建立信心，不僅為自己和家人投資，而且視為創造財富喜悅生活的重要工具。

請記住，投資每天有漲有跌，但隨著時間經過，大致是會上漲的，在不可避免的股市崩盤期間請不要驚慌。雖然這似乎違反常理，但請繼續投資，因為你會以更便宜的價格買進，而股市崩盤期間的損失只是帳面損失，只有在賣出時才會成為現實。因此請把心思放在買進更多，而不是考慮賣出。祝你投資順利！

第 7 週：課程和行動方案

第 7 週的三節課

- 投資於低成本、全球多元化的指數基金和 ETF，將會打敗大多數投資專業人士。確認投資標的追蹤一個廣泛而知名的指數，並長期投資，使用節稅帳戶進行投資並自動化，每個月持續不斷地投資。
- 不同的資產類別在投資組合中扮演不同的角色，資產類別的選擇和資產配置是實現投資目標的關鍵。如果正處於財富累積階段，並且未來時間很長，請不要害怕投資大部分的資金在股票上。若接近人生的財富保護階段時，可以配置一部分債券來降低風險。對其他投資類別則保持開放態度，例如房地產（稍後會詳細介紹）和黃金，因為這些在高通膨的環境中很重要，並且還提供分散風險效果。
- 第一個 10 萬英鎊或 10 萬美元是最難達到的，但只要達成，財富增長和滾雪球的速度會越來越快，複利的力量將站在你這邊。

第 7 週的三個具體行動

◆ **具體行動 1**：認清投資目的。

◆ **具體行動 2**：設定財務目標和時間,並說明對每個目標的願景。

◆ **具體行動 3**：按照以下七個步驟,投資變得超級簡單。
- 選擇一個策略。我們建議使用低成本的指數基金和 ETF,追蹤全球指數進行被動投資。
- 使用我們建議的方法選擇投資平台。
- 選擇投資帳戶,例如個人儲蓄帳戶的股票和權益股份、退休金帳戶、終身個人儲蓄帳戶、一般投資帳戶或當地類似功能的帳戶。
- 決定投資的金額——單筆投資或定時定額(每月投資固定金額,有助於降低風險)。
- 參考上述方法,選擇一到三檔指數基金或 ETF。

- 進行自動化投資,每個月自動轉帳持續投資。
- 每一到三個月檢視一次投資狀況。考慮每年再平衡(rebalance)一次投資比重,但不要對它們有過多的調整。

第 7 週　為未來投資:通往財富自由之路

| 第 8 週 |

極大化所得

財富喜悅的生活,利用自己的創造力賺更多的錢。

　　人們通常不缺錢,缺的是創造力,這是賺錢的重要因素。獨特的創造能力取決於想像力,我們需要想像力來提出想法,但大多數人的想像力以及創造力隨著時間而消逝。在有史以來收視率最高的 TED 演講中❶,肯‧羅賓遜(Ken Robinson)❷認為,我們的教育體系扼殺了我們的創造力。然而,這只是故事的一部分。

　　由喬治‧蘭德(George Land)設計,並被美國太空總署(NASA)用來選擇最具創新精神的科學家和工程師的創造力測試,在 1,600 名 4 至 5 歲的兒童身上進行實驗❸。研究發現,其中 98% 是創意天才。這是一個令人驚訝的數字,因此 NASA 開始追蹤同一批孩子長大後的樣子。在 10 歲時,只剩 30% 的人具有高度的創造力,到 15 歲時,這一比例下降到只有 12%。同樣的研究對超過 100 萬成年人(平均年齡為 31 歲)進行了研究,並且下降趨勢仍在繼續,只有令人震驚的 2% 的人得分很高。這是否意味著我們年紀越大,創造

---

❶ www.ted.com/talks/sir_ken_robinson_do_schools_kill_creativity?language=en
❷ 編按:國際知名的創新教育大師。
❸ www.youtu.be/ZfKMq-rYtnc?si=_R6IN4euMbB5SQoa

力就越低？

答案是否定的。仔細想想，從 4 歲到 5 歲，孩子們幾乎把所有時間都花在了其他孩子身上。到了 10 歲時，他們的注意力轉移到遊戲、音樂、家庭作業和其他活動上，但通常是獨自進行的。隨著年齡增長，教育和工作逐漸成為生活的全部，而且也是一個人，這進一步扼殺了他們的創造力。

我們相信，即使在成年後，也要變得更有創造力，關鍵是要與他人連結。與他人相處的時間越多，分享想法和看法，思維的可擴充性就越大（經由探索多種可能的方式和觀點，產生廣泛的創造性想法和解決方案），有助於提出創新的想法。然而，你需要忘記你缺乏自信、害怕失敗、順從的壓力和消極的自我判斷。當你感到恐懼時，你只使用大腦的一小部分；當你用邏輯思考時，會用到更多大腦的功能；如果你在創造性思維下運作，大腦會亮起來。我們需要找到那個藏在內心深處的 5 歲孩子。

連結性對於內在的創造力來說是必要的，而創造力對於賺錢和累積財富來說更是重要。在創造力和想像力之外，另外兩個與賺錢相關的因素——樂觀和溝通——也相當關鍵。沒有樂觀的態度，你不會相信自己能賺更多的錢，也不會心胸開闊願意嘗試。根據我們的經驗，感恩是樂觀的催化劑。你越欣賞自己擁有的東西，就會對生活越樂觀。

除了你的大腦，嘴巴也是身體中創造財富的重要器官，這就是為什麼公開演講是創造財富的最重要技能之一。想想看，世界上一些收入最高的人，大都能透過良好的表達來傳達他們的想法。經驗告訴我們，成為一個好的溝通者，會大大增加賺更多錢的機會。例如，無論是在尋求升職、找新工作、還是推銷個人品牌或為企業行銷產品或服務，溝通都是關鍵。以下是極大化收入的關鍵要素，以及為改善每個要素所做的務實作法。

創造力：與他人建立更強的聯繫來分享想法，以增加自己的創造力。我們藉由團體的付費會員、計畫策畫人，或加入特殊利基型的 WhatsApp 群組，

這樣的連結還可以幫助你建立重要關係。

想像力：閱讀更多不同領域的優良書籍（包括鼓舞人心的自傳），而不是看電視來增加想像力。

樂觀：寫下每天感激的三到五件事來保持樂觀的態度。

溝通：每天大聲朗讀一本好書 15 分鐘，每週三到五次，以提升公開演講能力。習慣自己的聲音是成功的一半。

這些技能將是你現在和未來極大化收入所需的基礎能力。本週我們將運用兩種方式探討如何極大化收入。首先，我們會研究如何創造一個聰明的副業或事務；其次，我們試著將職業的功能最大化並建立投資組合。在進入這些領域之前，先花點時間看看如何賺錢以及如何打破員工思維的心態。

如何增加收入

有沒有可能減少工作但賺到比現在多一倍的錢？是的，只要價值翻倍就行。人們習慣用時間來計算報酬，但這是一個很大的謬誤。例如，某人的收入是每小時 20 英鎊計算，原因是市場以一小時 20 英鎊的價格為他的價值定價。以這個例子來說，雖然某人可以在一小時內賺到 20 英鎊，但如果另一個人可以因為一場演講，在同樣的一小時內獲得 20,000 英鎊的報酬，一小時 20 英鎊的價值立刻顯得少很多。兩者的差別在於，一小時內獲得 20,000 英鎊報酬的人，被認為比在同一小時內獲得 20 英鎊報酬的人提供更多價值。

好消息是，你可以改變現況，但要如何才能變得更有價值，賺得更多？有兩種方式。方式一是投入更多時間來做更多工作。但基本上，你是在工作中折磨自己。與其把更多時間投入到工作中，不如考慮方式二，把更多時間投到自己身上。

大家心知肚明，影響較大的是第二種方式。我們應該花大量的時間和金

錢來提升自己以及所能提供的價值。這種學習和成長不僅使我們能夠在職場上賺取更多收入，還可以創業和經營副業，並投資資產以增加財富。

訪談：塔努吉

塔努吉（Tanuj Modasia-Shah，37歲）已婚，父親住在倫敦，本人有印度血統。他的父母出生在肯亞。他受過國家教育，並於2009年從大學畢業，獲得電機工程學位；如今，他為金融市場的能源交易設計和建立系統。以下是他和妻子如何透過職業功能最大化，在九年內實現財務獨立。

對我來說，財富喜悅是真正的自由和安全，幾乎不依賴外在的事物。我希望完全沒有債務，包括沒有房貸，無論投資這筆錢是否合理。對我來說，每天的快樂就是保持正面積極。我們喜歡旅行，和一星期開一輛租來的豪華汽車兜風。還有，列出了我們捐贈的慈善事業。

作為夫妻，我們共同管理一切，每月透過 Google Sheets 上的詳細流程圖檢視財務狀況。我們刻意避免自動支付，將實現財務目標持續放在心中，管理淨資產和收入讓我們逐漸步入正軌。

回想幫助我們實現經濟獨立的原因。自2009年大學畢業後，我執著於薪水最高的工作，而不是喜歡做的工作。我學會了社交技能，並持續在人群中社會化，直到我找到了一份36,000英鎊基本薪的畢業生工作。我住在家裡，付房租給父母，生活十分節儉。專注於學習和在工作中有更好的表現，以打開升職以外的選擇，並有信心獲得其他薪水更高的工作。

2014年左右，我的存款達到人生中前所未有的水準，我想知道該如何處理它們。朋友介紹了一個財務獨立的部落格，我才逐漸理

解錢該放在哪裡。其間我學會了重要公式：增加收入、減少開支、把盈餘拿來投資。我們主要投資於指數基金，一旦建立了信心，就會更努力投資以增加收益，儲蓄率也因此上升。

我們的儲蓄率從10%到15%開始，當我們更關注財務獨立時，儲蓄率跳升至50%，並在新冠疫情期間最高曾達到90%。目前儲蓄比例約為65%。為了增加收入，我提高職業技能並建立良好的聲譽。畢業14年後，現在我的總薪資是畢業時年收入的十倍，其中部分的工作是合約制的，這還不包括我妻子的收入。但是，由於我們分擔開銷，實際生活的成本要低得多。在我所處的行業中，前面五到十年是增加收入的好時機，但多數人會在50歲之前耗盡心力，工作的同時也在擠壓我們的生活。

我們的收入來源來自於日常工作和諮詢業務。到目前為止，我們已經實現了基本的財務獨立，但現在的目標是 Fat FIRE——豪華版的財務獨立。我們夫妻有一個名為「孩子長大後」（Life After Kids, LAK）的清單，作為當孩子上大學後的目標。例如，我們打算開車環繞歐洲玩三個月。

對任何想要達到財務獨立的人來說，增加收入會比只有節儉的影響更大。最後，要規畫一旦實現財務獨立後，該如何運用寶貴的時間和體力。

打破員工思維的心態

員工思維是我們成長過程中被訓練出來的產物。大多數人都會等待每個月發薪日的到來。但是誰規定你每個月只應該有一筆收入，而不是從不同來源獲得好幾筆？多數員工的心態是：等待有人指示、帶領、告訴你要做的工作、你的職責範圍等等。我們無意批評員工，因為大多數人都是員工，而且

不太可能改變。多數人一生的職涯中身分都是員工，儘管會面臨許多挑戰，但已經很適應身為員工的角色。然而我們也感覺到，很多人因為員工思維的心態，阻礙了他們未來成長的潛力。如果你有心改變，下面這四個步驟將幫助你打破員工思維，增加財富和創造財富自由之路。

步驟1：克服信念的限制

在第二週，你已分辨出限制自己發展的信念為何。其中一個信念是創業風險太大。重新思考後你會發現，在你目前的工作中，你已經擁有一些不錯的技能，將這些技能用在創業，將大大降低創業的風險。我（肯恩）逐漸克服了自己信念上的限制，利用工作上的優勢，發掘成功人士背後的原因，與他們聯繫並尋求指導，同時也提出我們的建議，增加價值，以改善他們在特定領域的業務發展。

步驟2：承擔計算後的風險

身為員工，你的職業風險和工作疏失是反應在老闆的資金和財務報表上。然而，當你決定用自己的錢經營副業或創業，以增加收入來源時，一定要評估所承擔的風險、風險後的回報，以及失敗的可能性等等。這有助於自己培養不同的心態，比典型的員工思維要好得多。

步驟3：尋求回饋並從失敗中汲取教訓

將嘗試甚至失敗的經歷視為一種收穫。有錢人會接受失敗，能夠談論失敗並從中汲取教訓，失敗不該成為禁忌。尋求回饋的一種方式是，在工作中自願擔任領導角色或負起額外的責任，越是把自己放在那裡，越會習慣於進

取和創造機會。

步驟 4：關注適當的人以更快地實現目標

獲得成就最快的方法是和其他人一起合作。成功並不總是要花錢，其他人會有更好的想法、專業知識和人脈。尤其在缺乏時間的狀況下，人際關係往往是實現財富和生活目標的關鍵。你需要一張人際關係圖，把它應用在生活的各個方面，幫助你實現每個目標或在特定範圍內有好的發展。與他人一同合作，將大大拓展自己的可能性，而且結果往往不會太差。

以上四個步驟會幫助你逐漸克服對失敗的恐懼，轉變心態，長久的員工思維也會隨著時間逐漸被打破，這對增加收入有極大的幫助。以下讓我們來看看極大化收入的第一個方法：經營副業。

聰明地開創副業

隨著生活成本的上升，越來越多的人正在尋找副業以賺取更多的錢。根據統計，大約 44% 的英國人 [1] 和 39% 的美國人 [2] 至少有個副業。然而，並不是每個人都能從副業中賺錢。大約 58% 的英國人每週從副業中賺不到 100 英鎊（約合台幣 4,000 元），35% 的人每週賺 100 到 600 英鎊（約合台幣 24,000 元），5% 的人每週賺 600 到 1,000 英鎊（約合台幣 40,000 元），只有 2% 的人每週賺超過 1,000 英鎊 [3]。很多有副業的人不賺錢，是因為：

---

[1] www.finder.com/uk/side-hustle-statistics

[2] www.bankrate.com/personal-finance/side-hustle-survey/

[3] www.finder.com/uk/side-hustle-statistics

- 他們沒有認真經營自己的副業，所以過早放棄。
- 他們沒有具體的副業收入目標，所以沒有動力。
- 他們正在做沒有成長潛力的副業，所以賺不到想賺的錢。

聰明的副業是以本身的工作技能和興趣來賺取額外收入，運用新的技術和趨勢來賺錢，收入甚至可以隨時間而增加。最後，聰明的副業會讓你在被動或半被動的狀態下，減少工作並賺取更多收入。

以「普通人的小錢」為例，最初只是一個單純的部落格，每天只花我們兩個小時，因為我們同時有高壓的全職工作，還要撫養兩個年幼孩子。但這是我們的願望，做一些熱中的事情，有朝一日會幫助很多人，同時有可能持續性創造收入。我們當初知道它會成功嗎？不！然而，期望做喜歡的事，以及過程中學習的興奮足以讓我們開始。

每天花兩個小時做一些聰明的副業，最大的好處在於享受複利效應。每天兩個小時的工作，一年是 730 小時，也就是一年中有 30.4 天努力推行一個好點子，然後就讓雪球自己滾下去。今天，我們仍然能感受到每天兩個小時的複利效應，這本正在閱讀的書就是我們每天投入時間的許多成果之一。

然而要說的是，開始這一切並不容易，但隨著時間前進，它確實會變得更簡單一些。這有點像學習如何開車或騎自行車，每天都會學到一些技能，並且一點一點累積進步，將來能用來賺錢，也能享受你正在做的事。

聰明的副業分為三大類：

基於服務的副業：提供技能或專業知識的服務。包括諮詢、輔導、教學、平面設計和攝影。

基於產品的副業：創立並銷售實體或數位產品。包括手工工藝品、珠寶、藝術品、服裝和印刷品。

基於內容的副業：創立並共享線上內容。包括部落格、YouTube、播客❼、招收會員或出版電子書。

以下是各種副業的詳細比較：

比較	關於服務的副業	關於產品的副業	關於內容的副業
初創投資	資金需求很低甚至無需太多資金——但需要技能或知識。	資金需求中度到高度——用於原料和生產。	資金需求低度到中度——用於設備和工具。
潛在收入	從第一天開始就有收入，但受到每小時費率和實用性的限制。	取決於產品需求、定價和投資金額。	無限。但開始非常緩慢——取決於客戶規模和變現的策略。
需要時間	通常需要大量的時間和精力。	大多數時間花在產品生產和銷售。	時間花在內容創作的一致性和參與程度。
可擴展性	受時間和個人能力限制。	隨需求擴展產能。	有潛在產生被動收入的可能。
市場範圍	本地或全球，取決於服務的內容。	視本地到全球的線上平台而定。	經由線上平台可延伸至全球。
風險和回報	服務品質對聲譽有直接影響。	有庫存風險、退貨和同業競爭。	內容的品質和深度影響客戶參與度。
客戶互動	很高——與客戶直接溝通。	中等——可能需要客服。	與客戶在線上互動和參與分享。

---

❼ 編按：Podcast，一種數位媒體，創作者會將音訊或影片上傳到線上平台，聽眾或觀眾則透過軟體獲得節目更新資訊。

比較	關於服務的副業	關於產品的副業	關於內容的副業
網站範例	Upwork Fiverr ❽ PeoplePerHour ❾	Etsy Shopify 亞馬遜物流 ❿	WordPress ⓫ YouTube Patreon ⓬

　　選擇從哪一個副業開始，取決於個人特性、收入目標、可用資源、投入時間、興趣和技能等因素。例如我們創辦的「普通人的小錢」部落格，是一個關於內容的副業，我們認為具有未來擴張的潛力，雖然要冒一些風險，但它的潛力遠超過恐懼。此外，它是一個我們感興趣和已經了解的領域。你可以經由以下連結，參加我們的副業小問答，找出最適合你的方法：www.thehumblepenny.com/BizQuiz。

　　你的問答結果如何？是否符合最初認為的理想副業類型？

---

❽ 編按：一家 2010 年於特拉維夫成立的自由職業在線平台。
❾ 編按：一家英國公司，為企業提供接觸自由工作者的線上平台。
❿ 譯註：亞馬遜物流（FBA）全稱為 Fulfillment By Amazon，指賣家將商品發送至亞馬遜營運中心之後，由亞馬遜負責幫助賣家存放商品；當商品售出後，由亞馬遜完成訂單分流、包裝和配送，並提供買家諮詢、退貨等客戶服務，幫助賣家節省人力、物力和財力。
⓫ 編按：以 PHP 和 MySQL 為平台的自由開源的部落格軟體和內容管理系統。
⓬ 編按：一個供創作者向群眾募資的平台，以每件作品或定期取得資金。

第 8 週　極大化所得

財富喜悅

訪談：提摩西

提摩西・阿穆（Timothy Armoo，28 歲）來自倫敦東部的哈克尼，他 10 歲以前是在迦納度過的。他是 Fanbytes 的聯合創始人，2022 年他和合夥人以數千萬英鎊的價格出售了這家公司，這讓他實現了財富自由。以下是他的故事和關於發展副業的建議。

17 歲時，我創辦了一家名為 Entrepreneur Express 的公司，這是一家線上媒體公司。我最終以 110,000 英鎊（約合台幣 440 萬元）的價格賣掉了它，這對當時的我來說是一件大事。四年後，21 歲的我創辦了 Fanbytes，致力於社交媒體影響者和品牌行銷。後來公司發展成一個 80 人的團隊，並於 2022 年出售給 Brainlabs。現在，我處於半退休狀態，從事天使投資⓭、諮詢工作，並準備成立下一家公司。

財富喜悅意味著能夠享受生活，而不必擔心付不起價格，旅行時不會猶豫要不要坐商務艙，也能幫助他人並產生正面影響的自由。在策略層面上，財富喜悅是擁有選擇的權利和選擇的自由。

想想我與金錢的關係，原本我有稀缺的心態，擔心所花的每一英鎊。然而，在事業成功之後，我轉為富足的心態。我經歷了不同的階段，從大肆慶祝我的成功，到了解世界只會不停轉動。現在，我專注於賺更多的錢和增加財富，而不是擔心失去它。從稀缺到富足的思維轉變是一段反覆的過程。我變得更加自在地談論金錢，周圍都是在財務上取得重大成功的人。

在議會區長大的我，有很多遠大的目標。我很早就決定在 30 歲之前，帳戶裡至少要有 1,000 萬英鎊（約合台幣 4 億元）。最初影響我的是一段吉姆・羅恩（Jim Rohn）的影片。他說，你的所得是根據

⓭ 編按：指提供創業資金以換取可轉換債券或所有者權益的金主投資者。

你對市場提供的技能價值來計算的。這讓我恍然大悟，從此我相信可以經由精進有價值的技能來實現這一目標。我學習銷售、行銷、籌資和出版等技能，事業成為我運用這些技能來實現財務目標的工具。

我的父母不是企業家。母親沒有工作，父親則是在議會上班。我相信不是每個人都應該創業，有些人可能沒有所需的自信和決心。但對於那些不知從何開始的人，我的建議是從小處著手，降低成功的門檻。重要的是邁出第一步，無論你開始做的是什麼，都可能不會是最終的結果。

我也有一些和多數人不一樣的事，像是我至今沒有房子，也沒有學會開車。我目前只專注於賺錢就好。

如果只想經由副業每月增加 5,000 英鎊（約合台幣 20 萬元）到 10,000 英鎊（約合台幣 40 萬元）收入，我的建議是不要想發明新的東西。應該先看看人們已經在哪裡花錢，並從中分一杯羹。例如，在 Etsy 等平台上，查詢某個類別中的暢銷產品，然後做一些差異化定位；另一種方法是幫助小型企業建立線上社群或加強社會臨場感⑭（如果他們需要）。小型企業會願意付錢，因為他們不知道該怎麼做。關於內容的副業是可行的，例如聯合行銷或在 IG ⑮、YouTube 或抖音 ⑯ 等平台上建立影響力。你可以召集一群有類似需要的人，然後吸引品牌和廣告商。但是，需要一些時間才能開始產生收入。

---

⑭ 譯註：社會臨場感（social presence）：是指通訊媒體在進行互動過程中，被視為真實的感知程度。有些媒體的社會臨場感高，被認為具有社交功能、熱情的、人性化的。也有些媒體的社會臨場感低，只有傳播訊息的功能。這個理念最初是 1976 年由 Short、Williams 及 Christie 三位學者提出。
⑮ 編按：Instagram，一款 Meta 公司免費提供線上圖片及影片分享的社群應用程式。
⑯ 編按：一款中國大陸字節跳動公司創辦的智慧型手機短影片社交應用程式，使用者可錄製 15 秒至 3 分鐘的短影片，也能上傳影片、相片等。

選擇一個聰明的利基市場

相信你已經理解想要的副業類型,接下來要選擇一個適合自己的利基市場。選擇利基的方法是在三種不同的因子,也就是熱情、天分和需求之間找出交會點。

選擇利基市場的三因子公式

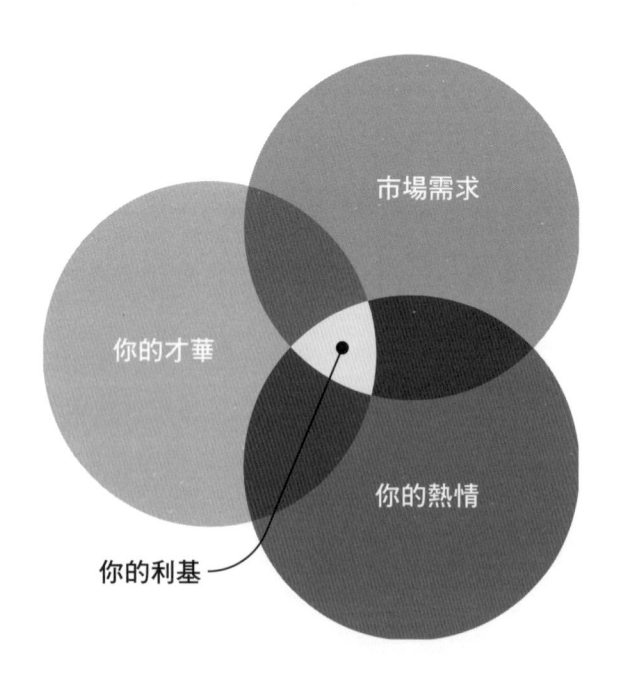

市場需求

你的才華

你的熱情

你的利基

熱情就是感興趣的領域,或是很容易上手,即使沒有報酬也願意做的事。我們熱中的領域包括旅行、烹飪、閱讀、教學和與他人分享想法。

寫下你熱中或感興趣的十件不同的事情：

1.	6.
2.	7.
3.	8.
4.	9.
5.	10.

天分是所擅長的技能。我們擅長的技能包括個人理財、投資、內容創作、影視編輯和平面設計。

寫下你擅長的十種技能：

1.	6.
2.	7.
3.	8.
4.	9.
5.	10.

接下來，需要結合上面十個不同的熱情和技能，來創造獨特的、值得探索的潛在利基市場。例如，從我們的熱情和技能的清單中，歸納出對教學的熱情以及對個人理財和投資的技能，也因此創立了線上平台「普通人的小錢」和「財富喜悅學院」。

寫下你的十種熱情和才能的組合,也可以用筆記本記下來。

接下來,要評估上述組合的市場需求。換句話說,這些興趣是否值得花大筆時間同時還能賺錢?

利用 Google 趨勢、關鍵字研究工具(例如 Ubersuggest)、社交媒體平台、社群和論壇,以及調查和問卷(例如 Google 表單)等工具。如果因此發現競爭者的存在反而是好消息,因為這通常表示有一個已經存在的市場和利基。

接下來,可以做一個小規模、低成本的產品來驗證你的想法,看看人們是否對它產生興趣。另一種測試市場反應的方法是建立一個名單,在社交媒體上行銷這個想法,看看有多少人真正感興趣並報名。當真正開始副業時,這些名單將成為第一批客戶。

聰明的商業模式

一旦確定了利基市場,你就需要一種商業模式來營利。根據我們的經驗,如果只是用時間換取金錢,不投入更多時間就無法擴大規模,這不算是個好的模式。如果時間有限,你更需要一個聰明的商業模式。以下是按業務類型劃分,值得研究的聰明商業模式:

基於服務的商業模式

小組輔導：比起一對一的輔導，以小組為單位提供一對多的輔導更有利可圖。例如，提供為期六週的轉型計畫輔導，價格 2,000 英鎊（約合台幣 8 萬元），每週兩小時。如果小組內共有十個人，六週的輔導計畫，等於是在六週內就賺了 20,000 英鎊，總共 12 個小時。

高級諮詢：利用既有的技能向更高階的客戶提供諮詢服務，提供更高價值，收取更高費用。

基於產品的商業模式

直接發貨：從供應商處採購商品並直接出貨，沒有囤積庫存。
訂閱制[17]：規畫和定期交付特定產品。
手工製作／手工藝：透過電子商務銷售獨特的手工產品。
依需求製作：依客戶需求設計和銷售客製產品，沒有庫存。

基於內容的商業模式

會員制：創立收費會員網站，將專業知識和經驗分享給社群，社群會不斷成長，會員每月付費以獲取網站提供的內容。

品牌贊助：由於創作者經濟（creator economy）[18] 的盛行，透過與品牌合作推廣產品來增加收入成為顯學。品牌對社群的微型網紅[19]越來越感興趣。創作者在社群媒體上的每部作品因此都能有數百到數千美元的收入。

---

[17] 編按：Subscription，一種商業模式，顧客需要定期付出指定的費用以獲取商品及服務。
[18] 譯註：創作者經濟（creator economy）：一種現代經濟格局，創作者利用數位平台與科技，來製作產品與服務的推廣內容，並發布給目標客群。
[19] 指擁有比普通人更多的追隨者的小網紅，被認為是更可靠的選擇，尤其是在專業領域。

聯合行銷：作為中間商，推廣他人創作的產品或服務獲取抽成，可能是一次性或是持續性的。

廣告：可以和 Google 廣告企畫（AdSense）或 Mediavine 等廣告平台合作，將廣告投放到自己的平台上（例如部落格或 YouTube 頻道），產生千次曝光收益（RPM）[20]。

數位產品：創作數位課程、電子書、規畫工具等，並在自家網站、Gumroad[21] 或 Shopify 等平台上銷售。

創建價值階梯[22]和銷售漏斗[23]

你有沒有發現，當你逛宜家家居（Ikea）[24]時，似乎被地上的箭號指示走一條穿過商店的路徑？因為實際上宜家家居就是一個巨大的銷售系統。它的價值階梯提供了具有遞增價值的產品或服務的範圍；銷售漏斗則提示了潛在客戶做出購買決定所採取的步驟。想像一下，漫步在宜家家居裡——從便宜的蠟燭到昂貴的廚房，應有盡有。這就是他們的價值階梯。如果你買了便宜的蠟燭，你就是客戶。然後你可能會得到一張桌子。照這樣下去，你可能會

---

[20] 譯註：千次曝光收益（Revenue Per Mille）：每獲得一千次廣告曝光所累積的預估收益，計算方式為預估收益除以廣告獲得的網頁瀏覽量、曝光次數或查詢次數，再乘以 1000 後得到的數據。

[21] 編按：總部位於美國加州的電子商務平台，允許創作者直接向受眾銷售產品。

[22] 譯註：價值階梯（value ladder）：價值階梯是一個網路行銷的概念，指提供的產品或服務可分為低、中、高等級，內容不同但彼此聯結，因而衍生出的一個銷售進程。越往上一階所提供的價值（價位）要比前一階還高，如果持續為客戶提供更多價值的產品或服務，引導客戶到達最高的階梯，將獲得最大的利潤。

[23] 譯註：銷售漏斗（sales funnel）：網路行銷用語，使陌生人變成顧客的過程。例如，讓顧客從注意到貼文或廣告，到訂閱成為潛在客戶，最後產生購買行為成為顧客。因為客戶數量從上到下，會由多至少，很像漏斗的形狀，所以被稱作銷售漏斗。

買下整個廚房。宜家家居透過簡單的銷售系統幫助實現這一目標：單向商店布局、輕鬆支付、直接送貨和紅利點數積點。

每一個成功的企業或聰明的副業，都涉及行銷（創造價值階梯）和銷售（創建銷售漏斗和銷售系統）──並且都是基於誠信。以下是創建價值階梯和銷售漏斗的步驟。請記住，這些不會在一夜之間就發生，但慢慢累積下來，能幫助你創造一個聰明的副業，產生被動收入。

步驟1：了解產品和服務

確定所提供的產品或服務的範圍，並根據價值和定價分類。思考每項產品如何解決不同的客戶需求或問題。

步驟2：定義目標客戶

了解理想中的客戶分布、偏好、痛點和購買行為。這能夠根據他們的需求決定本身的價值階梯和銷售漏斗。

步驟3：價值階梯

設計簡單的產品流程，從價格或價值較低的產品或服務開始，逐漸轉向更有價值和更高價格的選項。

例如，如果選擇的副業是健身教練服務，價值階梯可能如下所示：

---

❷ 編按：來自瑞典的跨國居家用品零售企業，販售平整式包裝的家具、配件、浴室和廚房用品，以在店面內開餐廳及展覽式的陳列為特色，為全球最大的家具零售企業。

- 免費內容：在社交媒體上提供免費的健身技巧和健康食譜——價格為 0 美元。
- 低成本電子書：提供價格實惠的電子書，其中包含健身計畫和營養指南——價格為 7 美元（約合台幣 228 元）。
- 線上教練課程：提供為期四週的線上教練課程，包括個人化的健身和飲食計畫——價格為 197 美元（約合台幣 6,427 元）。
- 一對一專門指導：提供個人化的一對一指導，每週簽到和客製的計畫——價格為 497 美元（約合台幣 16,213 元）。

你可以在記事本上寫下自己的價值階梯，也可以用一般圖案或心智圖（mindmapping）㉟的工具畫出來。

步驟 4：銷售漏斗

設計一個銷售漏斗，引導潛在客戶完成整個購買過程。

- 曝光：建立介紹產品及服務的內容。利用社交媒體、部落格文章或視頻來提高知名度。
- 興趣：提供更深入的內容，展示產品的優點。可以經由詳細的部落客文章、網路研討會或案例研究來表現。
- 分析：展示產品的價值階梯及好處。比較不同的選項並解釋它們如何滿足特定的客戶需求。
- 決策：提供公眾的使用證明，例如使用心得或成功案例，以建立可信度。提供限時折扣或獎勵以鼓勵銷售行為。

㉟ 譯註：心智圖（mindmap）：也稱思維地圖，是一種用圖像整理訊息的圖解。用一個中央關鍵詞或想法，以輻射線形連接所有的代表字詞、想法、任務或其他關聯項目。

- 行動：讓客戶輕鬆購買。使用明確的行動呼籲（CTA）[26]並提供簡單流暢的付款流程。

有用的工具包括 ConvertKit [27]、ActiveCampaign [28]、Mailchimp [29]、ClickFunnels [30] 和 Leadpages [31]。

步驟 5：整合

將價值階梯和銷售漏斗整合到行銷活動中。透過網站、社交媒體、電子郵件和其他管道，推廣價值階梯中的產品和服務。針對銷售漏斗中不同階段的內容，為潛在客戶提供價值和引導。

步驟 6：評估和優化

定期追蹤價值階梯和銷售漏斗的表現。持續關注轉換率[32]、參與度和客戶回饋等關鍵指標，精進並重複執行。

---

[26] 譯註：行動呼籲（call to actions, CTA）：是網頁上或行銷活動中引導用戶進行特定行為的用語，例如：加入購物車、訂閱電子報、註冊試用等。CTA 的形式不拘，舉凡按鈕、圖片，或是常在 YouTube 影片中聽到的「訂閱、按讚、開啟小鈴鐺」也是一種 CTA。
[27] 編按：一款可以免費使用的電郵行銷工具。
[28] 編按：一個針對中小型企業的軟體即服務平台，提供電子郵件行銷、行銷自動化、銷售自動化等服務。
[29] 編按：一個電郵行銷平台。
[30] 編按：一個銷售漏斗系統，可以快速建立銷售網站，有助成交商品與線上課程。
[31] 編按：一個行銷平台，透過建構登錄頁面接觸潛在的消費者。
[32] 譯註：轉換率（conversion rate）：網路行銷上，計算客戶在每個階段從起始到結束的比率。例如 10,000 名到訪網站的訪客中，只有 6,000 位訪客會瀏覽購物頁面，若以瀏覽購物頁面為轉換目標時，轉換率就是 60%。Google 官方文件的定義是：「單次廣告點擊的平均轉換數，以百分比表示。」

請記住，簡單好用是關鍵，尤其是在開始時。我們分享的所有內容都需要幾個月的時間來建構，但這沒關係。給自己至少 12 個月的時間來完成一個副業，並真正發揮作用。我們給了自己三年的時間，「普通人的小錢」可能成功，也可能失敗，給了自己這段時間，讓我們有耐心去讓它發揮作用。

經營副業可以帶來主動或被動收入，如果是後者更好，但在網路上，被動收入經常被誇大其詞。以下我們進一步探討。

賺到第一筆被動收入

多數人都想賺取被動收入，但不知道如何開始。被動收入是從線上及線下的副業，或是資產中獲得的收入。剛開始需要花一些精力，但長久以後便不再需要拿時間換金錢。然而，大多數人總還會花一些心力去做維護，使收入成為半被動，而不是百分之百被動，但這沒關係。然而，現實情況是，賺取被動收入並不容易！而且，最大的障礙是你的第一筆被動收入。以下將說明要如何開始：

步驟 1：一個強烈的欲望

被動收入對你的生活品質提升有什麼作用？你對生活品質提升的動力越大，越會投入更多的精力去創造被動收入。

步驟 2：需要儲蓄

被動收入從儲蓄開始，要摸索出一個增加儲蓄的方法。

步驟 3：確定想要的收入類型

你希望第一個被動收入的來源為何？為什麼？你的性格是否適合朝向線下的工作模式（例如修繕房產出租）或線上模式（例如部落客、股息收入等）。弄清楚這一點能幫助你排除一些無謂的點子，專注於幾個有用的想法。

步驟 4：找出自己的十大熱情和十種才能

看看之前做的練習，這會幫助你認清可能值得探索被動收入的領域，做喜歡及擅長的事情。

步驟 5：從一件快樂的小事開始，作為你的目標

想像一下，每週花 3 英鎊（約合台幣 120 元）或每年 156 英鎊（約合台幣 6,000 元）買一條新鮮出爐的酸麵包，就能夠帶給你快樂，這可能會是獲得被動收入的動機。你可以想出一種方法來賺取足夠的被動收入來支付這筆麵包錢。

例如，你可能需要研究一下，投入多少本金才能每年產生 156 英鎊（約合台幣 6,000 元）的收入。將其除以 4% 的股息收益率 ❸，結果是投資 3,900 英鎊（約合台幣 156,000 元），可能可以賺取足夠的股息來支付酸麵包的錢。當你有足夠的儲蓄和投資來賺取這筆被動收入時，就可以把目標轉向下一件給你帶來快樂的小事，同樣試著用被動收入來取代它。

---

❸ 編按：公司每年支付的股息數額相對於公司股價的比率。

步驟 6：將其遊戲化並讓它充滿趣味

嘗試用遊戲的方式進行，會讓副業的實驗充滿了趣味，這是我們從部落格中創造收入的方法。如果有合作夥伴，請他們一起加入這個行列。目標可以是從副業賺取目前淨收入的 10%，並給自己訂下期限來實現，比如六個月。

步驟 7：重新分配時間

Toggl 是一個很棒的時間管理 app，可以追蹤一週或一天的時間和活動，也會顯示平時花時間在什麼地方。這有助於將時間用於賺取被動收入上。

請記住，雖然第一次被動收入需要花時間，而且是最難的，但第二次以後的被動收入會簡單得多，也會更快實現。

21 項被動收入來源

我們已經了解被動收入的來源，是介於「只有一份工作」到「同時有許多工作」之間，以維持個人資產的穩定增長。因此選擇被動收入的類型就很重要。不同的工作承擔的風險不同、預期報酬不同、要花的努力程度不同、所需的資金和流動性（轉換為現金的難易程度）也不同。我們用以下的標準對每種被動收入進行評分：

- 承擔風險：介於 0（高風險）和 10（低風險）之間
- 期望報酬：介於 0（低報酬率）和 10（高報酬率）之間
- 努力程度：介於 0（大量努力）和 10（小努力）之間
- 資金多寡：介於 0（需要大量資金）和 10（需要少量資金）之間
- 流動性：介於 0（低流動性）和 10（高流動性）之間

21 項被動收入來源排名

編號	被動收入來源	承擔風險	期望報酬	努力程度	資金多寡	流動性	總和
1	出租一間空房間	9	10	9	10	10	48
2	出租車庫	9	6	8	8	9	40
3	創立部落格	9	8	5	9	8	39
4	利用廣告將網站貨幣化	8	8	6	9	8	39
5	投資指數基金或 ETF	8	8	9	5	9	39
6	聯盟行銷	9	7	5	9	8	38
7	創立播客（Podcast）	9	8	5	8	8	38
8	成為 YouTuber	9	8	5	8	8	38
9	高息存款（固定利率）	9	7	9	5	7	37
10	發行電子書	8	7	5	8	8	36
11	投資債券	10	5	9	5	7	36
12	影音製作及出售	8	3	7	9	8	35
13	開設課程	6	7	6	8	8	35
14	創立會員服務	7	7	5	7	9	35
15	投資不動產證券化（REITs）	6	6	7	5	7	31
16	投資股息產品	5	7	5	5	8	30
17	網路借貸（P2P Lending）㉞	5	5	8	5	5	28
18	設立電商	5	5	5	6	6	27
19	不動產投資	7	9	4	3	3	26
20	創立一個 app	4	4	4	5	7	24
21	創業投資（Venture Capital）	3	6	5	5	2	21

總分最高的被動收入工作是最值得嘗試的。但是這同時也取決於每個人的喜好順序。例如，有人可能更喜歡潛在報酬最高或工作量最少等等。下表是我們對21個被動（和半被動）收入來源的排名，除了創立一個app之外，其餘都是我們的個人經驗，並呈現在我們的願景板上，期望有一天會實現。

根據我們的經驗，一旦有了第一筆被動收入之後，長時間下來，大約二成的被動收入項目會占總被動收入的80%。

訪談：莎拉

莎拉‧特蕾齊（Sara Trezzi，45歲）是義大利人，在倫敦生活了17年。她是GatheringDreams.com的美食部落客。以下是她如何從一無所有到明星部落客，每年的收入達到六位數字。

我之前在電影行業工作了15年，擔任製作人，管理著一個60人的團隊，每週得工作50到60小時。但工作了七年後，我漸漸覺得自己不太可能這樣一直做到退休，於是我開始尋找其他賺錢的管道，包括在網路上銷售茶葉和投資房地產；後來我決定辭掉工作，將銷售茶葉的兼職轉為全職，發現銷售實體產品並不適合我，而房地產也不是每天都有事可做，於是我試著尋找其他兼職。

我6歲時開始學著做飯，對食物的熱愛讓我在2017年動手寫部落格。三個月後，我透過AdSense廣告賺錢了。當時我每週至少投入40個小時，不停學習和吸收。現在，我的收入是我開始寫部落格時的十倍左右，但我每週只工作15到20小時。與以前的工作相比，目前我的收入是過去工作的兩倍。過去每週工作50到60小時，而部落格每週工作15到20小時，每年休息時間長達三個月，休息期間我幾乎什麼都不做。

現在，我每天醒來，可以做我想做的事。有時是工作、有時是放

鬆、散步或花一些時間旅行。和以前最大的區別是，在公司工作時，有一定的固定工資，你知道自己投入了多少時間。在網路事業中，你得一開始就投入大量時間和學習。然而，一旦事業上了軌道，就會不斷獲得回報。例如，有一篇文章是我花了三個月時間在這段部落格之旅中所寫的，六年後的今天，它仍然給我帶來財富。即使你休息了，你已經完成的工作也會繼續產生收入。

我的部落格主要經由廣告和聯合行銷賺錢。如果你每個月有一千到一萬人閱讀你的部落格文章，你就可以開始賺到一點錢。對於一個沒有團隊的單人企業來說，我的部落格每個月有 50 萬到 60 萬人閱讀，去年大約有 600 萬人，其中絕大多數來自美國。這是一個知其所愛、知其所尋，再將其轉化為事業的過程。

要踏上像我這樣的旅程，每月至少賺 1,000 或 1 萬美元，首先應該確定自己的熱情。享受你所做的事情是最重要的，找到讓你快樂的事，無論是烹飪、跑步還是任何其他興趣。人們的生活中經常有些東西能給他們帶來快樂，你可以將熱情轉化為有利可圖的網路業務。

當你確定了自己的熱情後，接下來是研究其他人如何將興趣轉化為獲利。觀察他們的收入來源，例如贊助、廣告或銷售產品。如果他們能賺錢，你也可以。專注於一個收入來源，直到它成功並產生足夠的收入後，再考慮擴展業務，讓收入來源更多元。記住，不用發明新的輪子──只需將獨特的軸心放在喜歡的東西上即可。

---

❹ 編按：社交借貸、P2P 借貸（P2P lending），是指個體和個體之間透過網際網路平台實現的直接借貸。

如何增加觀眾

　　經營副業所創造的最大資產之一，是培養一群了解你、喜歡你並信任你的觀眾。觀眾數量可以來自社交媒體，也可以透過電子郵件不斷成長，或兩者兼備。雖然兩者都很重要，但電子郵件清單的增加更為重要，因為自己可以控制數據，並且可以隨時與觀眾交流。長時間累積下來，這些觀眾自成一個社群，依賴你提供建議、指導，也可能會購買你的產品和服務，從而成為客戶。最棒的是，你並不需要大量的觀眾才能賺取可持續的收入。凱文・凱利（Kevin Kelly）所推行的「1,000 個忠實粉絲」的想法[35]，讓自己做喜歡的事情之外，還能拿來謀生。如果有 1,000 個熱愛你所做的事情的人，每年付給你 100 英鎊或 100 美元，那麼你每年就有 100,000 英鎊或 100,000 美元的收入。這讓許多人明白，只需要 1,000 個真正的粉絲，創造一個成功的副業，建立觀眾群，同時以可持續的方式創造收入是可行的。

　　從零開始，在短短五年多裡，我們建立了超過 200,000 人的活躍觀眾（而且沒有付費廣告）。我們了解到增加觀眾數量，讓他們熱愛你喜歡做的事情，需要下列五個要素。包括了：

　　品質：把創造出來的每一項高品質的產品大量傳播出去，建立你自己、你的事業和你的品牌。拿起智慧型手機就能開始。

　　價值：如果人們付費取得你的內容（影片、部落格、播客、音樂等）並持續更新，他們就會覺得有價值並與他人分享。

　　一致性：建立高品質的內容，並且真實呈現。如果內容前後不一致，最好不要提供，因為沒有一致性就不會有增長。

---

[35] https://kk.org/thetechnium/1000-true-fans/

行動呼籲（CTA）：真正建立觀眾的唯一方法是反覆給他們行動呼籲，例如「點擊這裡訂閱」或「加入我們的時事推播」。

真實性：內容一切都是關於你自己，講述你的故事（正面的和不太正面的），並在與他人交流時散發正能量。人們總是在尋求聯繫，所以如果能找到相同想法的人，很快就會建立起一個觀眾群體。

訪談：馬文

馬文・哈里森（Marvyn Harrison，39歲）出生於英國，祖先起源於牙買加和安提瓜。他是兩個孩子的父親，Dope Black Dads 的創辦人和 Belovd Agency 的聯合創辦人。以下是他如何利用社群和內容來創業。

我 13 歲開始幫忙洗車，每次 5 分錢，後來在大學裡賣 CD 維生。我一直在工作，16 歲有了第一份正式工作，19 歲離開家。最終，我踏入了音樂管理和數位行銷領域，成功舉辦了一場現場音樂會和喜劇活動。後來，我在 Betfair㊱、三星和 WPP㊲ 工作，職業生涯逐步開展，也開始投資自己的事業：Dope Black Dads 和 Belovd Agency，我的工作著重在公司的文化轉型。

有些人創業是為了賣產品，或實現特定的金融目標，我的創業動力則是解決問題，財務方面對我來說反而是最後的目標。只不過，我仍然必須注意損益表，以確保公司業務的可持續性。

建立社群對於發展業務來說太重要了，但不要只是為了賺錢而建立社群。將社群經營轉換為營利的過程中，社群的價值不容妥協，

㊱ 2000 年成立的英國賭博公司，業務由倫敦總部主控。
㊲ 英國一家廣告和公關服務跨國公司，是全球最大的廣告傳播集團。

有時候可能需要對某些不符合價值觀的機會說不。更好的方法是建立一個封閉式的群組（例如電子郵件清單），這與社群不同。社群具有對外的權力和影響力，而一個封閉的用戶群組則只服務於特定的客群。

我實現目標的動力來自於真誠和熱情。最好的例子之一是我與 Dope Black 的經歷，這是我非常喜歡的一個專案，即使有缺點或挑戰，我們仍然努力工作，和客戶接觸並試圖做出差異化。我親身遇過問題，提出解決方案，並且大受激勵。我的終極目標是讓這些解決方案持續下去，即使如今我沒有直接參與，它還是能夠持續運作。我的真誠激發了動力。

如果想要從副業中每個月額外賺 1,000 至 2,000 英鎊（約合台幣 4 萬至 8 萬元），應該利用你現有的工作技能，在工作之外提供類似的服務，例如為企業提供記帳服務。除此之外，也可以考慮作為內容提供者。利用網路介紹自己的專業領域並贏得關注，創立你的品牌，直播或舉辦面對面的活動來分享專業知識。還有，技能和熱情之間應該要有交集。如果你對會計數字特別敏銳，同時對兵工廠❸（Arsenal）足球隊充滿熱情，熱情恐怕會是比較好的選項，因為對足球的熱情會比數字敏銳度更能推動你走得更遠。換作是我，我會做一個兵工廠球隊的播客而不是會計專業的播客，因為你會在兵工廠播客中得到更多樂趣，退出的機率也比較低。

要將副業收入從每月 2,000 英鎊（約合台幣 8 萬元）增加到 5,000 英鎊（約合台幣 20 萬元），就要考慮品牌合作的可能性，將專業內容實現獲利。透過抖音和 Instagram 等平台增加觀眾數，建立自有品

---

❸ 編按：一支英國英格蘭的職業足球隊，參加英格蘭足球聯賽的最高級別──英格蘭超級足球聯賽。

牌、巡迴演講、提高曝光度以增加收入。不要只局限於最初的目標——重點是在工作和收入之間找到平衡，並且感到快樂。

副業、雇主和同事

如果你正在找工作，請考慮找一位對副業持開放態度的老闆。如果目前正在工作並想開創副業，請務必檢視工作契約以確保沒有違反任何條款。此外，觀察工作場合的文化，看看其他同事是否也在工作之外從事副業，以衡量被接受的程度。如果需要，可以諮詢就業律師。

如果你正在工作並且已經開始了副業，最好主動向老闆表達，明確表示你不會在工作時間從事副業，或使用公司的資產。不過請小心，有些老闆可能不會太高興，當面對其他關於紀律問題的事情時，老闆反而可能提出你有經營副業的事實，對你不利。

我（肯恩）曾遇到過這樣的問題，當時的老闆對於我在日常工作的同時兼做副業很不高興，即使我是利用自己的空閒時間也耿耿於懷。我最終離開了那家公司，也很高興沒有放棄副業，倘若當時我放棄了，「普通人的小錢」便永遠不會存在！以個人的負面經驗為例，我還是建議不要將經營副業告訴同事，因為他們可能並不像你期望的那樣支持你。

六位數高薪收入的成功秘訣

通往財務獨立的過程中，一個經常被忽視的關鍵是你的工作。許多人堅持工作，每年獲得相同的工資，或者充其量是與通貨膨脹一致的加薪。然而，如果你意識到，工作是加速實現財富自由的一個重要途徑，你對工作和職業的看法會大不相同。將職業價值極大化的一個非常重要的心態是：在要求任何東西之前，必須先知道你真正想要的是什麼，並且去得到它。賺取理

想的收入也是如此。

厄爾・南丁格爾（Earl Nightingale）[19]的一句話巧妙地抓住了另一種思考方式，他說：「我們在生活中的回報將永遠與我們的貢獻（或服務）成正比。」為了增加收入，重要的是要問問自己如何提高貢獻，以達到收入目標。雖然金錢不是萬能，但它是幫助你迎向自由的工具。

在我們的領英（LinkedIn）個人資料中，不會列出我們以前做過的所有低薪工作。例如，我（肯恩）做過清潔工、服務員、接待員、動物技術員、貨架工和三明治製造商，而瑪麗則在零售業的收銀台工作過，擔任過兒童保育助理和教育部門的產品助理。這些工作激勵了我們，讓我們相信為了最終獲得六位數的收入，需要大膽地發展自己的事業。當然，分享這些的目的不是為了吹噓，而是希望對你有所啟發。

請注意，你不需要六位數的收入也能規畫財富喜悅生活。事實上，無論你的收入如何，真正重要的是你能保留多少。本章的內容希望幫助大家獲得遠超過通貨膨脹的收入，特別是在私人公司工作，因為有些作法在公家機關不太適用。

作法 1：每二到三年換一次工作

如果你是 20 歲、30 歲甚至 40 多歲，這作法很適用。如此頻繁換工作的原因是：市場不斷發展並重新定價工作技能的速度，比你當前工作的定價速度更快。你可能會想，忠誠度呢？我們的說法是，在工作中要忠誠，但不要忘記生命的順位，為了自己的未來而換工作。

---

[19] 譯註：厄爾・南丁格爾五世（Earl Nightingale V）：美國廣播電台的演說家和作家，主要研究人格發展，動機和有意義的生存等主題。

作法2：找一個VIP雇主

老闆的類型與實現財富累積之間有非常直接的關係。在這裡，我們將老闆做了不同類型的分類，並說明與潛在財富累積的關聯。

雇主類型及其財富累積潛力

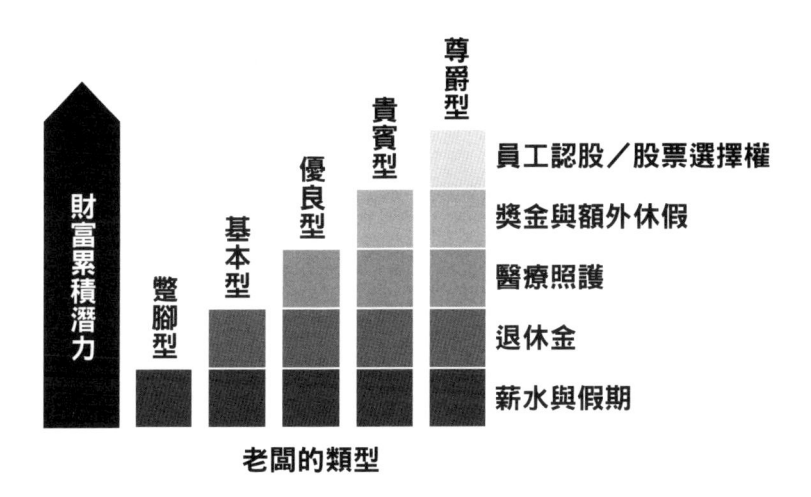

財富累積潛力（由低至高）：蹩腳型、基本型、優良型、貴賓型、尊爵型

- 員工認股／股票選擇權
- 獎金與額外休假
- 醫療照護
- 退休金
- 薪水與假期

老闆的類型

檢視上面的圖表，試想你的老闆是哪種類型？選一個好的老闆，比較有可能在職業生涯期間累積財富。盡可能避免蹩腳型和基本型雇主，並以貴賓型及以上老闆類型為目標。

作法3：向公司要求專業認證的補助

本書前面提到過，我（肯恩）在以前公司的幫助下攻讀了EMBA學位，為期兩年的課程費用約為75,000英鎊（約合台幣300萬元）。其中，50%是在我向董事會提出這個想法後由公司補助的，20%是我為商學院寫了一篇論文後獲得的助學金。你可能會想，上了這門課學到了一些東西，這和錢有什

麼關係？答案是：每件事都有關係！我在職場上的價值，反應在每年基本薪資就增加了 40,000 多英鎊（約合台幣 160 萬元），另外加上退休金提撥，因為退休通常是根據總工資計算。獲得專業認證會讓薪資水平提高，整體財富累積的速度就越快。

要求公司補助進階的學習也會為生活增加價值，前提是公司至少支付其中的 50%。順便說一句，你的同事可能不太費心要求這樣的補助，所以你成功的機會會很高。

作法 4：成為內部創業者

作為公司或企業的員工，你也可以同時成為在組織內擁有一點創業精神的人。

例如，我曾經和一群薪水相當不錯的人一起工作——每月淨收入在 5,000 英鎊（約合台幣 20 萬元）到 8,000 英鎊（約合台幣 32 萬元）之間。然而，這些人想到了一種方法和公司協商，讓他們能夠享有帶來的任何業務的 10% 到 25% 抽成，計算下來每個月的佣金都是一大筆錢。除了每月 5,000 至 8,000 英鎊的淨收入外，每個月僅佣金一項即可多拿 20,000 多英鎊（約合台幣 80 萬元）。

其中的關鍵是，這些人做了大多數人不願意做的事，那就是去找他們的老闆或經理說：「我會發掘人脈，如果能為公司帶來客戶，能為公司增加價值。我可以為新業務收取 10% 的佣金（一次性或經常性）嗎？」

這就是開始改變遊戲規則的方式，當然會帶來額外收入。而最壞的回答是否定。然後你找到另一種方式來問，但要繼續問。

作法 5：做老闆的工作

學習老闆所擁有的一兩項技能，或是承擔職權範圍外的責任，讓它成為你的本領。這使你在要求加薪時處於優勢，能夠要求比一般人更高的加薪幅

度。多數人要求打敗通貨膨脹的加薪，你應該能要求加薪10%到15%。因為你從老闆那裡多承擔了一些責任，而且會被視為一個有遠見的人，應該得到額外的加薪。

事實上，要想更上一層樓，請在每年年初與老闆坐下來制定未來一年的計畫，並以書面形式形成共識。例如，如果在一年內實現了所有目標，公司會同意有條件地加薪15%。關鍵是要把你和公司置於雙贏的談判位置，雙方都能獲得一些明確的目標，明確地將努力與報酬聯繫起來。

總之，你的最高收入永遠不會存在，除非你努力爭取才會有。這需要發揮創造力，改變思維方式，更聰明地工作，如果你認為自己能賺更多的錢，那麼絕對比你想像的還要多。

在第九週，我們將幫助你為舒適的退休生活做好準備，你可以選擇在想要的時候提前退休，而不是在必要時才退休。

訪談：桑多

桑多·傑可布（Thando Jacobs，33歲）出生於辛巴威，12歲時移居英國。他娶了林迪（Lindie），有一個孩子，目前是一名產業分析師，也是「財富喜悅學院」的夢想製造者。以下是他如何在12年內將收入增長九倍的說法。

財富喜悅是與生俱來的，能夠為家人服務，滿足需求，並有自由追逐夢想和抱負。這不僅是確保我們本身的需求，也是為了幫助他人並支持我們所相信的事。

我的職業生涯開始於22歲，在巴克萊銀行擔任櫃員。我在銀行工作了七年，從櫃員一路晉陞為客戶經理。在那之後，我轉行從事技術行業，擔任產業分析師，一直做了五年。最近，我轉為獨立接案的產業分析師。

我的財富喜悅旅程始於 16,000 英鎊（約合台幣 64 萬元）的櫃員年薪，隨後在不同角色當中慢慢累積。關鍵是轉為技術人員，成為一名產業分析師。透過增進技能和專業認證，薪水從 35,000 英鎊（約合台幣 140 萬元）增加到 50,000 英鎊（約合台幣 200 萬元）。然後，作為一名獨立接案的產業分析師，我的新合約上看 100,000 英鎊（約合台幣 400 萬元），最近又增加到 130,000 至 145,000 英鎊之間（約合台幣 520 萬元至 580 萬元）。

　　職業生涯的早期階段相當艱難，尤其是在銀行業務方面競爭激烈，我所在地區的就業機會有限；轉向技術人員容易一些，市場也更廣闊，但並非沒有挑戰。關鍵是提高專業技能，讓自己對人力資源部門來說更有吸引力，這花了大約兩年時間，並且需要改變思維，尤其是當我後來獨立接案時。想要離開銀行業務是由於對更多獎勵和更快發展的渴望，銀行工作並沒有提供我想要的財富增加，而轉為技術人員則是因為專業能力。後來我想自己選擇專案、決定收入和規畫工作，然而作為一名員工，我無法做出這些選擇，這種動力來自於想要對我的職業有更多的控制權。

　　太太的支持相當重要，她支持我的職涯規畫，在領英上建立網絡和關係也發揮關鍵作用。與該領域的專業人士交談並尋求幫助，讓我領會到未來有無窮的可能性。同時，與同事和朋友的互動讓我接觸到不同的職業道路，這促使我做出改變。

　　收入的增加讓我們的生活不再依靠薪水，並且還有餘力儲蓄、投資和幫助他人，我們的財務穩定性也沒有受到影響。這也提供了不同的生活選擇，比如我的妻子考慮在產假後不重返職場，專注於家庭和副業。

　　正職和副業間的平衡需要關注的是結果，而不是投入多少努力。我對投入的努力程度有一套策略，即使分心，也要確保自己不斷進

步,擁有清晰的願景並堅持熱情使我保持在既定的規畫上。在過去的五到十年裡,我透過各種方法發展自己的技能。把自己放在具有挑戰性的位置上,接受了新的機會,建立了網絡,參加了網路研討會,還有新兵訓練營強化學習;獲得認證,如 BCS 商業分析基礎證書[40],對我的職業發展發揮了重要作用。

對於希望透過職業生涯實現財富自由的人,我的建議是:首先,在職業選擇中要有策略性。尋找提供更高薪水和更低進入門檻的行業,例如科技或金融服務。其次,超越普通員工。建立網絡,獲得認證並在專業領域中建立權威。最後,專注於結果,投入工作以要求更高的待遇,絕對有助於財富自由。

第 8 週:課程和行動方案

第 8 週的三節課

- 人們通常不缺錢,缺的往往是創造力,這是賺錢和累積財富的關鍵。為了變得更有創造力,你需要有更多的人脈連結,因為創造力從來都不是孤立的,而是與他人一起完成的。
- 即使身為員工,打破員工心態也能讓你賺更多錢並加速實現財富自由。同時也能夠尋找好的副業,以及歷久彌新的方法,在工作和整個職業生涯中獲得遠高於通貨膨脹的加薪。
- 被動收入並不總是 100% 被動的,重要的是先有第一筆被動收入,這需要一些時間才能實現。但是,如果堅持不懈並努力工作,它會像滾雪球一樣越滾越大。

---

[40] 譯註:BCSBusiness Analysis Foundation Certificate。

第 8 週的三個具體行動

◆ **具體行動 1**：決定一種賺最多收入的方法。你會選擇一個好的副業還是最好的正職作為起點？
寫下答案並解釋原因。

◆ **具體行動 2**：如果想賺被動收入，你想先從哪一件帶來快樂的小事去創造被動收入？你會先從 21 個被動收入來源中選哪一個，為什麼？

- **具體行動 3**：如果你想創造好的副業，請按照本週前面描述的步驟，從十種熱情與十種技能練習開始，找出其中最想做的一個，目的是賺更多的錢。確保有市場的需求並持續驗證。記住，給自己六到十二個月的時間努力嘗試。

| 第 3 部 |

通往財富自由

目標：在尋找喜悅的過程中，達成財富自由。

| 第 9 週 |

計畫退休後的財富喜悅

財富喜悅的生活，在於實現財務獨立，以及選擇提前退休。這樣就能夠在自己喜歡的時候做自己喜歡的事。

在一次家庭度假後從羅德島返家的航班上，我（肯恩）起身上廁所，就像一般人在 35,000 英尺高空中排隊一樣，坐在我右邊的一個人從我們的 YouTube 頻道上認出了我，他說：「我已經 40 多歲了，已婚，很想在十年內退休，但我的積蓄太少了。如果你是我，你會怎麼做？」

這是不同年齡層都可能面臨到的類似困境。然而，很少有人主動尋求解決退休問題的方法，因為他們要不是忙於應付生活中的種種挑戰，要不就是根本不知道從何做起，因此很容易一天天拖下去。這位同機乘客的問題，讓我想起了「財富喜悅學院」的夢想家在為退休而努力時，所採取的兩個重要心態：求知若饑，虛心若愚。

求知若饑的意思是：一種尋求創新方法來解決問題和承擔風險的渴望，也是努力實現財務獨立或退休目標時所需要的勇氣。

追求財富的勇氣是遵循一個有效的計畫。例如，遵循本書中的十週計畫，因為那是真正實現了目標的人所分享出來的。

此外，它還關於一些非常規的選擇，引領你前往想去的方向。例如，生活方式的選擇，包括住的地方、開什麼樣的車、花多少錢與每月投資多少，

做出選擇本身就是一種財富的勇氣。

我們相信，財富勇氣也是一種以目標為導向的生活，有目的性的消費、享受生活的樂趣，最終擁有財富喜悅的生活，即使目前離實現夢想還很遠。

虛心若愚的意思是：設定切合實際的目標並做出合理的假設。不要期望收入會呈直線上升，而且最好設想預期外的事件發生，例如股市崩盤或全球疫情大流行。預想自己可能不會永遠保持健康，保持靈活彈性並隨著外在的變化不斷學習。

有了這些心態之後，本週的目標就是要幫助你往前邁出一大步，以實現財務獨立和選擇提前退休。即使你最終選擇在60多歲或更晚的時候退休，本週的內容也會讓你有信心、有啟發性和專注力，並且朝著自己的目標努力。

勇敢面對金錢的挑戰

雖然財務獨立和提前退休是可能的，但這絕非一帆風順，各種挑戰會以不同的方式影響著我們。每天找出應對這些挑戰的方法，同時確認自己的目標，讓自己不斷成長以實現目標。以下是可能會面臨的一些挑戰，以便更勇敢地面對金錢。

- 通貨膨脹可能導致困境，例如被迫搬到更廉價的地區。
- 黑人稅給黑人家庭帶來負擔，他們在努力邁向成功的同時，還須支持其他陷入掙扎的家庭成員，這是由於歷史和種族主義等因素阻礙了財富增長。
- 貧富差距持續存在：非洲裔黑人和加勒比海地區的人，只擁有英國白人家庭10%和27%的財富，直接影響了退休的規畫❶。

---

❶ www.ons.gov.uk/peoplepopulationandcommunity/personalandhouseholdfinances/incomeandwealth/articles/householdwealthbyethnicitygreatbritain/april2016tomarch2018

- 男女的退休金差距，單身稅也加深了財務差距，影響了女性和單身人士的退休財富。
- 財富濫用導致儲蓄損失、信用受損並影響退休計畫。
- 撫養孩子的相關成本也會影響退休財富，但這不應該阻止人們為人父母。
- 經濟衰退、離婚或喪親之痛等意外事件會影響退休計畫。
- 缺乏資源和法律地位，移民在新的國家常面臨經濟困難。

在這些挑戰之下，財務獨立或提前退休似乎是不太可能，甚至會讓人想放棄。對我們來說，放棄絕不是一種選擇。我們必須將財務獨立視為唯一的目標，即使最終沒有達到目標，最差的情況也會比剛開始時有著更多的財務保障。

十多年來，我們經歷了上述大部分挑戰，甚至更多。但我們一直堅持追求財務獨立，雖然過程也許令人沮喪，但我們相信這麼做是可行的。寫這本書的動力，是因為我們堅信，財富喜悅會幫助每個人逐漸朝著目標努力，並且偶爾也能抽空享受生活，因為只有自己才知道，這段旅程是與自己比賽，而不是他人。

退休生活多少錢才夠？

要知道需要多少錢才能退休是很不容易的，因為太遙遠且不確定。研究顯示，77% 的人不知道他們在退休後需要多少，51% 的人只關心當下的需求和願望，而犧牲了對未來的累積 ❷。然而這是完全可以理解的，因為每天過日子就已經夠難了。不過，另一項統計數據顯示，70% 的人認為有目標可以讓他們存更多。

---

❷ www.retirementlivingstandards.org.uk/details#examples

這一章節希望能幫助大家弄清楚，達成退休或財務獨立目標需要多少錢，了解差距有多少（如果有的話），在合理假設未來報酬率後，決定每月可能需要投資的金額。

我們會觀察兩個選項。第一，如果想按傳統定義，在 66 歲或 67 歲時，開始領取公有退休金時退休。你還可以使用你的私人退休金大約十年。

第二，如果你想要財務獨立，可以選擇提前退休，同時繼續做自己喜歡的事情。這也是 FIRE（Financial Independence Retire Early，財務獨立，提前退休）運動的主張。你可以在 55 歲（英國制度從 2028 年起為 57 歲）退休，也可以在 55 歲之前退休，但無法獲得退休金。

要確定需要多少錢才足以實現退休或財務獨立的目標，要透過以下步驟：

步驟 1：我需要多少年收入？

退休儲蓄應該能提供穩定的收入以應付開銷——而且不會用完。由於我們正在考慮未來的收入，需要從實際（通貨膨脹調整後）的角度來考慮。一個好的方法是使用你今天支出的百分比（例如，目前淨收入的 80%），然後用實際報酬計算。例如，我們計算出，因為已經還清了房貸，我們每年只需要 24,410 英鎊的稅後收入就可以完全支付生活支出，包括假期、能源、食品、保險等各種費用。

另一種計算退休金的方式是參考退休金和終身儲蓄協會的退休生活標準（Retirement Living Standards, RLS）。它涵蓋三個級別的支出（最低、中等和舒適），能幫助你計算出退休後實際需要多少。為了確保這些數字的真實性，我們與英國各地的人們組成了專案小組，進行廣泛的工作和研究 ❸。

---

❸ 編按：根據媒體「2024 台灣家庭理財暨世代退休大調查」，結果顯示，近八成國人自認退休規畫準備不足，約二成的六〇世代認為退休金應達 2,500 萬元才夠。而身體健康、環遊世界、養成愛好習慣、有伴一起住進養生村，則是退休族的四大願景。

根據退休生活標準，以下是你需要多少稅後年收入來支應退休時的開支，當然這是取決於每個人的生活方式❹。

退休生活水準

生活方式	單身	夫妻
最低要求： 用一些剩餘的錢來滿足所有需求。	£12,800（倫敦以外） £14,300（倫敦以內）	£19,900（倫敦以外） £22,400（倫敦以內）
中等要求： 提供較多的財務安全和穩定性。	£23,300（倫敦以外） £28,300（倫敦以內）	£34,000（倫敦以外） £41,400（倫敦以內）
舒適要求： 提供更多的財富自由和一些奢侈品。	£37,300（倫敦以外） £40,900（倫敦以內）	£54,500（倫敦以外） £56,500（倫敦以內）

以上所有數字都假設你在退休時沒有房貸也不用付租金。請在計算中考慮房貸狀況或潛在的租金支出。另外請記住，成本會因通貨膨脹而上升。

你認為退休後需要多少稅後年收入來支應年度開銷？

---

❹ 同前註。

步驟2：有多少退休或財務獨立的能力？

你想要一個夠大的退休池，可以提供保險公司的年金，帶來終身收入，或是可以從銀行提款，每年提供收入並支付你的費用。

第二個選項是每年從退休池中提出一定比率來維持生活開支。其中，根據所居住的地區來選擇適當的安全提款率（Saving Withdrawal Rate, SWR）❺非常重要。大多數討論財務規畫的文獻都集中在「4% 規則」的觀念上（參考 1998 年的 Trinity Study）❻，簡單的意思是，在第一年提領退休投資組合的 4%，並每年根據通貨膨脹調整提領的金額。從歷史上看，在 30 年的退休期間，成功的可能性為 95%——換句話說，不會花光錢。

不過要注意的是，4% 的規則僅適用於美國投資者，不應盲目適用在英國或其他國家。這是因為最初的研究分析〔威廉·本根（William Bengen）於 1994 年發表〕，並沒有考慮費用。同時也只考慮了 30 年的退休期，而實際上每個退休人員都會有所不同。此外，英國投資者（以及世界其他地區投資者）的歷史報酬與美國投資者的歷史報酬也不相同。例如，美國市場比英國要大得多，美國股票市場的每年實際報酬率通常比英國高出 1%。

簡而言之，在花了很多時間閱讀了安全提款率的研究論文後，我們得出的結論是：英國的合理提撥率在 2.5% 至 3.5% 之間。我們假設 3.5%，且正在投資全球基金，這些基金主要配置在美國市場。如果你在美國，請使用 4%。如果你只在英國投資（例如，50% 的股票和 50% 的債券），則會接近 3%。如果在英國或美國之外，可以根據當地通貨膨脹調整後的初始安全提款率，大

---

❺ 編按：指在使用特定投資組合時，每年可以從該投資組合中提領的資金比率。這個比率的設計目的是保證資產在提領期間不會枯竭，即使到期末可能接近零。

❻ 這是論文 "Retirement Spending: Choosing a Sustainable Withdrawal Rate" 的另一個名稱。三位作者 Philip L. Cooley、Carl M. Hubbard 和 Daniel T. Walz 都來自於德州的三一大學（Trinity University）。

約為 3% 至 4% 作為起點❼。

有了這個數字，就可以計算出退休金或財務獨立需要多少錢。利用所需的稅後收入為 24,410 英鎊，計算出我們的自由數字是 697,429 英鎊，或是 24,410 英鎊除以 3.5%（0.035）。這也大致等同於將稅後收入乘以 28.5（100% 除以 3.5%）。

你需要的退休金或財務獨立的數額是多少？請在下面計算：

下表是利用英國的退休生活標準，根據 3.5% 的安全提款率，為單身人士和夫妻計算所需的退休金。

表中數字雖然是基於經驗法則，但有助於決定你的目標數字。只是每個人的情況都不相同，有時這些數字會讓人感到遙不可及。

如果計畫在 66 歲左右退休，可以享有公有退休金，實際上可能不需要上面所計算的那麼多。表 1 是根據退休生活標準計算，單身人士和夫妻所需的退休金的明細。

讓我們解釋一下這些數字，假設你希望在退休時過上舒適的生活方式（假設）。這張表的意思是：

---

❼ 編按：台灣人退休後要準備多少錢才夠花？在銀行的退休追蹤調查中，有超過半數的人認為每個月生活費只需 3 萬元，但這並未考慮通膨及其他因素。如果根據主計總處家庭收支五等分位調查，戶長是 65 歲以上的家庭每月支出，第三至第五分位數分別為 6 萬、8 萬和 11 萬元，意味著退休家庭若想有中上的生活水準，每月開銷至少需要 6 萬元。

按生活方式劃分的英國單身人士和夫妻的估計退休金

	單身					
	最低要求	最低要求	中等要求	中等要求	舒適要求	舒適要求
每年安全提款率	（倫敦近郊）	（倫敦中心）	（倫敦近郊）	（倫敦中心）	（倫敦近郊）	（倫敦中心）
	12,800	14,300	23,300	28,300	37,300	40,900
3.50%	£365,714	£408,571	£665,714	£808,571	£1,065,714	£1,168,571

	夫妻					
	最低要求	最低要求	中等要求	中等要求	舒適要求	舒適要求
每年安全提款率	（倫敦近郊）	（倫敦中心）	（倫敦近郊）	（倫敦中心）	（倫敦近郊）	（倫敦中心）
	19,900	22,400	34,000	41,400	54,500	56,500
3.50%	£568,571	£640,000	£971,429	£1,182,857	£1,557,143	£1,614,286

表 1：達到不同退休生活水準下，個人所需的退休金

退休生活水準	年度支出	公有退休金*	其他退休金收入	稅前總收入	人均稅後總收入	取得年金所需的退休金**
舒適要求	£37,300	£10,600	£32,882	£43,482	£37,300	£530,000
中等要求	£23,300	£10,600	£15,383	£25,983	£23,300	£248,000
最低要求	£12,800	£10,600	£2,258	£12,858	£12,800	£36,500

* 2023 至 24 年全額公有退休金。
** 四捨五入的概估數字，每 100,000 英鎊獲得 6,200 英鎊的年金（見下文）。

- 舒適的生活方式需要 37,300 英鎊的稅後收入。
- 為此,你需要來自兩個來源的收入:公有退休金和個人退休金。
- 如果在 66 歲退休,每年可領取 10,600 英鎊的公有退休金,此外,每年還需要額外的 32,882 英鎊的稅前收入。
- 這 32,882 英鎊的額外收入必須來自私人/工作提供退休金。
- 要估計所需的退休金,請使用年金公式:每 100,000 英鎊退休金可收到 6,200 英鎊年金。
- 該計算所需的退休金為 530,000 英鎊:32,882 英鎊除以 6,200 英鎊,再乘以 100,000 英鎊(如表中所示)。

要計算中等要求或最低要求生活方式(分別為 248,000 英鎊和 36,500 英鎊)的退休金,請依循與前面描述相同的步驟。以上假設都在 66 歲(領取公有退休金年齡)退休。如果尋求財務獨立並可以選擇提前退休,你需要更大的退休池。因為沒有公有退休金的挹注。以 3.5% 的安全提款率計算,你也可以不買年金,而是從投資組合中提撥。

表 2:在不同退休生活水準下,夫妻所需的退休金

退休生活水準	年度支出(夫妻)	公有退休金*(夫妻)	退休池收入(夫妻)	稅前總收入	人均稅後總收入	取得年金所需的退休金**
舒適要求	£54,500	£21,200	£40,640	£61,840	£27,250	£328,000
中等要求	£34,000	£21,200	£15,016	£36,216	£17,000	£121,000
最低要求	£19,900	£21,200	£0	£21,200	£10,600	£0

* 2023 至 24 年全額公有退休金。
** 四捨五入的概估數字,每 100,000 英鎊獲得 6,200 英鎊的年金(見下文)。

請注意，表格最右欄的金額是人均數字，因此：

- 夫妻若想要過舒適的生活，每年需要 54,500 英鎊（27,250 英鎊 × 2）的稅後收入和 656,000 英鎊（328,000 英鎊 × 2）的退休金。
- 夫妻若想要過中等的生活，每年需要 34,000 英鎊（17,000 英鎊 × 2）的稅後收入和 242,000 英鎊（121,000 英鎊 × 2）的退休金。
- 夫妻若只要過最低生活要求，稅後收入 19,900 英鎊（每人 9,950 英鎊）即可，此時無須提存任何退休金（因為每人每年有 10,600 英鎊的公有退休金）。

與單身人士相比，夫妻通常具有經濟優勢。對於中等的生活方式，單身人士需要 248,000 英鎊的退休金，而一對夫婦只需要 242,000 英鎊即可。即使是最低限度的生活方式，一對夫婦不需要任何額外提存退休金，而單身人士在扣除公有退休金後，還需要 36,500 英鎊。雖然不是每個人都渴望婚姻，但差異是存在的。

此外，年金公式會隨著時間而變化，從而影響計算的結果。為了在沒有退休金的情況下實現財務獨立和提前退休，請考慮使用 3.5% 的安全提款率（或合適的替代方案），並仔細計畫何時開始提取資金，這會影響領取退休金資格和稅賦。

步驟 3：你已有儲蓄和投資數字

在第四週計算的淨資產，已清楚呈現目前的資產狀況。若加入伴侶的淨資產，共同計算家庭淨資產。可以清楚顯示與步驟 2 中目標之間的差距。

評估資金在不同地區的投資或儲蓄：

- 延稅帳戶，如退休金〔勞工的確定給付或確定提撥退休金、個人投資退休金（Self-Invested Personal Pension, SIPP）、小型自我管理計畫（Small Self-Administered Scheme, SSAS）、401k 和傳統個人退休帳戶（IRA，美國）、超級年金計畫（Superannuationfund，澳洲）、註冊退休儲蓄計畫（加拿大）等〕[8]。
- 免稅帳戶，如個人儲蓄帳戶（終身 ISA、股票和權益 ISA、美國為 Roth IRA）。
- 其他投資，如一般投資帳戶、房地產股權、商品、數位資產等。

對於那些希望提前退休實現財務獨立的人，請排除你的居住房屋淨值和確定給付退休金價值。然而，居住的房屋以外的財產淨值也應計入個人儲蓄和投資。你知道自己儲蓄和投資的數字嗎？

步驟 4：需要投資多長時間？

你的目標是在 66 歲退休或達到財務獨立，還是在 55 歲、57 歲甚至更早？投資期間的計算可能並不像看起來那麼簡單。

我們和社群成員的經驗顯示，隨著年齡增長，理想與現實之間必然存在

---

[8] 編按：在台灣，撇開個人的退休投資外，政府方面也給予勞工三種保障，即勞保、國保老年給付和勞工退休金，並在勞工退休金制度開放自選投資平台（如基富通），多存退休金。

差距。你可能認為你會一直工作到 66 歲（或 67 歲，因為領取公有退休金的門檻提高），但現實情況是，許多雇主會想方設法減少年長、經驗豐富但通常成本昂貴的員工，轉而雇用更年輕、更便宜的員工。

健康問題等因素可能會迫使員工提前退休。因此，仔細評估需要儲蓄多少，以及可用來儲蓄的實際時間更為重要。

在你退休或實現財務獨立之前，還有多少時間？

步驟 5：什麼是實際的投資組合報酬？

保持理性並考慮通貨膨脹和費用（被動指數基金和 ETF 每年費用率約 0.5%）。更長的投資期間和更高的股票配置往往會產生更高的預期回報，如果有十到二十年或更長時間的投資，每年的報酬通常在 4% 到 7% 之間。雖然有可能獲得更好的報酬，但最好不要誇大。本書第七週曾提出適當的投資建議。

步驟 6：何時才能實現財務獨立或提前退休？

實現財務獨立和提前退休的關鍵是儲蓄率——你每月儲蓄和投資的稅後收入。更高的儲蓄率會加速財務獨立的實現，縮短退休前的工作年限。例如，我們始終保持 65% 左右的儲蓄率。建議從簡化生活習慣，在不影響生活水準的情況下提高收入開始，先將儲蓄率從零逐漸提高到 10%。

為了實現財務獨立和提前退休的目標，你需要清楚計算每個月得提撥多少資金才能實現。為了方便試算，我們設計了一個簡易的退休計算器，你可以在此處下載：www.thehumblepenny.com/Freedomcalculator。這個計算器的介面相當靈活，你可以依據所在的國家和地區修改投入金額和幣別。

因為每個人的支出狀況和儲蓄能力不同，生活方式也不一樣，建議可以參考一些實務的案例研究，藉以觀察不同儲蓄率如何影響實現財務獨立和提前退休的目標。

35歲的蘇菲亞（Sophia）和32歲的安德魯（Andrew）是新婚夫婦，在倫敦3區租房。他們熱愛旅行並積極參與社交活動，憧憬未來能過著旅行和遠端工作的生活。目前二人的稅後總收入約為 50,000 英鎊，儲蓄和投資約為收入的15%（7,500英鎊），每年支出 42,500 英鎊。他們的目標是財務獨立，希望能存到 1,214,286 英鎊。目前的狀況是：儲蓄 45,000 英鎊，儲蓄率為 15%，投資的實質回報率約為 5%，預計退休時間為 72 歲和 75 歲。如果將儲蓄率提高到 40%，他們可能會提前 20 年，在 53 歲和 56 歲時實現財務獨立，在簡單的生活習慣下，將擁有 857,143 英鎊的退休池。

29歲的丹妮拉（Daniella）是一名行銷經理，單身，在埃塞克斯（Essex）租房。她計畫在實現經濟獨立後搬到聖盧西亞（St Lucia）。目前稅後年收入約為 30,542 英鎊，儲蓄率為 30%，相當於每年儲蓄 9,163 英鎊，年支出 21,379 英鎊。她的目標是以 30% 的儲蓄率和 5% 的投資回報率，存到 610,840 英鎊的退休池，達到財務獨立，並計畫在 54 歲退休。如果將儲蓄率提高到 40%，她可以在 20 年內實現財務獨立，也就是 49 歲，屆時退休池將成為 523,577 英鎊。

45歲的奇迪（Chidi）和40歲的歐拉（Ola）已經結婚15年，在肯特郡擁有一套房子，還在繳房貸。奇迪是一位企業家，歐拉是一名律師，他們二人的工作時間都很長，有三個在公立學校念書的孩子。他們的稅後總收入為 82,342 英鎊，生活習慣簡約，每年可存下 55% 的收入（45,288 英鎊），支出

37,054 英鎊。他們的淨資產（不包括房屋淨值）為 120,000 英鎊，計畫 13 年內存到 1,058,683 英鎊，在 58 歲和 53 歲時實現財務獨立。如果將儲蓄率提高到 65%，他們有可能在十年內，55 歲和 50 歲時實現目標，由於生活相對簡約，屆時退休池將達到 823,420 英鎊。

50 歲的普莉亞（Priya）和 52 歲的拉胡爾（Rahul）結婚了。普莉亞是一名物理治療師，而拉胡爾原本是全職爸爸，最近回到了資訊部門工作。他們住在伯明罕，家庭收入總計約 77,000 英鎊，稅後收入為 60,404 英鎊。年儲蓄率 50%，約 30,202 英鎊，每年支出金額和儲蓄相近。家庭淨資產為 95,000 英鎊（不包括房屋淨值）。他們的目標是財務獨立，希望退休時有 862,914 英鎊的資產。以 50% 的儲蓄率計算，他們的目標是希望在 65 歲和 67 歲退休，符合公有退休金的門檻。如果將儲蓄率提高到 60%，會提早在 11 年內，在 61 歲和 63 歲時實現財務獨立，屆時退休池將會有 690,331 英鎊的退休金。

讀者可以在以下網址下載退休計算器：www.thehumblepenny.com/Freedomcalculator。❾ 你可以試著調整各種變數，看看能在幾歲實現財務獨立和提前退休？如果調整儲蓄率，加上改變生活習慣，可以提前多久達成目標？

迷你版退休

對於我們這一代人以及千禧世代和 Z 世代來說，工作到 66 歲或 67 歲才

---

❾ 編按：繁體中文版可以到 https://ibwec.bwnet.com.tw/images/FinancialJoy_BusinessWeekly.zip 下載。

能退休，開始享受生活的想法早已過時。一點也不吸引人，相較之下，我們更願意早點退休，而不要太晚。同時，當我們眼見 60 多歲、70 多歲和 80 多歲已經退休的父母，發現一個共同事實：退休生活太無趣、太孤獨了。他們想過得開心，但還是想要做一些事，以保持頭腦活動。因此，他們並沒有退休，而是將部分時間花在小事業上，因為這給了他們一種認同感，也讓他們覺得自己仍為社會做出貢獻。

雖然提早退休很有吸引力，但也可能面臨無事可做，虛擲光陰的情況。有一種介於提早和延後退休的中間形態，稱為迷你型退休，它提供了兩者之間的平衡，你可以做自己喜歡的工作的同時，也能嘗到退休的滋味。我們發現，對正在規畫財富喜悅生活的人們來說，未來會有更多的迷你退休或短退休週期。為了驗證這個想法，我們將每年 8 月的休假當作迷你退休，體驗完全休息的感覺，而且也知道在休息後還能回到我們真正喜歡的工作中。從那時起，它就成為我們家庭文化的一部分，我們每年都會安排一個月到三個月的假期。如果有困難，試著先從短期開始，像是放年假離開工作一段時間。

退休儲蓄的選項

瀏覽投資選項猶如進入茫茫大海，尤其考慮不同的帳戶時，像是退休金與個人儲蓄帳戶，還有終身儲蓄帳戶和一般投資帳戶等。光是想到優先考慮哪個帳戶就可能讓人無所適從，尤其是搭配規畫財務目標時，例如要提前退休、依法退休、或購買第一棟房屋。每個帳戶都有其獨特的功用和限制，因此了解每個帳戶的性質，根據你的財務目標確定其優先順序就變得相當重要。

帳戶 1：退休金帳戶

包括勞工退休金、個人退休金等，像是英國的個人投資退休金（SIPP）

或前面提到的其他國家的類似退休金❿。

用途：為退休儲蓄。

主要的優點包括：

- 依個人稅賦等級免稅：

  基本稅率⓫ 人士：投資 80 英鎊獲得總額 100 英鎊的投資。

  高稅率人士⓬：投資 60 英鎊獲得總額 100 英鎊的投資。

  超高稅率人士：投資 55 英鎊獲得總額 100 英鎊的投資。

- 免徵 40% 的遺產稅⓭（如果在 75 歲之前死亡）。
- 如果沒有收入，每年最多可以向個人投資退休金帳戶投資 2,880 英鎊，並獲得 720 英鎊的稅收減免（總計投資 3,600 英鎊）。
- 獲得雇主相對提撥的資格。

年度提領：每年最高可達 60,000 英鎊。收入越高的人，提領額越低。

提領限制：55 歲（2028 年起為 57 歲）。

風險：未來潛在的制度改變、提領的複雜度和限制。此外，提領的退休金只有 25% 是免稅的，75% 在提領時應納稅。

帳戶 2：股票和權益股份個人儲蓄帳戶（Stock and shares ISA）

用途：為不同目的進行股票、權益股份、基金和 ETF 投資，例如購房、

---

❿ 編按：台灣除了前述政府提供給勞工的三項保障外，民間壽險也有提供類似年金險的險種，保障退休後仍有穩定的現金流，讓老年生活品質有保障。

⓫ 編按：台灣的基本稅額是（基本所得額－670 萬元）× 20%。

⓬ 編按：台灣 2024 年度所得稅級距為最低 5% 級距，綜合所得淨額 59 萬元；最高 40% 級距，綜合所得淨額為 498 萬元。

⓭ 編按：台灣遺產稅有 10%、15% 和 20% 等三個級距。遺產稅免稅額為 1,333 萬元，依據遺產繼承人不同，又有不同額度的扣除額。

財務獨立、退休等。

主要的優點包括：
- 獲利出場時免資本利得稅。
- 股息收入免所得稅。
- 提領時無須額外課稅。

年度提領：目前所有個人儲蓄帳戶，每年上限 20,000 英鎊。

提領限制：隨時提領，不會被課稅。

風險：如果每年的提領額度未用完即喪失，無法遞延。

帳戶 3：終身個人儲蓄帳戶（Lifetime ISA , LISA）

用途：為購買房產（首次購房者）或退休目的而儲蓄和投資。只要在 40 歲生日以前開立帳戶即可。

主要的優點包括：
- 政府提供 25% 的免稅，每年上限 4,000 英鎊。
- 政府每年另行提撥一次，從 18 歲開始直到 50 歲，總額上限 33,000 英鎊。
- 包括現金個人儲蓄帳戶（Cash LISA），以及股票和權益股份個人儲蓄帳戶（Stock and shares LISA）。

年度提領：每年 4,000 英鎊，允許額外提領 1,000 英鎊。

提領限制：購買房屋或在 60 歲退休時提領不會被課稅。

風險：在 60 歲之前無法提領。

帳戶 4：交易帳戶或一般投資帳戶（General Investing Account, GIA）

用途：用於投資股票、權益股份、基金和 ETF 的應稅帳戶。沒有稅收優惠。也稱為基金和股票帳戶。

主要的優點包括：

- 隨時可提領。
- 適用年度資本利得稅 ⑭（Capital Gain Tax, CGT）的免稅額。
- 適用年度股息和個人儲蓄免稅額。
- 適用於個人、公司、投資單位和信託。

年度提領：投資或提領沒有年度金額限制。

提領限制：無，任何時候皆可提領。

風險：超過免稅額的部分將會被課稅，而免稅額正逐年調降。目前，每人每年的免稅額為 6,000 英鎊（即將減半至 3,000 英鎊），已婚夫婦或合法同性伴侶可免稅 12,000 英鎊（即將減半至 6,000 英鎊）。目前，基本稅率和高稅率納稅人每年可享受 1,000 英鎊（即將減半至 500 英鎊）的股息免稅額，以及每年 1,000 英鎊和 500 英鎊的儲蓄免稅額。

帳戶 5：青少年自助投資個人退休金（Junior SIPP）

將青少年自助投資個人退休金帳戶作為孩子長期退休儲蓄的選項。其年度免稅額每年最高可投資 2,880 英鎊，加上政府補助 720 英鎊的基本稅收減免（20%），總計 3,600 英鎊。儘管在退休前無法提領，但它與青少年個人儲蓄帳戶（Junior ISA）是互補的，青少年個人儲蓄帳戶每年有 9,000 英鎊的免稅

---

⑭ 編按：針對買賣資產獲得的利潤所徵收之稅種。

額,通常會先選擇這個帳戶,多餘的資金再放入青少年自助投資個人退休金中。

提前退休與延後退休的投資順序

請留意,以下是我們的建議,大家可以依照每個人的需要隨時調整:

情境1:以傳統退休為目標的員工

先討論基本稅率,再談高稅率納稅人。假設目標不是買房,而是為了退休儲蓄,這時退休金的投資順序就很重要。

情境1A:基本稅率納稅人,沒有雇主相對提撥退休金

建議按以下順序投資[15]:

1. 股票和權益股份個人儲蓄帳戶(Stock and shares ISA):享受最大限度的稅收優惠並能夠立即提領資金。
2. 交易帳戶或一般投資帳戶(General Investment Account, GIA):維持這個帳戶並享受免稅額。
3. 終身個人儲蓄帳戶(Lifetime ISA, LISA):如果還有更多的錢,請投資在這個帳戶。
4. 退休金:將剩餘資金投資在這裡,因為稅收減免沒有前面幾項那麼有

---

[15] 編按:台灣沒有股票和權益股份個人儲蓄帳戶的制度。

利,而且沒有雇主的相對提撥。

請留意:投資終身個人儲蓄帳戶時,每年 4,000 英鎊的補貼個人儲蓄帳戶(ISA)是每年 20,000 英鎊補貼總額的一部分。但是,如果你優先選擇終身個人儲蓄帳戶,投資 4,000 英鎊可獲得 1,000 英鎊的額外補貼,每年補貼總額上限增為 21,000 英鎊,但同樣在 60 歲之前無法提領。如果犧牲部分薪水,提撥更多退休金享受稅賦優惠,終身個人儲蓄帳戶的順位可能更高。但是,如果重視提領的便利性,請優先考慮股票和權益股份個人儲蓄帳戶,以便隨時可提領。

情境 1B:基本稅率納稅人,雇主相對提撥退休金

建議按以下順序投資:

1. 退休金:將退休金帳戶盡可能做大,並享受雇主的相對提撥[16]。
2. 股票和權益股份個人儲蓄帳戶:盡可能做大,以獲得免稅額優惠和提領資金的便利。
3. 交易帳戶或一般投資帳戶:投資於交易帳戶以保持資金的靈活運用,並好好利用免稅額。
4. 終身個人儲蓄帳戶:如果有更多的錢,就投資在終身個人儲蓄帳戶。在 60 歲以前,所有的投資均可以免稅。它還享有與基本稅率納稅人退休金相同的 25% 稅收減免。

---

[16] 編按:在台灣,勞退新制規定雇主提撥薪資 6%,並存入政府指定帳戶;員工若想獲得更多保障,亦可相對提撥薪資 6%,把儲蓄池子做大。

情境 1C：高稅率納稅人，無論雇主是否相對提撥退休金

建議按以下順序投資：

1. 退休金：就算少了雇主的提撥和政府稅收減免，仍應盡可能做大退休金帳戶❶。
2. 股票和權益股份個人儲蓄帳戶：盡可能做大，以獲得免稅額優惠和提領資金的便利。
3. 交易帳戶或一般投資帳戶：投資於交易帳戶以保持資金的靈活運用，並好好利用免稅額。
4. 終身個人儲蓄帳戶：40% 的退休金稅收減免與 25% 的終身個人儲蓄帳戶補貼相比，稅收減免更好，同時還能更早提領資金。但是，如果有更多的錢可以投資，超出退休金稅收減免的最高免稅額部分，可以使用終身個人儲蓄帳戶。其他關於退休金可能獲得終身免稅的高收入者，也會優先向終身個人儲蓄帳戶提撥。不過，終身儲蓄的免稅限額預計將於 2024 年 4 月取消。

情境 2：想成為企業家的員工／選擇提前退休

此時最重要的事情是盡早拿回你的錢，以及盡量減少稅收，也假設目的不是購買房產。

建議按以下順序投資：

---

❶ 編按：目前台灣僅適用員工自提最高 6%。

1. 股票和權益股份個人儲蓄帳戶：這個帳戶是財務獨立和提前退休的最佳選擇。
2. 交易帳戶或一般投資帳戶：優先保持資金靈活運用和免稅額。
3. 終身個人儲蓄帳戶：考慮免稅優惠，但 60 歲以前無法動用。
4. 退休金：如果是高稅率或額外稅率的納稅人，應盡早確定優先順序，特別是在股票和權益股份個人儲蓄帳戶和交易帳戶中積累了足夠的可用資金時。

情境 3：以購買第一棟房子為主要目標

建議按以下順序投資：

1. 終身個人儲蓄帳戶：最大程度享有政府每年 25% 的補貼，最高可達 5,000 英鎊。
2. 股票和權益股份個人儲蓄帳戶：享受高達 20,000 英鎊的投資免稅額。
3. 交易帳戶或一般投資帳戶：利用該帳戶進行超出個人儲蓄帳戶限額的投資並享受稅收減免。
4. 退休金：多餘的資金可以放在這裡，只是直到退休前都無法提領。

情境 4：自雇人士和退休投資

身為自雇人士，沒有勞工退休金及雇主相對提撥。這裡的假設是為退休儲蓄，以下是我們建議的投資順序。

對於稅率較高的納稅人：

1. 股票和權益股份個人儲蓄帳戶：盡可能做大帳戶並保持資金靈活運用

性。
2. 退休金：利用高額稅收減免。
3. 交易帳戶或一般投資帳戶：用於額外的資本利得稅（CGT）免稅額。
4. 終身個人儲蓄帳戶：根據個人喜好而定。

對於基本稅率納稅人：

1. 股票和權益股份個人儲蓄帳戶：優先考慮資金靈活運用的流動性。
2. 交易帳戶或一般投資帳戶：以最大限度投資，提高年度免稅額。
3. 退休金：考慮到個人情況，評估是否比終身個人儲蓄帳戶更好。
4. 終身個人儲蓄帳戶：考慮作為最後的選擇。

情境 5：有限公司[13]董事

在這裡，同樣假設不是為了購買房產，而是為了退休儲蓄，但提領資金的便利性也很重要。

建議按以下順序投資：

1. 退休金：在有限公司退休金制度下，獲得最高額度退休金（如果可以的話）——每年高達 60,000 英鎊且 100% 免稅，同時省下公司稅。
2. 股票和權益股份個人儲蓄帳戶：從股息和工資中提撥。
3. 終身個人儲蓄帳戶：投資 4,000 英鎊可獲得 1,000 英鎊補貼。
4. 交易帳戶或一般投資帳戶。

---

[13] 編按：Limited company，一種公司的組織形態，有限公司對外所負的經濟責任，以出資者所投入的資金（資本）為限。

請注意：投資順序可能會隨著環境和目標的變化而改變，請根據需要調整。

我們如何實現財務獨立

為了實現財務獨立，我們從學習財富自由開始，最先是從羅伯特・清崎的書《富爸爸窮爸爸》❶（*Rich Dad Poor Dad*）中開始，在 2007 年和 2008 年，我們還關注了一些美國部落客。這開始改變我們的觀念，特別是對於具有文化和經濟背景的我們來說，改變就有可能。2010 年我們開始投資個股，賺了一些錢，至今仍然持有部分賺錢的股票（如亞馬遜、蘋果），但也有因為挑時機買進而虧損（如易捷航空❷、特斯拉）。我們汲取了慘痛的教訓，也因此弄清楚指數基金和 ETF 的運作方式，開始投資標準普爾 500 指數，一段時間後，也將全球基金加入投資組合中。

與此同時，我們拿出一些積蓄投資房地產，並決定以還清房貸作為通往財富自由之路的關鍵。從技術上來說，在非常低的利率環境下，錢可以在其他地方獲得更好的報酬，但我們還是選擇提前還清房貸，並最終在七年內實現這個目標。

這是一項非常困難的決定，因為它會遞延財富的滿足感，並做一些大多數人沒有做的事情，包括那些嘲笑我們在創紀錄的低利率時期做出這樣決定的人。在低利率環境下還房貸，主要償還的是本金而不是利息，這有助於加速實現無房貸的目標。在多還房貸的同時，我們持續簡單的生活習慣，主要是靠我（肯恩）收入的一部分，並堅持將每個月剩下的部分，加上瑪麗的收入，加碼償還房貸並投資股票市場。

---

❶ 編按：一本提倡「財務智商」的教育的暢銷書。
❷ 編按：一家英國的航空公司，是英國最大的航空公司，歐洲第二大低成本航空公司。

在做這一切的過程中，我們體認到財務獨立是可能的，但似乎還很遙遠。因此，我們開啟了副業，賺的錢更多也投資更多，這些努力終究有了收穫。此外，我們在工作中提升了技能，取得不同專業認證，也因此多次獲得加薪，使我們的總收入從 2009 年約 47,000 英鎊增加到 2012 年的六位數字。隨著持續努力工作並堅持我們的目標，這個水準的總收入持續了許多年。這和我在 1999 年做清潔工作時，每週 80 英鎊的第一份工資相比，真是無法想像。

我們堅持，每月投資約 65% 的淨收入，之所以能有這麼高的儲蓄率，是因為我們在倫敦郊外買了一戶相對便宜的房子，我們保持著更簡單的生活習慣，同時努力工作賺更多的錢。此外，我和父母、兄弟姊妹貸款開辦了托兒所，因為托兒費用對我們來說太貴了。事實證明，這個決定成為改變我們財富旅程的重要關鍵因素之一，它不僅為瑪麗提供了七年的托兒所經理的職業生涯，還節省了數千英鎊的托兒費用。這些節省下來的錢幫助我們更早實現財務獨立。直到今天我們仍然擁有這些托兒所，但不會每天都參與經營。我們在房地產和其他機會上重複類似的策略，是因為這家成功的合資企業奠定了良好的基礎。

總而言之，實現財務獨立需要：

- 將思維方式從稀缺性轉變為豐富性。
- 不斷提高專業技能，以達成更好的工作成果和商業機會，創造更多收入以增加投資。
- 從自力更生轉為結合眾人之力，建立合資企業。
- 做十年的計畫，我們的十年計畫是在 2007 年和 2008 年時，開始思考個人發展之時奠定的基礎。
- 承擔必要的風險以創造更多財富，尤其是要人棄我取。

合資企業的對象不必局限於家庭成員。朋友或社群中志同道合的也可以。例如，在「財富喜悅學院」中，學員間的信任是逐步建立的，有時會合資不動產或一起投資創業。人際關係在財務獨立的學習之旅中是重要的資本。

實現財務獨立並非一蹴可幾，我們花了十年的時間才跨越財富自由的門檻，其中還用了不同的策略，這說明實現財富自由不僅僅靠投資股票市場而已。不同的人適用不同的方法，這取決於對風險的態度，以及如何適應所處的經濟環境。

實現財務獨立讓我們放棄了傳統的職業道路，專注在喜歡的工作上，包括在「普通人的小錢」和「財富喜悅學院」的工作，以及其他商業和志工活動，除了回饋社會，也享受我們的生活。我們並沒有將自己歸類為傳統定義上的「退休」，因為每週仍然工作四天，我們只是選擇了工作的類型，並且沒有任何計畫在未來完全停止工作，因為我們將工作視為一種使命。

訪談：歐盧米德

歐盧米德・歐貢桑沃（Olumide Ogunsanwo，38歲）住在邁阿密，在奈及利亞的拉各斯長大。青少年時移民到美國，2006年擔任化學工程師。隨後，他在麥肯錫和谷歌擔任了大約十年的策略顧問，並於2022年初退休，專注於個人事業。他是一位創業投資家、播客，也是《Firedom：非洲移民的財務獨立故事》一書的作者。以下是他如何在14年間，在35歲那年實現財務獨立的經驗談。

如果你創造了正確的環境，幸福就在你身邊。我感到非常快樂和充實，並且擁有財富喜悅，因為我過著心目中的夢想生活。我對自己想過的生活有願景，並且做好充分的心理建設，採取了必要的行動來實現目標。

這一切並不是自動發生的。我21歲畢業時有了第一份工作，年

收入為 56,000 美元，後來因為一些原因，我被解雇了。當時我體認到，生活就像一面棋盤，我需要制定策略，讓自己有更多的自由，而不僅僅是一顆棋子。於是我開始做研究，並執著於實現經濟獨立。

我後來獲得了牛津大學和麻省理工學院的商學院學位，然後試著找到最好的工作以盡可能增加收入。2012 年我在麥肯錫，薪水增加為 13 萬美元到 15 萬美元，後來到了谷歌薪水更高。接下來，我學習了投資。嘗試不同的投資工具，找到符合我個人情況的股票市場投資策略。

但是，我不建議人們跟我用同樣的方法投資。更好的方法是研究不同的投資選項，選擇適合你的個性、興趣、背景和所在地的投資工具，然後同時嘗試多樣化投資，直到找到適合的投資方法為止。

除了投資之外，儲蓄在我的財務獨立的過程中也發揮重要作用。我的稅後儲蓄率為 80% 至 90%，總儲蓄率為 50% 至 60%。此外，我也做了很多別人不願意做的決定。例如，降低我的居住成本。在我的整個職業生涯中，有七年的房租僅每月 300 到 500 美元，過去十年每月為 1,000 到 1,500 美元。我之所以選擇租房子，是因為房價實在太高。我目前住的地方有三個房間，有另外兩個室友。如果我買了房子，我不知道我現在是否會在經濟上獨立。

在職業生涯中 60% 時間裡我是無車族，我步行或乘坐谷歌巴士上班，但我一些朋友有豪華汽車。我是素食主義者，自己做飯，這比外食便宜得多。作為一名工程師，我認為這是一個最佳策略，我只專注那些能帶來快樂的事情，而不是那些要讓我符合別人期望的事情。

財務獨立需要有體悟和規畫——自動駕駛的生活不太可能讓你到達那裡。我調整了生活步調，經由個人理財發展出終身的興趣，並尋找極大化收入的方法。高儲蓄率和適合人生目標的投資哲學，將

大幅提高財務獨立的機會。

投資房地產以實現財富自由的策略

當你閱讀大多數有關「財務獨立，提早退休」（FIRE）的書籍時，核心重點通常是投資指數基金和ETF，我們在第七週介紹過。這是一個很好的方法，因為對於大多數人來說，它是被動的，很容易讓所有人上手，我們強烈推薦它。除了投資股票外，另一種方法是可以研究房地產。正如在第六週提到的，富人習慣使用債務來投資資產，例如使用其他人的錢（通常是銀行的錢，也可能是其他投資者的錢）。

大多數人不考慮房地產的部分原因是認為它很複雜，而且需要大量資本。另一個重要原因是人們通常不知道該如何開始。如果仔細想想，房地產（或者更恰當地說，土地所有權）提供的安全感是所有人都理解並認同的，而且在英國和世界其他主要城市，需求遠遠超過供應，房地產需求通常是旺盛的。此外，在通膨高於平均水準的世界中，房地產價格和租金會隨著通膨的上升而上漲。

最重要的是，這也是達成分散股票投資的絕妙方式。你可以投資實體不動產，獲得收入或資本增值。也可以透過投資REITs（房地產投資信託）領取定期分配的股息。無論哪種方式，房地產都是另一種長期保值及累積財富的方式，你不應該因為需要資本而望之卻步。當然，這並不適合所有人，而且還需要考慮利息和稅收變化等因素。另外，要投資房地產，你的心態要調整為勇於承擔風險並擅長管理。

因此，如果你希望有一天投資房地產，即使現在還沒有錢，本書也會分享該做以及如何做的實務知識。通常只需要好好投資一處房產，學習並完成所有程序，專注於本身設定的策略並明確投資目標。在分享投資實體房地產以實現財富自由的六種策略之前，你需要考慮以下一些重要事項，以釐清自

己是否適合投資房地產：

時間軸：如果你有 20 年以上的時間，房地產投資會很適合你。因為有時間從任何經濟衰退或不利變化中恢復過來，同時看到資金增長。

報酬：確保過去歷史的房產投資回報率[21]（Return on Investment, ROI）超過貸款利率，即使過去的表現不能預測未來，也會是一個重要的參考依據。投資回報率是將年度租金淨收益（扣除所有費用後的租金收入）除以初始投資金額來計算。例如，投資 75,000 英鎊（約合台幣 300 萬元）購買價值 300,000 英鎊（約合台幣 1,200 萬元）的房產，年租金淨收益為 7,500 英鎊（約合台幣 30 萬元），投資回報率為 10%（7,500 英鎊除以 75,000 英鎊）。這還不包括資本增值。如果買房出租的貸款利率為 5%，這可能是一項合理的投資，尤其是在利率下降和租金收入上升時期。合理計算所有成本（包括維護和空置期）後，綜合評估投資的可行性。如果長期回報不能和付出的努力成正比，就可能不是適合的投資機會。

現金比重和槓桿：要在英國投資房地產，通常需要至少 25,000 英鎊（約合台幣 100 萬元）的年收入。銀行會依據潛在租金收入來決定貸款成數，通常是 25% 的現金和 75% 的貸款，如果全數現金購買，報酬率往往會被壓低。同時，也不要將所有積蓄都投入房地產頭期款，最好還是維持六個月的緊急預備金，為突發事件做好準備。合資可以有效籌集資金並分散風險，只要在合約中清楚記載彼此的權利義務。

利率：設算升息的情境分析（最壞情況、基本情況和最佳情況）。例如，如果目前基本利率為 5%，假設最壞情況下升至 7%，確保也有充分的準備，在利率上升時承擔風險。比較好的情況是，以固定利率借房貸以消除不確定性，也容易估計未來的支出。

---

[21] 編按：指投資後所得的收益與成本之間的百分比率，是衡量獲利能力的指標。

淨資產：在投資多筆房地產之前，請確保本身的資產負債比率（Asset-to-Liability Ratio, ALR）至少為 2。例如，如果你的總資產為 500,000 英鎊，總負債為 350,000 英鎊，則資產負債比率是 1.67（500,000 英鎊除以 350,000 英鎊）。這個比率具警示作用，特別是當淨資產包括現有的住房時。設定目標比率的目的，是讓房屋淨值最多占全部淨資產的 50%。在理想情況下，這個比例會隨著時間下降，退休的流動性會提高。如果房屋淨值明顯超過全部淨資產的 50%，請考慮分散投資到其他資產，例如股票。在經濟衰退期間，當資產價值相對於債務下降時，維持高的資產負債比率就十分重要；在經濟繁榮時期，可以維持較低的比率就夠了。

銀行壓力測試㉒：在貸款買房產時，需要滿足銀行的壓力測試。假設以 300,000 英鎊（約合台幣 1,200 萬元）的價格購買一處房產，向銀行貸款 75%，即 225,000 英鎊（約合台幣 900 萬元）。銀行會根據房產的潛在租金收入評估貸款的可行性。假設銀行以 6% 的利率計算每年房貸利息，得出 13,500 英鎊（約合台幣 54 萬元）。如果貸款人是基本稅率納稅人，要乘以 1.25 的乘數，即 16,875 英鎊（約合台幣 68 萬元）。如果屬於稅率較高的納稅人，乘數為 1.45，即 19,575 英鎊（約合台幣 78 萬元）。再將得出的數字除以 12，就是每月的最低租金收入。對於銀行來說，要為價值 300,000 英鎊的房產提供 75%（225,000 英鎊，約合台幣 900 萬元）的貸款，它應該產生 1,406 英鎊（基本稅率納稅人，約合台幣 5.6 萬元）或 1,631 英鎊（高稅率納稅人，約合台幣 6.5 萬元）的最低月租金收入。任何房地產貸款的計算方法都是相同的。

尋求專業建議：向會計師或財務顧問尋求適合自己的稅務建議，並考慮其他各種專家的意見，例如房貸經紀人、律師、建築商、房地產經紀人等。

時間：如果你開始投資房地產，會發現投資房地產的麻煩事真不少。當

㉒ 編按：一種以量化分析為主的風險分析方法。

然，你可以付錢把瑣事外包給財產管理公司，只是會壓低投資報酬率。與股票投資相比，房地產投資未必真的能賺大錢。而且處理起瑣事往往令人頭疼，但如果做得夠久，它可以幫助你更快實現財富自由。

我們已經了解投資房地產要考慮的面向，緊接著應該設定目標，並且需要相當清楚。例如：「十年後，我會有五戶房子，平均每月每戶產生 500 英鎊的淨收入，以支付我每月 2,500 英鎊的生活費用」。如果你有打算投資房地產，請寫下確切目標：

你已經確立了目標，接下來需要決定一個最合適的策略。這取決於目標是以收入為主還是以資本增值為主而定。以下我們會討論四種以收入為主的策略，兩種資本增值為主的策略。當然這些不是唯一策略，而是我們知道的通往財富自由的可靠方法：

策略 1：節儉生活，努力存錢，每兩年買一戶房子

目標：這個策略的重點是逐步建立持續增長的收入來源，每月持續再投資以購買更多房產。以十年的期限為例，每兩年購買一戶，最多可以購買五戶房產。至於購買的房產價格會因地點而異。如果你的存款較少，例如只有 25,000 英鎊，可以集中在（英國）中部或北部購買房產。關鍵是要排除個人的好惡情緒，將重點放在每月現金流和投資報酬率等數字作為關鍵指標。[23]

適合什麼樣的人？如果你的眼光夠長久，又希望儲蓄和投資房地產的過程單純一點，這是很理想的方法。儘管隨著時間流逝，要處理的房屋數量越來越多，需要付出更多的心力。同時，還需要考慮是以自己的名義或是以公司名義購買房產，後者往往更適合擁有四戶以上房產的高稅率納稅人。

所需資本：中到高。在不出售主要住宅的情況下擁有其他房產，除了規費和額外的印花稅外，每增加一戶房子都需要額外支付 25% 的頭期款。

範例：以上面提到的 25,000 英鎊的存款為例，你投資了一處價值 100,000 英鎊的房子。扣除所有費用（房貸利息、維修、空檔期等），每月可產生 250 英鎊或每年 3,000 英鎊的（稅前）利潤。這是 12% 的投資回報率（3,000 英鎊除以 25,000 英鎊）。為簡化起見，如果在十年內每兩年重複一次同樣的交易，那麼十年後，每年的年收入將是 15,000 英鎊（稅前）。當然這是個簡化的例子，實際上還需要考慮其他成本，例如管理費，但你應該抓得到重點。老實說這並不容易，但如果有了計畫，一切都有可能。此外，你還必須有風險意識，使用銀行槓桿是雙面刃，尤其在利率上升的情況下風險更高，因此必須確保自己沒有過度借貸且有足夠的緩衝。

策略 2：多房間房屋 [24]（House of Multiple Occupancy, HMO）

目標：個別出租房間，從少數房產中產生大量收入 [25]。

---

[23] 編按：這有點類似台灣的「炒房」，是地產市場的交易活動之一，但炒房與一般物業投資不同，炒家很少注重長期投資回報率，主要是透過頻密的交易，買賣房地產投資組合獲取暴利。

[24] 編按：多用途房屋，是一個英式術語，指存在「公共區域」且由多個家庭共享的住宅物業。

[25] 編按：即台灣的「包租公」，靠出租房間獲取被動收入；然而為了避免包租公逃稅，台灣國稅局將調查金流以核實認定租金收入，未據實申報租金將補稅開罰。

適合什麼樣的人？ 如果距離退休只有幾年時間，傳統買進股票並持有 20 多年的方法不見得適用，那麼這是理想的選擇。如果想長期辭去工作，依靠房租作為主要收入來源，也可以嘗試這個方式，但越早開始越好。基本上，如果想在短時間內實現收入，這是很好的選擇。

所需資本：非常高，因為通常需要投資並重新裝修房子，將這些房子分成四個或更多房間出租。因為是單獨房間分別出租，還需要隔出一個大的公共空間和廚房，這都需要花錢改裝。除了申請多房許可證的費用外，通常還需要另外申請規畫許可。往往投入金額龐大，不適合投資心態保守的人！然而，這個策略的關鍵是購買成本低（相對於其他地區），但租金需求和收益高的地區，例如大學城或有專業人士和靠近火車站的地方。像是伯明罕、利物浦、曼徹斯特、布里斯托、諾丁罕和新堡等地都很受歡迎。除了所需的資本外，還要付出很多心力，尤其是全部自行打理的話更是如此。

範例：以下是來自「普通人的小錢」社群的一個真實示例。蓋瑞和珍以 350,000 英鎊的價格在倫敦四區一個不太理想的地方買了一套三房的房子，付了 25% 的頭期款 87,500 英鎊、15,500 英鎊的印花稅和 2,000 英鎊的律師費。該房子另外有兩個接待室，需要 10,000 英鎊翻修成一般臥室，總投資額達到 115,000 英鎊。所有五個房間都租給在倫敦工作的年輕專業人士，每月租金為 850 英鎊，總收入為 4,250 英鎊。蓋瑞和珍以 3.5% 的利率（在利率大幅上升之前）獲得了五年期固定利率，每月支付 766 英鎊的房貸。另外，他們每個月還要支付 615 英鎊的帳單（煤氣、電費、保險費、市政稅），平均 10%（400 英鎊）的維修費用。減去這些成本後，每月稅前利潤為 2,469 英鎊（每年 29,628 英鎊），相當於 25.76% 的投資報酬率，遠比整戶出租給一個家庭要高得多。但每週需要自己管理大量工作。請注意，上述投資報酬率還不包括可能的房價增值。

策略3：租後轉租或保證租金

目標： 從屋主那裡租下整間房屋（經由合法契約），向屋主議定一個保證租金。然後以溢價出租給他人，通常會像策略2隔成多個房間，個別出租以分別收租。實際上，這個策略獲得的是租金收入而不是房產的增值，因為你並不擁有該房產。這一切都是完全合法的，只是，你需要以合乎道德的方式經營[26]。

適合什麼樣的人？ 如果沒有大筆存款購買房子並改建成多房出租，但仍然想出租房屋獲得收入，這會是理想的選擇。你可以從少少的資本開始，從每月獲得現金流當中快速獲利。此外，你可以主動找尋有意願出租房子的房東，願意將他們的房子出租給你，然後同意你將其出租給其他人。一旦你開始從事租後轉租，時間久了累積一定資本，可以用來購買自己的房子。但是請注意，這工作並不輕鬆，除了維持房子的必要工作外，還得花時間（每週一到五個小時）與經紀人、房東交談、看房等。

所需資本： 低，因為並不擁有房產，只需要花一些錢翻修隔間。儘管可以將事情系統化並外包，例如後續的管理和清潔工作，但投入的時間也不少，需要將時間成本考慮在內。

範例： 這是一個由「財富喜悅學院」的社群成員完成的租後轉租的真實交易。斯蒂芬妮從一位房東那裡租下了新港（Newport）的一戶房子，該房東以前曾將房子用作學生房出租，但並沒有成功。房東只是想要一個能夠照顧房子並持續付租金的人。因為房子的位置並不特別好，租金相當低。房子的每月總支出為 1,316 英鎊，房租的總收入為 1,921 英鎊，每月總現金流為 605

---

[26] 編按：這在台灣的情況有點像「二房東」，即房客和屋主簽訂租賃契約後，房客再將房屋的一部分轉租給別人，二房東基本上是以租金價差作為利潤，算是一種「包租代管」的商業模式。

英鎊（每年 7,260 英鎊）。就這戶房子本身而言，似乎獲利不高。然而，長期累積下來的複利效果卻很可觀。五年後，斯蒂芬妮的稅前總利潤為 43,308 英鎊。她運用同樣的方法，以租後轉租的方式擁有了五處房產（房屋和公寓）組成的小型投資組合，五年後，每個月的稅前利潤高達 3,638 英鎊，五年總和為 218,280 英鎊。請記住，她在沒有擁有任何房產的情況下做到了這一點，但現在已經有了足夠的資金來買自己的房子。在這個例子中，五年擁有五戶房子可謂神操作。

然而，這裡的關鍵是，不需要管理許多房子才算成功。你可以將其作為副業，甚至管理一兩處房子就好，長久下來也會對退休收入產生重大影響。詳細計算房地產投資的所有收入和支出的數字才是最重要的。目標至少是每個房間每月有 100 英鎊的淨利潤（扣除所有成本）。請注意，你可以用個人名義，或出於節稅目的以公司的名義，這取決於個人的狀況而定，也適用於所有其他策略。

你如何找到有意出租房子的房東？ 所有政府住房單位都有一份多房間房屋（HMO）的房東名單（包括姓名和住址），你可以寫信給他們。此外，也可以在網路搜索各地區的住房單位，然後搜索「住房單位的多房間房屋許可登記冊」即可找到這些清單。然後給他們寫信，重點放在對他們而言會有什麼好處。你可以提到幫助他們減少空置房屋、支付保證租金、免費翻新他們的房子、你以前做過的任何例子等等。內容盡量清楚簡單，並以一個行動呼籲的用語結束，讓他們主動聯絡你。

要選擇特定的房屋類型嗎？ 一個交通便捷、商店、咖啡館、醫院、學校等的人潮聚集地。此外，要經營多房間房子，每個房間要滿足住房單位要求的最小房間面積。

現在是好時機嗎？ 只要房屋的需求仍然遠遠超過供給，人們還是會有租房需求。永遠不會有完美的時機。即使利率上升或出現經濟衰退，也總有機會。關鍵是你是否已經準備好承擔風險，並在進行的過程中不斷學習，往往

答案就在其中。因此，找一個投資房地產的社群，並開始學習。認真思考這是否適合你，採用我們所分享的內容來逐步實現。先建立本業（有限公司或個體經營者）或先投資房產都可以，看看這個方法是否真的適合。即使在最壞的情況下，如果房子不適合，你還可以在租約結束後退還房產。最後請記住，你正在為人們提供優質的房屋，這才是這個策略最重要的功用。

策略4：購買、翻新、再融資、出租（Buy, Refurbish, Refinance, Rent, BRRR）

目標：使用短期貸款購買房屋，進行翻修以增加市場價值，然後再融資並出租房產以創造收入，降低購買下一個房子的自備款。

適合什麼樣的人？想有一個固定的收入來源，但同時也打算讓錢滾錢，這樣可以讓同一筆錢投資到其他房產上。

所需資本：中等，需要持續投資。

範例：你發現一處房子（兩房的複合式公寓），但屋況不佳，需要大修。經殺價後以60,000英鎊的價格買下，並計畫花費12,000英鎊進行翻修，翻修後市場價值大約可提升到100,000英鎊。這些條件代表房子有了一個利潤可觀的機會。

因為只需要短期資金，規模也不大，傳統的房貸並不合適。因此選擇短期過渡融資（Bridging Finance，通常每個月要付1.5%），貸款70%，為期七個月。之後辦理長期房貸再融資。成本的計算如下：30,000英鎊的訂金、12,000英鎊的翻修費用、2,000英鎊的手續費、3,000英鎊的印花稅、7,350英鎊的融資成本。總共所需資金為54,350英鎊，其中42,000英鎊（60,000英鎊的70%）來自短期過渡融資。

如果能在六個月內完成所有工作，就可以提前還清昂貴的短期過渡融資，將再融資轉為正常房貸。同時，你可以在再融資期間找到房客，把房子

租出去。當進行再融資時，新房貸是以房產新價值 100,000 英鎊的 75% 計算，即 75,000 英鎊。這筆款項會用來償還短期過渡融資所借來的 42,000 英鎊，手中還剩下 33,000 英鎊。

請注意，你總共投資了 54,350 英鎊。但是，銀行帳戶中現在有 33,000 英鎊，意思是實際上你僅出資 21,350 英鎊投資在這棟房子裡。這意味著，如果你想在 24 個月內進行另一項類似的投資，你已經有 33,000 英鎊，你需要再存 21,350 英鎊（每月 890 英鎊），除了工作的所得外，還可以從現有房產的租金中拿出一部分來存。

這個策略最大的優點是，發現一個以大幅折扣購買房子的機會，藉由翻修提高市場價值，一開始選擇正確的融資方案，然後換成再融資。於此同時創造了新的資本，可以用來投資另一棟房子。

但請特別注意，與其他房地產投資一樣，當你冒險時，事情可能會出錯！房貸的取得可能需要比預期更長的時間，翻修費用可能比預期的要高；或者正值房地產價格下跌的時期，因此當再融資時，可能無法獲得預期的房產價值。因此，必須為這些可能的風險預先做好準備。另一種方式是，不靠短期過渡融資，完全以自有現金完成第一筆交易，你會省下短期融資成本，並且過程也會比較單純。

策略 5：翻轉利潤

目標：在短期內購買、翻修和出售房產以獲取利潤或大筆資金[27]。

適合什麼樣的人？對投資和出租，每月獲得租金收入的模式不感興趣。只想透過交易房產——購買、翻修、出售並兌現，每年重複一到三次。如果

---

[27] 編按：即台灣所謂的「炒房」，對健全房市有很大的傷害，台灣政府多年來實施多次打房政策，但成效不彰。

在短期內想要可觀的利潤讓你離開職場，或更快地累積儲蓄或退休金，這會是理想的選擇。如果身上沒有大筆存款購屋，但可以用低成本從家人或朋友獲得短期融資或資金，這種策略也是理想的選擇。選擇這種方式的人喜歡冒險，喜歡快速改造房子的過程。

所需資金：中到高，因為必須將房子翻新到夠高的價值，以便讓其他買家支付溢價。因為房子的區位很重要，因此通常要準備較高的預算。

範例：以 100,000 英鎊（約合台幣 400 萬元）的價格購買一處老舊房子，用存款付頭期款（30,000 英鎊），另外借短期過渡融資（通常可以借到房產價值的 70% 左右），也就是每個月以 1.5% 的成本借入 70,000 英鎊，為期六個月，以便進行翻新和銷售。短期過渡融資的總成本為 6,300 英鎊（每月 1,050 英鎊，為期六個月）。該房子需要 10,000 英鎊進行翻修，不過自己可以動手做一部分工作以節省工錢。另外，法律和其他前期費用花費 2,000 英鎊，印花稅為 3,000 英鎊。總成本為 51,300 英鎊。

經過研究並與當地房地產經紀人諮詢後，你希望翻修完成後的房子，能以 150,000 英鎊的價格出售。一旦以這個價格賣掉了房子，稅前利潤的計算為：150,000 英鎊減去 70,000 英鎊（短期過渡融資），減去 51,300 英鎊（總成本），再減去出售房屋的銷售成本 2,000 英鎊，得出 26,700 英鎊。通常，人們會以有限公司的形態進行此類交易，因此還需要繳納公司稅。稅後盈餘可以作為工資、股息或退休金提領，或再投資以備不時之需。

策略 6：以資本增值為目標。投資，然後忘記它

目標：以資本增值為主要目標，選擇房地產價格會升值的地區投資。你需要確保該房子能夠產生收入以支付成本。不過重點仍是在 10 到 20 年間的資本增值，以便出售獲得豐厚的報酬，或者至少擁有付清房貸且產生收入的房子。該策略的關鍵假設是：房地產價格會隨著時間而上漲。要讓這個策略

奏效，投資的地點區位就非常重要，像是黃金地段——最好是有交通便捷的主要城市。㉘

適合什麼樣的人？ 重視資本增值優於長期租金收入的人。

所需資本： 高，但不需要持續投入資金和時間。有些人透過家人籌集這筆資金。我們更偏好從個人儲蓄、與他人合資或從另一處房產（如果有的話）再融資來籌集資金。

範例： 以下的例子將運用大量計算，以便了解時間和財務槓桿如何運作。你也可以使用較小的金額來獲得類似的結果。假設手上有 200,000 英鎊，投資時間長達 20 年。請不要只投資於一棟房子，而是分成四份，投資中部地區的四戶，每戶二房，價值 160,000 英鎊的房子，每戶投資 50,000 英鎊（包括 25% 的押金和所有費用）。

每戶房子需要支付 25% 的押金（40,000 英鎊），4,800 英鎊的印花稅和 2,000 英鎊的法律費用，並花費 3,200 英鎊進行簡易翻修和其他費用。總額正好為 50,000 英鎊。每戶房子向銀行貸款 120,000 英鎊，申請 5% 的只付息房貸，相當於每房每月支付 500 英鎊的利息費用。為簡單起見，我們假設當出租這些房子時，每房每月會產生 995 英鎊的租金收入。在支付抵押貸款（500 英鎊）、管理費（假設 10% 或 100 英鎊）、維修費用（假設 10% 或 100 英鎊），最終每月每戶將產生 283.65 英鎊，四戶總共 1,134.61 英鎊的稅前收入。

雖然每月收入並不起眼，但這不是重點。讓我們快轉到 20 年後，保守假設每戶房子的價值都翻了一番。每戶 160,000 英鎊（四戶總計 640,000 英鎊）的房子價值將翻倍成為 1,280,000 英鎊。但是，房貸並沒有增加，總貸款仍為 480,000 英鎊（120,000 英鎊乘以 4）。請注意，在這 20 年裡，租金收入會調

㉘ 編按：台灣的情形也是如此，捷運房，學區房及精華市區（核心區域）新建的高規格住房都是首選；再者近年來受惠於科技業投資設廠（例如台積電），能提供強勁工作機會的地區，房價也水漲船高。

升，房屋價值也會增加，而債務保持不變，這說明槓桿發揮了力量，累積高達 800,000 英鎊的資產（1,280,000 英鎊減去 480,000 英鎊）。在這個時候，你可以考慮把房子賣掉，繳納資本利得稅，扣除最初的 200,000 英鎊本金後，剩餘的資金用來享受退休生活。或者，你也可以出售兩戶，用稅後利潤償還剩餘兩戶房子的房貸，然後靠剩餘的資金和剩餘兩戶房子的月租金收入生活。因為租金隨著通貨膨脹而上漲，每個月還會繼續獲得現金收入，可以支付退休生活開銷。

如果要研究房地產投資，你會從上述六種策略中的哪一種開始？為什麼？請確保與先前設定的目標一致。

應該考慮的房屋類型

最好選擇二個房間以上的房子，尋找好的區位且價格合理的物件。此外，避免管理費昂貴的公寓或大樓。如果能找到一個沒有管理費或地租[29]的複合式住宅，都是相當值得下手的。因為租金水準差不多，但房價相對來說便宜。但是，請注意，二房公寓的升值速度通常不會像三房或更多房間的房屋那樣快。房產中的房間越多越好，尤其是未來租金繼續上漲的趨勢不變，

---

[29] 地租（ground rent）：英國購買房子一般需要支付 Ground Rent（地租）給產權所有人（Freeholder），地租沒有固定金額，從象徵性的 1 英鎊到一年的數百英鎊不等，所以每個地租都可不同。

按房間分別出租將成為常態。此外，雖然較舊的房子建築品質也比較可靠，但將來可能需要花費更多在提高能源效率上。

買房的時機

基礎經濟學告訴我們，在一個房屋需求遠遠超過供應的世界裡，房地產週期扮演吃重的角色。根據弗雷德‧哈里森[30]（Fred Harrison）推廣的概念，房地產週期長達 18 年，包括七年的復甦，七年的爆炸性成長階段和四年的衰退階段[31]。了解這些階段後，就能夠找出目前在週期中的位置，並決定是否現在投資。雖然我們不喜歡對未來房價漲跌做預測，因為預測通常是錯誤的，但房地產週期每個階段的觀察結果顯示，相同階段的房地產價格都高於前一階段。這可以幫助我們決定購買時機的策略。

- 理想的買入時間是在經濟衰退結束或復甦開始時，只要不在炒房期間搶進，在穩定的市場中長期買入是可以的。
- 對於住房，選擇一個好的區位，避免過度借貸，並且長期住下來。
- 對於投資，優先並確保報酬與風險相當，永遠不要高買低賣。
- 累積儲蓄，準備好在價格下跌和銀行限制貸款的市場信心低落時期出手買進。
- 忽略媒體的噪音，靠正確的訊息來做決策，精明的投資者會悄悄地出手。
- 長期投資，持有房產至少 20 年，經歷房產週期的不同階段。

---

[30] 編按：英國作家、經濟學家、經濟評論員和企業政策顧問，致力於土地改革。

[31] www.thisismoney.co.uk/money/mortgageshome/article-12417859/House-price-guru-predicted-2026-crash-inflation-high-rates-thrown-off.html

如何開始投資房地產？

我們喜歡引用拿破崙‧希爾（Napoleon Hill）[32]的一句話，用在財富累積的各個面向：「只要你想得到，並且相信，就一定能做到！」

首先，你要相信投資房地產累積財富是可能的，即使身上沒有錢，周遭的人也可能看衰；其次，寫下房地產的投資目標，以及為什麼會改變你的生活，每天複習一遍；第三，在省錢的同時尋找房地產機會。這需要幾個月的時間，但過程中，你會學到很多東西。這得自己親身經歷，並且向專業房地產投資人學習。最後，嘗試列出可能的資金來源，例如，75% 來自銀行貸款，25% 來自本身儲蓄和其他人的資助。除了發揮創造力外，切記可以利用其他人的專業知識和資源，這是實現目標的最快方法。你可以加入一個投資房地產的社群，這有助在過程中不斷學習。

最後，儘管潛在獲利可觀，但房地產投資並不適合所有人。它應該是平衡個人投資組合的一部分，以實現財務獨立和退休目標。除了學習專業知識之外，關鍵是成為少數真正採取行動的人之一。最後，房地產要從長遠考量，並適時規畫出場。要考慮是否要永遠持有房地產，創造世代相傳的財富，或者會賣掉全部或部分？無論決定是什麼，首先要記住這樣做的原因，並持續尋求他人建議。

---

[32] 譯註：奧利弗‧拿破崙‧希爾（Oliver Napoleon Hill，1883-1970）。一位美國作家，著名的勵志導師。年輕時因採訪了著名的鋼鐵大王卡內基，經過卡內基的介紹，希爾又陸續採訪了 500 多位成功人士，包括發明家愛迪生、電話發明者貝爾、汽車大王亨利‧福特、威爾遜總統、羅斯福總統等人物。研究和思考他們的成功經驗，找出成功人士的人生真諦，寫下膾炙人口的成功法則。

訪談：奈美

奈美‧沃西倫（Nemi Woghiren，48 歲）是一名資訊顧問，21 歲時從奈及利亞移居英國。她與丈夫和四個孩子住在金士頓，也是「財富喜悅學院」的造夢者。以下是她經由房地產投資實現財富自由的過程。

財富自由是完全沒有債務在身的，銀行會追著給我錢，而不是追著我討錢。

當我發現可能的商機時，希望能隨心所欲地借到錢，而不用受銀行的規範。我在探索的過程中找到了快樂，讓生活更加愉悅。挫折是我的動力。我還聯想到在黑人家庭中，全家的經濟來源往往依賴一個人，最後落得筋疲力盡的下場。我不僅為我的孩子，而且為子孫後代努力實現財富自由，這樣他們就不會依賴一個超級英雄。我積極參與家人活動，並且與他們的另一半家庭往來，鼓勵一同合作。我想開拓更多的面向，確保家庭中的每個人都能獲得創造財富和共同面對財務挫折的經驗。

在我們的財富自由之旅中，邁出最不尋常的一步，是在疫情封鎖期間買了房子。當時銀行正在收緊貸款，許多人不願意投資。當其他人還在猶豫要不要買法拍屋[33]時，我們看到了機會。我們在出價之前研究這戶房子，它原本是一家麵包店，後來改建為四房的公寓，位於東米德蘭茲郡，價格不到 100,000 英鎊。

當時，申請抵押貸款並不容易。然而，我找到一位剛開啟 YouTube 頻道的房貸經紀人，他幫助我們獲得短期過渡貸款以買下房子，後來將其轉換為一般房貸。我一直認為，逆勢而行往往可以發

---

[33] 編按：指遭法院強制執行拍賣的房屋。

現機會。而我們延續了這樣的作法，買了好幾戶房子以及一棟商業大樓，改建為四套公寓和一間商店。當然其間也有付出代價，人們會占盡你的便宜。俗話說：「要像蛇一樣靈巧，像鴿子一樣馴良。」㉞

這些房地產投資對實現財富自由貢獻極大。我們現在每個月從房租中額外有幾千英鎊的收入，讓我們更接近財富自由的目標。辛苦的工作和挑戰讓我了解到，最值得投資的就是自己的家。

我們在倫敦有一戶五個房間的房子，因為較大的孩子都已經上大學了，所以我們報名參加一個監護人計畫㉟，在週末接待國際學生，將三個房間出租，每週的收入約為 700 英鎊（約合台幣 2.8 萬元）。接下來我的計畫是，當我們每年 8 月去度假時，我會列出空的房間，在這段時間出租。這三個房間在每年 8 月的預計收入為 4,800 英鎊（約合台幣 19.2 萬元）。如果把整間房子租出去整整一個月，最多可以賺到 9,000 英鎊（約合台幣 36 萬元）。這並不容易，但我一直認為是個很好的機會。我現在想為這個地區的外籍人士提供服務，並分散收入來源。

如何合法地減稅以提高退休儲蓄

預計退休的年齡，會決定使用何種退休帳戶，這反過來也決定了退休收

㉞ 譯註：來自《馬太福音》第十章第十六至二十二節：「我差你們去，如同羊進入狼群；所以你們要靈巧像蛇，馴良像鴿子。」

㉟ 譯註：監護人計畫（Guardian Scheme）：根據英國法律，凡未滿 18 歲的國際學生，且要在英國接受為期超過 12 星期的教育課程，則必須有一名合法的英國監護人。監護人必須是年滿 25 歲、持有英國國籍並長居於英國的居民。留學生監護人的責任是擔當學校與家長之間的中間聯絡人，同時確保留學生在英國期間的安全、健康和福利，並在學生遇到突發問題時提供支援與幫助。

入是否會課稅。以下我們用不同的情境一一分析：

計畫在 55 歲之前退休（從 2028 年起為 57 歲）

在這種情況下，無法獲得退休金或終身個人儲蓄帳戶（Lifetime ISA）。你的收入來源不同，稅制也不同。例如免稅股票和權益股份個人儲蓄帳戶、個人免稅額內的儲蓄、應稅交易或一般投資帳戶、應稅財產、來自商業或副業的應稅收入、應稅兼職工作（高於個人免稅額部分）、房客租金的應稅收入（每年超過 7,500 英鎊免稅額的部分）和其他資產的應稅收入。

計畫在 55 歲（2028 年起為 57 歲）至 66 歲之間退休

在獲得勞工和私人退休金時，其中 25% 免稅，75% 應課稅，千萬別把 25% 的免稅部分提出來，存在活期或儲蓄帳戶中，這是常見的錯誤。只需提取需要的部分，利用年度個人免稅額，確保不必要的稅賦。將其餘資金投入高於通膨的投資標的。不過，如果一次提出 25% 免稅額是用於還清房貸，那就沒有問題❻。

在 66 歲或之後退休

退休後，可以領取公有退休金，但如果總收入超過年度個人免稅額則須

---

❻ 編按：台灣的勞工退休金，如果是一次提領，免稅的額度是：19.8 萬元 × 服務年資；半數課稅：「19.8 萬元 × 服務年資」至「39.8 萬元 × 服務年資」之間的金額；全數課稅：超過「39.8 萬元 × 服務年資」之金額。採「月領」者，全年領取總額超過 85.9 萬元，須併入取得年度綜合所得總額申報繳納所得稅，約每月領 6 萬元。

納稅。關於遺產稅，如果在 75 歲以前去世，退休金通常不計入遺產，免徵遺產稅。但是，如果將退休金轉換為年金則親人無法繼承。請注意，預計未來公有退休金的領取年齡將會提高。

考慮以上情境，除了之前提到的移居國外之外，在規畫財務獨立和提前退休[47]時，以下有一些合法的手段來減少稅賦：

提高個人儲蓄帳戶的投資：它提供免稅的儲蓄和投資收益，因為個人儲蓄帳戶之外的投資須課資本利得稅。考慮到未來免稅額的上限可能會調整，在規則改變之前，請盡可能提高個人儲蓄帳戶的投資，因為就算調整上限也不太可能追溯。

提撥更多退休金：退休金提撥享有最高邊際稅率的稅賦減免，提領的前 25% 也是免稅的。在選擇不同的退休金帳戶時，要有策略的規畫，以盡量減少稅收影響。請特別留意，若一次提取退休 25% 的免稅額度，然後再提領剩餘的應稅額度時，容易引發 10,000 英鎊的貨幣購買年度免稅額（MPAA）[48]，變成以較低的免稅額度取代原本的 60,000 英鎊年度限額。為了維持 60,000 英鎊的退休免稅額，請避免以下方式觸發貨幣購買年度免稅額：

- 一次只提領確定提撥（DC）退休金的 25% 免稅額度。
- 一次提領免稅額度並購買終生年金。
- 另外從確定給付（DB）計畫中獲得收入（如果有）。

---

[47] 編按：台灣勞工個人退休金專戶的退休金，係雇主為勞工及勞工本身歷年提繳的金額及孳息，屬勞工個人所有，依遺產及贈與稅法第 1 條規定，併入其遺產總額課徵遺產稅。

[48] 譯註：Money Purchase Annual Allowance（MPAA）：英國退休金制度中的一項規定，用意限制已經開始提取退休金的人，再次向其個人退休金計畫中繳納的金額。為了防止人們在提取退休金的同時，繼續大量繳納退休金，享受稅收優惠。

投資創投信託 [39]（Venture Capital Trusts, VCTs）：提供高達投資金額 30% 的免稅額，設有上限，例如 10,000 英鎊的投資可以減少 3,000 英鎊的所得稅，為退休儲蓄提供節稅功能。此外，股息免課稅，加上資本利得可以增加退休收入，而不會產生額外的納稅義務。

投資企業計畫（Enterprise Investment Schemes, EISs）：這些投資為退休計畫提供即時所得稅減免（高達 30%），減少在投資時的稅賦。如果投資公司在草創時期就獲得成功，會帶來潛在的資本增值。此外，將收益再投資於符合 EIS 資格的公司，可以延遲支付資本利得稅，這使人們有誘因在退休前再平衡投資組合。投資這些公司並持有兩年以上，可以獲得遺產稅的減免。

請注意，上述創投信託和企業投資計畫都屬於高風險投資，其稅收優惠也受部分條件和限制的約束，可能並不適合所有人。有意者請諮詢財務顧問。

婚姻免稅額：適用於配偶或同性伴侶，允許低收入者（目前個人免稅額為 12,570 英鎊）將其中的 10% 轉移給高收入者。如果伴侶的收入低於 50,000 英鎊或只適用基本稅率，可以考慮這麼做，每年可能節省 252 英鎊。計算方式為扣除 12,570 英鎊的 10 % 後，納稅人的稅賦減少 251.40 英鎊 [40]。對於在婚姻期間且符合條件的夫婦，該免稅額可追溯四年，這提供了另一筆額外的儲蓄。

工資提撥：從退休金的角度來看，工資提撥是放棄每個月薪水（稅前）的一部分，雇主將這筆錢投資你的退休金帳戶。工資提撥的好處是：

- 國民保險的費用較低：勞工和雇主支付較低的國民保險費。

---

[39] 編按：一家購買大量早期公司少量股權的公司。VCT 可以持有這些公司多年並支持它們的發展，隨著時間的推移增加新的投資。

[40] 譯註：以 12,570 英鎊的收入計算，原本應繳 12,570×20% ＝ 2,514 的稅，扣除 10% 後，稅賦成為（12,570×90%）×20% ＝ 2,262.6，二者相比節省 251.4 英鎊的稅。

- 應稅收入較低：扣除提撥後，應稅的收入較低，繳納的稅款較少。
- 實質工資增加：減少國民保險支出和較低的所得稅，提高實質工資。
- 為高稅率納稅人提供自動稅收減免：高稅率和額外稅率納稅人可自動享受稅收減免，無須經過自我評估自行申報。
- 高稅率納稅人的兒童福利保護：使用工資提撥的高稅率納稅人因為應稅收入較低，避免高所得的兒童福利稅，同時享受完整的兒童福利。
- 對 100,000 至 125,000 英鎊的所得者，可降低 60% 的有效稅率：工資提撥有助於 100,000 英鎊至 125,000 英鎊範圍內的所得者減少其應稅收入，防止因個人免稅額的減少導致 60% 有效稅率。當所得超過 100,000 英鎊時，每多 2 英鎊所得就損失 1 英鎊，當所得達到 125,140 英鎊時，基本上根本都交給政府。因此盡可能要求雇主提供工資提撥❶。

資產轉移：利用配偶（已婚或民事部分）之間的稅賦豁免來轉移創造收入的資產，而無須繳稅，這使雙方能夠享受稅收減免，例如所得稅和資本利得稅，進而減少整體的納稅金額。經過在夫妻或合法伴侶之間重新分配資產，可以充分利用這些免稅額，任何剩餘資產都可以由稅率較低的個人持有。不過，隨著免稅額的調降，這不像以前那麼有吸引力，但它仍然是一種選擇❷。

---

❶ 編按：根據台灣勞動部表示，勞工自願提繳退休金，不只可儲蓄，增加勞工退休金個人專戶累積金額，自願提繳金額每年還可參與分配投資運用收益，請領時享有不低於依當地銀行二年定期存款利率所計算的保證收益保障。 此外，自願提繳金額不計入提繳年度薪資所得課稅，享有賦稅優惠。

❷ 編按：在台灣，依據財政部的說法，夫妻之間相互贈與的財產不計入贈與總額，不需要繳納贈與稅，但仍需向國稅局申報。

退休時提領：回報風險的順序

到目前為止，在第九週，我們集中在財富累積，達到財務獨立的生活和選擇提前或維持傳統模式退休。我們分析了自身經驗所遇到的挑戰，例如投資資產的選擇和稅賦。然而，接著要考慮的最大問題之一是，在退休後開始提領時可能遇到的風險。這些風險中最大的是所謂的報酬順序風險（sequence of return risk）[13]，即投資過程中可能發生的最不利的現象。

雖然投資風險在財富累積階段就存在，但在退休後會更為凸顯。針對英國退休人員（也適用於其他國家）的研究[14]顯示，退休後的第一個十年所獲得的投資報酬，是未來30年或更長的退休期間收入持續性的最重要因素。如果在退休後的第一個十年間的平均報酬不差，退休生活就能遊刃有餘。但是，如果報酬率不佳，即使以每年只提撥4%，也有可能提早耗盡退休金。

鑑於上述風險，以及未來難以預測的現實，哪種提撥的策略最能減輕退休後風險？考慮潛在的策略時，最重要的是明白退休後實際會發生的事情，與認知的預期退休生活之間的落差。

我們研究了英國國際老年教育中心（International Longevity Centre）的一篇名為「了解退休旅程：期望與現實」的研究論文[15]。他們分析了兩個大型數據庫，包括生活成本和食品支出調查，以及英國老齡化的縱向研究。研究發現，隨著人們年齡的增長，無論他們的收入如何，消費支出都會逐漸減

---

[13] 譯註：報酬順序風險（sequence of return risk）：指投資報酬率的先後順序不同，對投資決策和資本累積的影響。一般來說，只要投資期間夠長，平均下來的投資報酬率都不會不太差，例如股票的長期平均報酬率大都在雙位數以上。不過，報酬率順序不同，加上退休提領的需要，對退休生活和財務規畫就會造成影響。像是第一年下跌10%，次一年上漲34%；與第一年上漲34%，次一年下跌10%的計算結果相同，平均年報酬率約為10%。但是，若考慮每年要提領一定的退休金數額，先漲後跌的效果就會比先跌後漲要來得好。

[14] www.amazon.co.uk/Beyond-4-Rule-retirement-portfolios/dp/1985721643

[15] www.ilcuk.org.uk/understanding-retirement-journeys-expectations-vsr-eality/

少。這與普遍的看法並不一致。以 80 歲以上老人為屋主的家庭平均消費，比以 50 歲為屋主的家庭少了 43%。消費下降的主要原因是娛樂、外出用餐和度假等非必需品支出下降。

這與美國晨星公司（Morningstar）的研究結果方向相同 [46]。該研究分析了退休的真實成本，發現退休人員的支出數字，平均而言不會因通貨膨脹而每年增加。該論文還引用了美國的其他研究發現，當個人退休時，消費支出會減少約 2.5%，此後持續以每年約 1% 的速度下降。

以上研究對我們提領退休金的策略非常有意義。在理想情況下，安全提款率（SWR）應該反映退休後的支出樣貌：在退休初期的提款率較高，在退休後期的提領金額逐漸下降。在研究了六種不同的退休金提領策略，並考慮降低報酬順序風險後，財務規畫師強納生‧葛頓（Jonathan Guyton）和電機工程師威廉‧克林格（William Klinger）設計了一個動態策略，讓退休儲蓄盡可能維持長久，同時與退休支出隨著年齡的增長而下降的研究一致，經過實務測試，這個策略被稱為護欄提款策略（Guardrails Withdrawal Strategy）[47]。

這個策略可應用於英國、美國和其他國家，目的是讓退休金可持續四十年退休生活。護欄提款策略提出了四項決策規則，可以單獨應用，也可以組合使用，包括在股市牛市和熊市 [48] 時期的操作。以下是這些規則。

---

[46] www.morningstar.com/content/dam/marketing/shared/research/foundational/677785-EstimatingTrueCostRetirement.pdf

[47] www.cnbc.com/select/guardrails-approach-retirement-withdrawal-strategy-how-it-works

[48] 編按：牛市（bull market）及熊市（bear market）代表向上和向下的趨勢，形容整體金融市場或證券市場。

決策規則 1：在經濟繁榮時期——股市上漲

如果當年度的安全提款率（經通貨膨脹調整）比上一年的安全提款率低 20% 以上，應該將當年退休年度的支出提高 10%。

這是一個英國人的實際例子。（對於美國和其他國家／地區，可用介於 3% 至 4% 之間的安全提款率作為開始，並以當地貨幣計算。）

假設在退休的第一年擁有 100 萬英鎊的投資組合，以 3.5% 為安全提款率的起點，也就是有 35,000 英鎊的退休提領上限。當進入第二年時，假設通貨膨脹率為 2%，退休支出加計通膨會增加至 35,700 英鎊；如果當時投資組合成長到 1,400,000 英鎊，此時計算安全提款率時，是用 35,700 除以 1,400,000，僅為 2.55%。由於 2.55% 與設定的 3.5% 相比下降了 27.1%，超過 20% 的幅度，此時可以讓當年退休支出多增加 10%，也就是 35,700 英鎊再增加 10% 至 39,270 英鎊作為提領的上限。

決策規則 2：在市場下跌時期——資本保值

如果當年的安全提款率（經通貨膨脹調整）高於上一年的 20%，將當年退休年度的提領上限減少 10%。

以下是一個實際的例子。在第一年從 1,000,000 英鎊的退休投資組合中提領 3.5%（35,000 英鎊），與上一個例子相同。然而，不幸很快遭遇股市崩盤，投資組合在第二年開始時下跌了 30% 至 700,000 英鎊。假設通貨膨脹率上升 2%，第二年的退休支出加計通膨後應增加至 35,700 英鎊（35,000 英鎊乘以 1.02）。但是，將 35,700 英鎊除以 700,000 英鎊時，安全提款率增為 5.1%，比設定的 3.5% 增加了 45.7%。超過了護欄提款策略 20% 的幅度，此時應該將當年的支出減少 10%，也就是將原訂的 35,700 英鎊的金額減少 10%，第二年的提款上限減為 32,130 英鎊。

決策規則 3：投資組合管理

這個規則的原則是：從上一年度表現最好的資產類別，作為本年度提領退休金的收入來源。此外，除了提領需要的部分外，還應該將超額收益變現，以便應付未來可能出現的提領。例如，如果股票配置表現強勁並超過目標配置比重，應該將多餘的股票部位出售並轉為現金。

決策規則 4：通貨膨脹時期的提領或調整規則

每年的提領應考慮到通貨膨脹，提領金額應隨通膨上升而增加。但是，如果前一年的總報酬率為負數，就應暫停增加提領。

總而言之，上述決策規則 1 和 2 發揮退休金資產的護欄作用，在投資與提領之間取得了平衡，退休時能夠在經濟繁榮時期消費多一些，不會將未來暴露在太多風險之中，並在經濟不景氣時逐漸減少支出。即使經歷了糟糕的報酬順序風險，也不會立即受到衝擊。

此外，這種動態方法更符合研究顯示退休人員的消費模式。決策規則 3 和 4 提供了額外的保護層，有助於管理退休後的現金流。但請注意，這並不是一個一勞永逸的退休金管理模式。它需要根據你自己的個人情況持續檢視與調整。建議在研究退休提領的最佳策略時，向獨立財務顧問、財務規畫師諮詢。

退休時帳戶提領的順序

本週至今，我們的研究發現，退休人員面臨的最大挑戰之一，是如何將他們累積的退休儲蓄轉化為至少持續 30 年的退休收入。選擇穩定可持續的提款率（例如，英國：3.5%，美國：4%）是一個很好的起點，也可以搭配減少

支出和延長工作時間作為替代選擇。提升退休收入的另一種方法，是選擇退休後提領帳戶的順序，提高節稅效果，藉此增進投資組合的稅後報酬。

我們還沒退休，也還沒開始提領退休金，因此必須參考專業的研究文獻，找出在英國最有效的退休提款順序。以下是先鋒集團在近期發表的論文中得出的結論[19]：

「管理退休投資組合的稅務可能會對投資者實現退休目標與否產生重大影響。擁有多個退休池的投資者，可以藉由選擇正確的帳戶提領順序，減少其退休資產繳納的稅。我們的分析顯示，一般來說，最有效的提領策略是先提領應稅的一般投資帳戶（GIA）。在多數的情況下，提領與年度投資策略相結合，可以顯著改善退休投資結果。提領完一般投資帳戶的金額後，我們發現選擇個人投資帳戶（ISA）或確定提撥制退休金（DCP）的結果幾乎沒有差異，但是，基於其他因素考量，如遺產稅和對債權人的保護，投資者最好先提領他們的個人投資帳戶。」

我們也同意這種作法，即首先處理應稅一般投資帳戶（GIA），然後是免稅的個人投資帳戶，然後是部分應稅的確定提撥制退休金。儘管每個人選擇的順序取決於個人不同的情況，但大抵說來是如此。

如何無負擔享受退休生活

你還記得快樂生活是什麼感覺嗎？讓我們稍停片刻，思考這個問題。在一個被財務負擔壓得喘不過氣的世界裡，我們很容易忘記如何享受辛勤工作

---

[19] www.vanguard.co.uk/content/dam/intl/europe/documents/en/whitepapers/withdrawal-order-making-the-most-of-retirement-assets-uk-en-pro.pdf

的成果，以及沒有負擔和罪惡感的簡單快樂。

以下是我們得出的五個步驟，可幫助你盡情地享受財富：

步驟 1：確定個人價值觀，以價值觀為出發點的消費

無論自己承認與否，每個人花錢的方式往往反映了最深刻的價值觀和優先順序。了解自己的消費習慣，並與個人價值觀保持一致，是真正享受財富的第一步。以下是如何確定自己的價值觀，並做出與核心價值產生共鳴的選擇。

小任務：自我檢視

要能夠盡情地享受財富，請花點時間自我檢視。回答以下問題：

什麼能讓我在生活中感到真正的快樂和充實？

我最看重的是什麼——家庭、經歷、安全感還是個人成長？還是其他？

如果金錢不是問題，我將如何運用擁有的時間和資源？

我熱中於哪些事業或慈善工作？

小任務：價值觀的優先順序

　　檢視了自己的價值觀之後，接下來是排出先後順序。價值觀可能包括許多項目，從財務安全到投資或社區參與都有。按重要性的高低列出自己的順序。例如：

- 自由
- 家庭與人際關係
- 財務安全
- 個人成長
- 旅行和冒險
- 回饋社會

請列出自己的價值觀順序：

上面的優先順序將影響最後的財務決策。

小任務：讓消費支出與價值觀保持一致

從現在開始，價值觀將付諸行動。檢查自己的消費習慣，並確定它們與價值觀異同之處。例如，如果家庭是最重要的，你可能會發現與親人共度美好時光比上街購物更幸福。為了與財務安全保持一致，可以根據價值觀制定支出預算、儲蓄和投資，以確保穩定的未來。

確定個人價值觀與消費支出保持一致，是盡情享受財富的根本。當支出與價值觀相一致時，你會發現每花 1 英鎊或 1 美元都會帶來一種目標感和成就感。

是否有任何支出可以重新調整，以更符合價值觀？

步驟 2：設定切合實際的支出目標

確定了個人價值觀並列出順序，知道什麼是真正重要的事情，接下來是將價值觀轉化為可執行的支出目標。

小任務：將價值觀拆解為個別的具體目標

你的價值觀為支出提供了一個總體框架，但你還需要再將其分解為具體、可操作的目標，讓我們仔細看看要怎麼做：

價值觀	具體目標
家庭和人際關係	每季計畫一次與家人的週末度假
財務安全	將每月收入的 20% 存入緊急預備金
個人成長	每六個月上一堂線上課程以獲得新知

將自己的價值觀轉化為具體行動目標，描繪出清晰的消費路徑。請用你的價值觀和具體目標完成下表：

價值觀	具體目標

小任務：確定資源優先順序並分配資源

一旦建立了具體的目標，接下來是根據自己的價值觀確定優先順序。因為並非所有目標都同樣重要，而且資源有限，在考量緊迫性和長期影響等因素，有效分配資源（時間和金錢）就十分重要。以下是一個例子：

- 優先事項1：家庭度假——分配部分儲蓄並留出特定週末。
- 優先事項2：財務安全——在支出計畫（即預算）中放入一定比例的儲蓄，而且絕不調整。
- 優先事項3：個人成長——編列課程所需費用並投入時間學習。

你優先考慮的支出目標是什麼？

步驟3：讓享受成為喜悅消費計畫的一部分

在第五週，我們建議將至少5%的稅後收入作為娛樂支出，根據每個人的情況和財富累積調整。例如，由於我們名下已無債務，每年將大約20%的稅後收入用於旅行和其他帶給我們喜悅的支出。還有一種計算喜悅預算的方法如下：

每月總收入－（基本開支＋儲蓄／投資＋償還債務）＝喜悅預算

你每個月的喜悅預算是多少？

然後，可以每月將此預算分配給先前確定的優先順序。

步驟 4：抱著「旅行說走就走，不要以後再說」的心態

我們總是在拖延旅行計畫，相信總有一天會實現，例如退休那一天或實現財富自由時。然而，等待完美的時刻也就意味著錯過許多今生難忘的體驗。這就是為什麼應該抱著「說走就走，不要以後再說」的心態，讓旅行成為生活中不可或缺的一部分。

許多人都陷入了等待旅行的「完美」時間陷阱——等待有更多的錢、更多的年假或更少的責任時。事實上，完美時刻幾乎不可能出現，生活更是不可預測的。

研究顯示，旅行的經歷往往比物質財富帶來更持久的幸福感 [50]。與其積累更多財富，不如將錢投入到能夠創造珍貴回憶的體驗中。旅行可以讓你接

---

[50] https://news.cornell.edu/stories/2014/09/doing-makes-you-happier-owning-even-buying

觸不同的文化，結識新朋友並更深入地了解世界。

「現在出發，說走就走的旅行」並不代表把財務規畫晾在一旁。經過謹慎的規畫和預算，同樣可以有符合自身價值觀且負擔得起的旅行。以下是相關的策略：

設定旅行預算：將部分收入分配給專門的旅遊基金。隨著時間累積，即使是很小的貢獻也可以累積成有意義的旅行。

充分利用優惠：留意各種旅行優惠、折扣和獎勵計畫，它們往往可以顯著降低旅行開支。有時還可以利用每年信用卡積點和同行者優惠，提前 12 個月預訂機票，只用經濟艙的價格買到商務艙，省下數千美元。其他的旅行技巧包括：預訂多個城市的旅行，而不是單次往返一個城市。例如，Skyscanner ❺¹ 的多城市旅行，像是從倫敦—開羅—杜拜—里約熱內盧，再返回倫敦（每個國家／地區一週），費用為每人 1,685 英鎊（約合台幣 67,400 元），最多轉機一次；而從倫敦到里約熱內盧的直飛航班，往返費用為每人 1,447 英鎊（約合台幣 59,080 元），多花一點點錢可以多去好幾個城市。

優化行程：計畫行程時，盡可能增加體驗，同時盡可能降低成本。考慮非旺季出發、居家度假 ❺² 或前往目的地附近的景點。

「旅行說走就走，不要以後再說」的心態提醒我們，生活就是要活在當下。個人體驗優先、謹慎計畫和珍惜探索世界的時刻，同樣可以豐富人生，創造一個持續一生的回憶寶庫。

---

❺¹ 編按：天巡網，是全球機票、飯店、租車服務的免費比價搜尋引擎。
❺² 譯註：居家度假（staycation）：由 stay 和 vacation 所組合而成的字，有多種意思：在家度假、去住家附近的景點、在居住的城市內探索及遊玩，或是在住家附近的飯店裡休假。

步驟 5：與他人共享

在這段財務旅程中，努力對他人產生正面積極的影響，是讓自己感到真正快樂的方法之一。我們想起了一句話：「施比受有福」[33]。無論是慈善捐贈還是投資符合價值觀的事業，與他人分享不僅可以使有需要的人受益，還可以豐富自己的生活。我們在「普通人的小錢」的工作可以證明，幫助一輩子都不會遇到的陌生人其實非常有成就感。它不僅給了我們一種使命感，而且還打開了意想不到的人生。

奉獻有很多種管道，即使是在有限的預算下也可以做到。無論是自願花時間為有需要的人們指導專業技能，還是將舊衣服或玩具捐給慈善機構。不用成為百萬富翁也都能有所作為。

看吧！本週的內容相當豐富。當然，退休計畫很複雜，但是我們相信，本週分享的最新見解能幫助你提高實現財務獨立和提前退休的可能，並盡可能增加儲蓄，使退休資金永不匱乏。然而，為財務獨立和退休目標制定計畫是一回事，堅持多年以實現目標又是另一回事，因此必須安排一些活動，以便享受金錢和生活且無須愧疚。記住：求知若飢，虛心若愚。

---

[33] 譯註：出自《使徒行傳》第二十章第三十五節。

第 9 週：課程和行動方案

第 9 週的七節課

- 每個人都有可能實現財務獨立和提前退休，但仍有一些挑戰使許多人不願勇敢地使用金錢。我們自己也經歷過，創造獨有的財富喜悅生活，一天一天地成為現實，的確可能發生。事實上，我們認為，從這些挑戰中汲取的人生教訓會讓你更有自覺，並強化能力。

- 實現財務獨立和提前退休的最大驅動力是儲蓄率。即使只有平均所得的水準，仍然可以在既有的生活形態上實現財務獨立。與高所得但低儲蓄率的人相比，這種人的目標更有可能實現。

- 財務獨立往往被認為是自給自足，一切靠自己。但事實上，實現財務獨立需要其他因素搭配，例如團體、社群、自覺性和個人發展計畫。

- 計畫退休需要考慮許多關鍵項目，例如退休資產配置和有效投資稅率，這與實現財務獨立的時間點有關。即使退休後仍會面臨風險，包括一連串的報酬風險，為此，我們提供了解決方案，包括設定護欄提款策略來管理景氣順風和逆風時的提領。此外，從退休帳戶中提領資金的順序也能提高投資組合的稅後報酬率。

- 賺錢是用來享受的。當你的財務狀況上軌道時，將稅後收入的 5% 用於享受生活並沒有什麼不好。享受生活不一定是昂貴的，也不應成為負擔。關鍵是要把錢花在能帶來喜悅的刀口上，同時提前儲蓄和計畫更大的消費。

- 「旅行說走就走，不要以後再說」。從小規模的旅行開始。並問問自己，如果這是最後一個可以去的目的地，我會去哪裡？這個問題會讓自己真正享受旅行的體驗，享受當地文化，肯定令人終生難忘。

- 花辛苦賺來的錢時，先考慮自己是很自然的，但同時與他人分享和奉獻也是很美的。施比受有福。把金錢、時間和才能投入到熱中的事業中，會讓你對人生充滿目標、與人彼此連結，以及更高的幸福感。

第 9 週的三個具體行動

◆ **具體行動 1**：你的退休生活需要多少錢，為什麼？這與你的財務獨立或財富自由相類似。請參閱本週「退休生活多少錢才夠？」的部分中的步驟1和2。

◆ **具體行動 2**：你打算幾歲時實現財務獨立並提前退休？

使用我們的免費計算工具：www.thehumblepenny.com/Freedomcalculator 請參考本週「退休生活多少錢才夠？」中的步驟 3 到步驟 6。

◆ **具體行動 3**：你需要調整目前退休投資的順序嗎？

| 第 10 週 |

保障財富，為下一代規畫

財富喜悅的生活，每天都心懷感恩，並永遠為最壞的情況做準備。

在生活中，有時需要一些壞事發生，我們才會停下腳步，回頭看看平實無華的生活，並為最壞的情況做準備。對我們而言，2018 年 12 月 31 日和 2023 年 3 月 14 日這兩個日子將永遠刻在記憶中，因為我們的生活在這兩個日子發生了變化。下面與各位分享的內容只屬於我們兩個人。但是，我們會詳細描述，因為我們希望各位真正了解這個主題的重要性。

2018 年 12 月 31 日，瑪麗和我與家人在奈及利亞的拉各斯度假。那是一個陽光明媚的日子，家中充滿了歡聲笑語和良好的氛圍。新年即將到來，一切是如此美好。而當時我不知道的是，我即將面對一生中最糟糕的新年。我的媽媽、爸爸、姊妹、兄弟、叔叔和阿姨都在那裡——一個典型的非洲家庭聚會，吃飯和分享食物——但突然間，晚上 7 點左右，一件不可思議的事情在我們眼前發生。我的媽媽突然腦出血；我們後來才明白那是動脈瘤或蛛網膜下腔出血。想像一下，你所深愛的人在你面前突然暈倒，停止呼吸。從那一刻起，她開始與死神拔河。

你不會預期到這些事情在度假時發生。在接下來不到 24 小時裡，媽媽從一個精力旺盛、充滿創業動力的堅強女性，一下子失去了全部的行動能力、記憶力和視力。她坐在輪椅上，不僅看不見，也記不起我們了。我完全崩潰

了，我的兄弟姊妹、父親和其他家庭成員也崩潰了。在那個地方，沒有全民健保，如果沒有錢，就沒有醫療。接下來的三個星期，我們睡在醫院的椅子上，各種神經外科醫生都來過了。請最好的神經外科醫生得花很多錢，在不知不覺中，耗掉大約 50,000 英鎊（約合台幣 200 萬元）醫藥費，而我們根本還沒錢付。也就在此時，我看到了自己未知的另一面：無論如何必須找到錢，也絕不會以這種方式失去媽媽。

我、父親和兄弟姊妹齊心協力，為媽媽的生命而戰。如果在一個家庭中，總有一個人擅長行政工作，那麼在我們家那個人就是我。由於媽媽已無法說話，也無法行動，我於是查看她的生活管理紀錄。這就是本週關於財富保障的學習之道。

以下是我媽媽做得很好的三件事。她有旅行保險、重大疾病保險和人壽保險。慶幸的是，家裡只有我在關心這些無趣的事，我知道她有這些保險，所以我開始研究，像隻鬥雞一樣與保險公司展開為期數週的博弈。保險公司窮盡方法不理賠保險金，不過，長話短說，憑藉超強的毅力，我們贏了。

媽媽不知道我們在為她而戰。2019 年 1 月下旬，腦部手術順利完成，在與航空公司進行了多次交涉後（考量如此脆弱的病人在 35,000 英尺高空飛行的複雜程度），她被允許飛回英國，不過帳單數字還在不斷累積。幸好與保險公司的博弈結果不僅支付了她的醫療費用，還包括一大筆錢來幫助她復健。五年後的今天，她仍在復健中，經歷了很多痛苦，包括徹底改變生活方式。現在，她恢復了視力、行動能力和記憶力。她存活下來了，我們才能講這個故事。如果她沒有為生活中可能的緊急情況做好充分準備，故事可能會大不同。

每當我回憶起 2023 年 3 月 14 日的那一天，忍不住再度淚流滿面。這一天像往常一樣，瑪麗和我送孩子去上學，然後回到家裡開始我們的工作。不久後接到一通電話，我深愛的姊夫（39 歲，與我同一天生日）因呼吸道問題已住院幾個星期，情況越來越糟。我趕到醫院，看見他的狀態時簡直難以置

信。

那天正好是英國醫生罷工要求加薪的日子。主治醫生一個人得管理許多病房，心理壓力可想而知，他把我和我的另一個姊姊拉到一邊，隨口對我們說，「我不期望他能在 24 小時內熬過來。事實上，我們希望他能停止維生系統，因為病人需求遠超過醫院所能負荷。」

這是我一生中經歷過最大的痛苦。大家都忍不住哭了出來，感到非常無助。每撐過一個小時，大家就開始祈禱。我們相信他會撐過去，因為他溝通上沒什麼問題，甚至還開玩笑說他兩天後就能回家。只不過，他不知道醫生對我們說了什麼。

我出去散步試圖讓頭腦清醒一點，突然間被一個內心的聲音叫住，我提醒姊姊關於姊夫遺囑的事情。她要我立刻打電話給律師，請他寄一份他們未簽名的遺囑副本，好讓她和姊夫在證人面前確認和簽署。他們以前討論過遺囑，但從未真正決定。所幸律師行動迅速，根據他們的意願，在三十分鐘內把遺囑寄給我，我把它轉交給姊姊和姊夫，讓他們在證人面前確認並簽署。

接下來的 24 小時內，醫院嘗試將他從病房轉到加護病房，他們拔下了他的維生系統，經過多次急救，眾人深愛的兄弟、父親、丈夫、兒子和朋友還是離開了我們。

我們本來要一起慶祝我們的 40 歲生日。我姊姊無法接受，她的「超人」──她都這麼稱呼他──永遠地離開了，留下了她和兩個年幼的兒子、父母和朋友。我仍然記得我和他的妻子哭著求他不要離開，雙手不停搖晃他，希望他能醒來。然而，他美麗的臉龐終究獲得平靜，因為他不再痛苦。

我們誰也沒想到會發生這種事。誰會想到好好的一個人 39 歲就死了？看到他的妻子、父母和所有的家人悲痛哭泣，看到他被白布包裹著，胸前貼著死亡日期，旁邊寫著他的出生日期。我感到有一天躺在那的也可能是我，也可能是我們當中的任何一個人。他留下了親人、資產、漂亮的汽車、朋友，以及他一生所有努力獲得的一切。

這就是人壽保險❶的重要，他因為工作有了人壽保險，但在他離職時就退保了，遺憾的是，由於反覆發作的疾病，他無法再獲得其他私人保險，如果有的話，保險金大可分擔我姊姊和外甥一些經濟壓力。然而值得慶幸的是，他們多年來一直遵照我們的建議，在八年內還清了房貸，這是一項了不起的成就，讓姊姊和孩子們的經濟負擔輕了許多。

我們從這些故事中學到什麼？

- 最壞的情況可能發生：生命是不可預測的，但如果你及早準備好安全網，你和你所愛的人的未來就多一層保障。設想最壞的情境，為此做好準備，然後希望並祈禱最好的結果。
- 保險永不嫌多：我們往往努力獲取資產和累積財富，卻沒有努力地保護這些資產不被拿走。
- 越早開始越好：年輕和健康的身體可以讓保險費用變得更便宜。如果沒有足夠的保險，每過一天，你和你所愛的人的未來生活都會變得更加昂貴。
- 心懷感恩：每一個平淡無奇的日子，都應該心存感激。因為不是每個人都能夠做到這一點。
- 死不帶走：生命的殘酷現實是，最終會在某個時候結束，而其他人會開始享受你的努力成果。因此，你可以現在開始享受財富，同時認真考慮想留下什麼樣的遺產。

我們已經了解為緊急情況做好準備，以及保護財富的重要性和緊迫性，接下來讓我們看看在不同狀況下有哪些方法。

---

❶ 編按：人壽保險的設計是轉移受保人因身故而引致的財務風險，倘若不幸身故，其受養人能夠獲得身故賠償，避免因為失去經濟支柱而影響生活。

選擇正確的保險和遺產規畫策略

規畫未來財富，就像累積財富一樣，都是財務責任的重要工作。其中包括選擇正確的保險和妥善規畫遺產分配，以保護資產並嘉惠所愛的親人。然而，大多數人都不清楚該怎麼做，在本節中，我們會提出建議，幫助大家在保險和遺產規畫需求中做出好的決定。

步驟1：評估財務狀況

在進入保險和遺產規畫領域之前，必須清楚地了解自身的財務狀況：

- 評估自己的資產、負債、收入和支出（見第四週和第五週的說明）。
- 確定本身短期和長期財務目標（見第四週的說明）。
- 考慮家人和受扶養人的特殊需求。

關於第三點，思考一下，萬一你發生不幸，家人們需要多少錢？可能繼承的債務？以及誰會從你留下的遺產中分到多少？同時還要考慮他們的情感需求。保險和遺產分配應根據他們的具體情況量身規畫。

步驟2：確定規畫目標

下一步是確定保險和遺產規畫的具體目標。共同目標包括：

- 為家庭提供經濟保障。
- 盡量減少遺產稅。
- 留下遺產或捐贈慈善事業。

在保險和遺產規畫方面，主要目標是什麼？

```
┌─────────────────────────────────────┐
│                                     │
│                                     │
│                                     │
│                                     │
└─────────────────────────────────────┘
```

步驟 3：選擇保險和遺產規畫需求

以下是選擇合適保險的簡單決策樹：

問題 1：有受扶養人或有經濟負擔嗎？

如果是，請繼續執行問題 2。如果不是，請跳到問題 4。

問題 2：需要人壽保險嗎？

無論答案是「是」還是「否」，請從以下選項中考慮你的需要，然後轉到問題 3。

如果身上有房貸或其他貸款，通常需要人壽保險。大致來說，可以購買定期或終生人壽保險。

定期人壽保險提供特定期限的保障，例如十年、20 年或 30 年。如果投保人在期限內去世，保險公司將一次支付保險金給受益人。它是最直接和最具成本效益的人壽保險選擇之一，非常適合在特定時間範圍內承擔財務責任，例如房貸或子女教育。

終生人壽保險，也稱為永久人壽保險，為人的一生提供壽險保障。它為受益人保證提供保險給付。終生人壽保險通常比定期人壽保險貴，但提供長期的財務保障。我們有定期人壽保險，因為它更具成本效益，我們每月支付

的金額是固定的，並且由於通貨膨脹效果，保險負擔顯得越來越小。不過保障一直都在，直到我們 85 歲左右。如果其間申請保險給付，家人會獲得一筆不小的金額。而且我們買的是二張個別保單而不是一張聯合保單，可以在不同時間申請兩次保險給付。

人壽保險不僅是一面安全網；也是給所愛的人一份財務安全承諾。以下是需要考慮的要點：

- 考慮自己的收入、債務和受扶養人，以確定所需的費用。通常需要大約年收入的 10 至 15 倍。
- 比較定期人壽保險和終生人壽保險，並比較信譽良好的保險公司提供的保單。
- 考慮其他保障條款，例如重大疾病或殘疾保險，這些保險通常結合人壽保險作為附加條款。詳見下文。
- 請保險公司將人壽保險交付信託，通常是免費的。這樣做可以將任何未來的給付排除在遺產之外，以達到節省遺產稅的目的。

問題 3：還需要其他保險嗎？

無論答案是「是」或「否」，請考慮以下說明，然後回答問題 4。

建議要仔細審視公司提供的職業保險，看看是否足夠。但是，我們建議不要僅僅依賴雇主提供的保險，因為當失去工作時就同時失去這些福利。需要考慮其他類型的保險包括：

健康保險補充了國家健保的不足，提供了更快的家庭醫生預約和私立醫院的服務，為緊急救護提供了備用計畫。儘管我們目前身體健康，但它是為了確保未來的需求。私人健康保險可能很昂貴，保費會高得嚇人。我們作為一個四口家庭，每月支付大約 200 英鎊（約合台幣 8,000 元）的保險費，如果

不優先考慮高級醫院，可能會有較便宜的選擇。建議至少要有一些基本醫療照護，絕對比什麼都沒有好。以下是需要考慮的要點：

- 在既有的公有健康保險之上，另外評估個人健康狀況以及私人健康保險需求。
- 研究和比較各家健康保險條款和保費，找到最合適的。
- 根據醫療需求和現有疾病定製保單。

重大疾病保險 ❷ 在診斷出重大疾病（如癌症、心臟病發作或中風）時給予一次給付。以填補在治療期間的醫療費用、收入損失或其他經濟負擔。雖然不是嚴格意義上的人壽保險，但它在最需要的時候提供經濟援助來彌補其他保單的不足 ❸。

所得保障險可保障在疾病或失能期間的財務穩定，提供部分收入（約 50% 至 65%），直到重返工作崗位或保單期限為止。如果因健康原因無法工作，職業的保險可能會持續一段時間，並在六個月內轉由法定病假工資 ❹（Statutory Sick Pay, SSP）給付。如果本身儲蓄不足，或是自行創業沒有法定病假工資給付的情況下，所得保障險就顯得非常重要。不過，如果儲蓄夠多或家庭可以提供支援，則可能不需要這類保險。

---

❷ 編按：重大疾病險是指台灣金管會規範定義的七項重大疾病的險別，理賠主要依據醫生診斷證明，在確診後，理賠金一次性給付。七項重大疾病分別為：癌症、腦中風後障礙、癱瘓、急性心肌梗塞、冠狀動脈繞道手術、末期腎病變、重大器官移植或造血幹細胞移植。

❸ 編按：台灣的各大保險公司都有不同設計與配套的重大疾病保險。

❹ 編按：根據勞動部法規勞工請假規則第 4 條，勞工每年都有 30 天的半薪病假，超過 30 天後的病假雇主可不支薪。

總括來說，要根據本身需要來評估這些保險，還有其他像是家庭、汽車、旅行、失能保險❺、50 歲以上的人壽保險等。

　　保險種類多到讓人眼花撩亂，特別是如果預算已經不夠時，更讓人難以抉擇。建議應該從最需要的地方開始。例如從人壽保險開始，這是健康狀況的保障；我們多年來都沒有保收入保障險，並且直到最近 12 個月才真正購買健康保險，因為我們一直認為預防勝於治療，但當自行創業當老闆後就有這方面的需要，因為我們無法享有這方面的員工福利。

　　目前，什麼類型的保險具有最優先順序？需要採取什麼措施？

問題 4：有遺產規畫需求嗎？

　　無論答案是「是」或「否」，請從以下選項中決定需求。

遺囑和監護權

　　在某些文化中，寫遺囑往往是一種難以啟齒的禁忌，以致忽略了遺囑的即時性和必要性，並造成無謂的誤解。人們普遍認為遺囑是老年人才需要準備的，因而一直拖延下去不願面對。事實上，生命是如此不可預測，許多事需要盡早考慮。寫遺囑能提早決定資產分配、誰照顧家屬以及身後如何管理

---

❺ 編按：一種專門提供失能後經濟保障的保險。有失能扶助險、長照失能險等。

事務。在不產生大量費用的情況下，設立遺囑的方式包括 ❻：

簡單的遺囑：利用軟體或線上資源自己撰寫。這類遺囑的費用大約在 10 至 50 英鎊之間，但要確保內容能準確反映自己的意願，並具有法律效力。

律師起草的遺囑：費用從 150 英鎊到 500 英鎊以上不等，用於財務狀況複雜或大量資產時，以提供額外的法律保障。

互惠遺囑：遺囑由夫妻共同設立，將資產留給彼此，然後留給子女或受益人，與個人遺囑相比，可以節省成本。我們就設立了互惠遺囑。

是否應該由專業人士撰寫遺囑是個重要的決定。根據英國政府網站 ❼ 所言，如果資產龐大或繼承人複雜，可以尋求專業人士的建議，例如：

- 與丈夫、妻子或民事伴侶以外的人共享財產。

---

❻ 編按：民法第 1189 條規定，有效遺囑的設立方式有五種：
1. 自書遺囑：立遺囑人應自書遺囑全文，記明年、月、日，並親自簽名。如有增減、塗改，應註明增減、塗改之處所及字數，另行簽名。
2. 代筆遺囑：由遺囑人指定三人以上之見證人，由遺囑人口述遺囑意旨，使見證人中之一人筆記、宣讀、講解、經遺囑人認可後，記明年、月、日，及代筆人之姓名，由見證人全體及遺囑人同行簽名。遺囑人不能簽名者，應按指印代之。
3. 口授遺囑：遺囑人因生命危急或其他特殊情形，不能依其他方式為遺囑者，得由遺囑人指定二人以上之見證人，並口授遺囑意旨，由見證人中之一人將該遺囑意旨據實做成筆記，並記明年、月、日，與其他見證人同行簽名。
或由遺囑人口述遺囑意旨、遺囑人姓名及年、月、日，由見證人全體口述遺囑之為真正及見證人姓名，全部予以錄音，將錄音帶當場密封，並記明年、月、日，由見證人全體在封縫處同行簽名。
4. 公證遺囑：應指定二人以上的見證人，在公證人前口述遺囑意旨，由公證人筆記、宣讀，經遺囑人認可後，記明年、月、日，由公證人、見證人及遺囑人同行簽名。
5. 密封遺囑：於遺囑上簽名後，將其密封，於封縫處簽名，指定二人以上的見證人，向公證人提出，陳述其為自己之遺囑，由公證人於封面記明該遺囑提出之年、月、日，及遺囑人所為之陳述，與遺囑人及見證人同行簽名。

❼ www.gov.uk/make-will

- 想將金錢或財產留給無法自理的受扶養人。
- 家庭成員可以根據遺囑主張繼承，例如第二任配偶或另一段婚姻的孩子。
- 永久住所在英國境外。
- 在海外有房產。
- 有事業繼承方面的考量。

根據我們的經驗，不要考慮寫遺囑要花多少錢。把精力放在適當分配並讓自己安心。以下是我們的建議：

- 委由律師設立具有法律效力的遺囑，向熟悉當地法律和文化的專業人士尋求建議，避免任何文化上的問題。
- 為未成年子女指定遺囑執行人和監護人。
- 依照生活和資產的變化，定期更新遺囑。

信託

信託是管理遺產和減少遺產稅的重要工具。它涉及一個人或實體（「委託人」或「設保人」）將資產轉讓給另一個人或實體（「受託人」），以使個人或其他實體（「受益人」）受益。信託在遺產規畫中發揮著非常重要的作用，有助於資產的分配秩序，並且盡可能降低遺產稅，且無須經過遺囑認證程序。不同的信託類型適合不同的目的和財務狀況。向遺產規畫的法律和財務專家尋求專業意見，建立和管理符合個人規畫目標的信託是很常見的作法。

遺產稅規畫

遺產稅規畫是保護資產和有效傳承財富的必要手段。在英國，有關於資產贈與的具體規則和規定，尤其是在繼承方面。有幾個關鍵重點：

- 七年規則：如果贈與人在贈與後存活超過七年，則贈與（例如財產和其他投資）可免稅；否則，會隨年度遞減課徵遺產稅。
- 免稅贈與：某些贈與，如配偶之間的贈與、捐贈英國慈善機構和政黨，可免徵贈與稅。
- 年度贈與額：每個納稅年度，個人最多有 3,000 英鎊的免稅額，未使用的贈與額度可以累計至以後的大額贈與[8]。
- 小額贈與免稅額：每人最多有 250 英鎊的額度免徵贈與稅。
- 遺產免稅額：每人低於 325,000 英鎊（夫妻合計 650,000 英鎊）的遺產可免徵遺產稅[9]。
- 居民免稅額（RNRB）[10]：減少當地居民留給直系後代的遺產稅，額度為 175,000 英鎊，結合上述遺產免稅額，每人可擁有 500,000 英鎊的免稅門檻（夫妻合計為 100 萬英鎊）。
- 配偶或民事伴侶豁免：配偶或民事伴侶之間的轉讓不徵收遺產稅[11]。
- 收入中的正常支出：由收入支付的定期贈與免徵遺產稅，例如用於日

---

[8] 編按：台灣的贈與稅免稅額是每一位贈與人每一年 244 萬元為限。
[9] 編按：台灣的情況是，根據財政部公告遺產稅的相關規定，基本上免稅額為 1,200 萬元。之後配偶、直系血親卑親屬、父母及喪葬費等都有不同等級的扣除額。
[10] 譯註：居民免稅額：Residence Nil Rate Band（RNRB）。
[11] 編按：在台灣，根據遺產及贈與稅法第 15 條第 1 項規定：「被繼承人死亡前二年內贈與下列個人之財產，應於被繼承人死亡時，視為被繼承人之遺產，併入其遺產總額。」因此若想以贈與配偶財產方式分散財產，應及早規畫。

常家庭生活的金錢支援。
- 保留利益的贈與：如果贈與者繼續從贈與資產中受益，則可能需要繳納遺產稅。

由於法令規章可能改變，建議向合格的專業人士或英國稅務及海關總署（HMRC）❶❷尋求專業協助，以取得有關遺產稅規畫的最新消息和規定。

持久授權書

持久授權書（Lasting power of attorney, LPA）是指當情勢沒有按規畫進行時的延伸計畫。這是一份法律文件，如果身體或精神上因故無行為能力而無法做出決定，則指定某人依照你的意願代表你做出決定。它涵蓋了兩大決策領域。

健康和福利的持久授權允許指定人依照你的醫療保健、治療、日常護理和臨終決定做出決定，而**財產和財務事務持久授權**允許指定人管理你的財務，例如帳單支付、投資和財產交易，以防精神上無行為能力。以下是要採取的措施：

- 如果喪失行為能力，請指定某人代表你做出決定。
- 為健康和福利、財產和財務事務設立持久授權書。可以經由政府相關網站中獲得資訊❶❸。

---

❶❷ 譯註：英國稅務及海關總署：His Majesty's Revenue and Customs（HMRC）。
❶❸ www.gov.uk/power-of-attorney

有效規畫財富和遺產的技巧

我們已經說明了財富保障,以及在發生突發事件時為親人的繼承做好準備。接下來我們會用一些需要牢記的提示來結束本週課程:

尋求專業意見

首先尋求朋友或家人的建議。如有疑問或處理複雜情況,請諮詢專門從事保險和遺產規畫的律師、財務顧問和保險經紀人,獲得個別的協助。

自學

了解不同保單和遺產規畫的細微差別,做出明智的選擇。

整理重要文件

文件安全是家人安心的依據。將保單、遺囑、信託文件和其他遺產規畫保存在安全的地方。告知可信賴的家庭成員或遺囑執行人。

溝通

定期和家人溝通,傳達你的想法以及你的保險和遺產計畫,確保家人了解你的意願。

檢視和調整

遺產規畫不是一成不變，而是因時因地可改變的。定期檢視遺產規畫，與生活中的變化保持同步是很重要的。一般來說，隨著家庭動態和財務狀況的改變，以及法令規章的調整，遺產規畫也應該隨之調整。

隨時了解最新動態

保持對周遭環境的了解可使保險和遺產計畫富有彈性，與不斷變化的法律同步。實際作法包括密切關注政府的年度預算公告，因為它們通常涵蓋可能影響遺產規畫和保險的稅收和財務法規的變化。此外，與專門從事保險和遺產規畫的經驗豐富的律師、顧問和會計師聯繫。他們可以提供個人化的建議，隨時了解相關的法律變化。

培養精通財務的下一代

當我們想到遺產和世代傳承的財富時，想到的不僅僅是金錢，還有財務知識和經驗，以及幫助我們走到今天的過程和工具。經驗告訴我們，為了培養精通財務的孩子，最自然的方法是盡早開始，將知識和經驗在日常生活當中傳承。以下是我們建議的實用方法。

與孩子共同投資

當孩子從祖父母、教父和教母 ⑭ 或其他親友那裡得到錢，我們會先教他

---

⑭ 編按：基督教的洗禮儀式中為受洗者扮演作保的角色，男性為教父，女性為教母。

們投資其中的三分之一，我們再拿出相同的金額，和他們共同投資。透過這種方式，他們會了解讓錢為自己工作的重要，也藉此機會鼓勵他們儲蓄和投資，把錢投資於股票市場，參與實際的投資行為。我們從孩子出生開始，就用每年的生日禮金買進大公司的股票，隨著他們漸漸長大，他們也開始參與，現在他們將投資指數基金和 ETF 視為一種賺錢的方式。

除了儲蓄和投資的三分之一以外，他們還將至少三分之一的錢花在想要的東西上，有時會從剩下的三分之一中挪用。這樣，他們也學到了預算的觀念。像是當我們去玩具店時，他們會自然而然說出有趣的話，比如「這個超出了我的預算」。

利用日常事物

當我們在學校運動跑步時，常會留意周遭的日常事物，作為機會教育的素材。例如，我們發現了一家炸魚薯條店，會問孩子這家店是怎麼賺錢的？這開啟了和孩子之間有趣的對話，同時也教會了他們一個原則：錢不僅來自銀行，也來自銷售產品或服務，替客戶解決問題來創造價值。

幫助他們擁有企業家精神

除了給孩子零用錢之外，我們也讓他們嘗試用自己的技能與金錢做連結。最近的例子是，我們的二兒子正在學小提琴，鼓勵他在暑假結束時能夠演奏漢斯・季默 ⓯（Hans Zimmer）的《時間》（Time），代價是 100 英鎊（約合台幣 4,000 元）。雖然他平常不太喜歡練琴，但這個挑戰創造了不同的結

⓯ 編按：著名德國電影配樂作曲家和音樂製作人，由其配樂的電影超過 150 部。

果。他深受激勵，自己在 YouTube 上找到了各種課程，學習這首曲子，這個挑戰教會了他在賺錢的同時，也能自己解決問題。其他例子包括為孩子建立一個 eBay 帳戶來銷售舊玩具和家具；還有他們也參與拍照和製作 eBay 廣告，獲得其中 20% 的收益等等。

在家中的主題對話

最近的一個例子是：我們談論了收入的概念以及如何創造收入。例如，勞動收入（朝九晚五工作）和非勞動收入（資產收入）。這引發了一場有趣的討論：「爸爸，什麼是資產？」和「為什麼有些資產能賺錢，而有些資產不能賺錢？」這些對話間接幫助他們了解哪些資產創造了財富，哪些資產浪費了財富。

有條不紊，提前計畫

教導孩子有條理地提前計畫事情，然後給予金錢的回報，這會是直接有效的。回報可以是實體的存錢筒，也可以是網路銀行帳戶。例子像是「買自行車」、「買遊戲機」、「做生意」、「捐款」等。這也教會他們遞延消費和預算的觀念。

像成年人一樣談錢

作為成年人，有時候有必要向孩子隱藏實際的財務狀況。根據我們的經驗，和孩子談論在金錢的取得和面對的挑戰，會幫助他們理解和同情成年人賺錢不容易的事實。此外，還能幫助孩子養成良好的理財習慣和積極的理財心態。

第 10 週：課程和行動方案

第 10 週的五節課

- 完整的保險和遺產規畫是財務未來的重要一步。透過適當的步驟並尋求專業諮詢，可以制定完整的計畫，以確保家人的生活並保障資產。
- 雖然過程很複雜，但關鍵是一次專注於一件事。請記住，財富累積就像行政事務一樣日積月累。
- 雖然難以啟齒也難以接受，但沒人能保證明天一定會到來。即使真的到了明天，也可能發生意想不到的事情，所以今天永遠是行動的最佳時機。
- 創造世代財富的一個關鍵是培養精通財務的孩子，讓他們長出足夠強壯的翅膀自己飛翔，累積自己的財富，還有你託付給他們的東西。
- 最後請記住，我們都在經歷生命的體驗，無法帶走任何東西。為了豐富生命，我們需要活在當下，以及留下有價值的遺產，並在轉移給下一代之間取得平衡，而不是拿去繳稅。

第十週的五個具體行動

- 查看保單的保障範圍，找出需要加強的地方。請按照上述步驟，今天就去做。
- 請朋友和家人推薦，或從網路上找到擅長遺產規畫的律師或事務所，才不會拖延完成這些事情，也會幫助你開啟本週所討論的領域（例如信託和遺囑）。
- 如果還沒寫遺囑，請開始處理。如果有伴侶，請在理財日的討論中強調這一點，並表達你的願望。如果情況比較複雜，請諮詢律師。然後，從你的父母開始，並將知識傳授給你的兄弟姊妹。

- 取得一份持久授權書[16]，如果您的父母有授權書，請與他們討論這件事。
- 為了培養精通財務的下一代，請從以上我們建議的實用方法中，決定優先要做的事項。

---

[16] 同註 13。

結語

由衷感謝你們與我們一起度過這十週的追夢旅程。

財富喜悅不是目的——而是每個人都做得到的一種行為，是一種文化，而且會讓生活過得更好。每個人都能兼顧財富和幸福，就是現在，不是以後。就從今天開始建立屬於自己的財富喜悅生活吧。只要真誠面對，理性溝通，建立充滿目標的生活時，這段旅程就是你專屬的，而不是大家的。記住，永保慈悲、感恩，與他人同行。

由於上帝的恩典讓我們有機會寫這本書。希望本書幫助你找到方向，給你和你的家人，以及未來世代祝福。並將它傳播出去。

愛你們的肯恩與瑪麗 ❤

有用的資源

「普通人的小錢」（The Humble Penny）

部落格：www.thehumblepenny.com

YouTube：www.youtube.com/thehumblepenny

Instagram：www.instagram.com/thehumblepenny

抖音：www.tiktok.com/@thehumblepenny

推持／X：www.twitter.com/thehumblepenny

臉書：www.facebook.com/thehumblepenny

LinkedIn（瑪麗）：www.linkedin.com/in/mary-okoroafor

LinkedIn（肯恩）：www.linkedin.com/in/ken-okoroafor/

電子郵件信箱：Book@thehumblepenny.com

「財富喜悅學院」（The Financial Joy Academy）

實現財富自由的追夢者會員社區。

網址：www.FinancialJoyAcademy.com

Instagram：www.instagram.com/financialjoyacademy

第六週

債務公益機構

StepChange（英國的債務管理組織）網址：www.stepchange.org/

基督徒反貧困組織（CAP）網址：www.capuk.org/

公民諮詢網址：www.citizensadvice.org.uk/

編按：在台灣，依據《消費者債務清理條例》，法律扶助基金會各駐點由諮詢律師提供諮詢服務。參見網址：https://www.laf.org.tw/

第七週

著名的指數基金和 ETF 業者

先鋒網址：www.vanguardinvestor.co.uk

貝萊德的 iShares 網址：www.ishares.com/uk/

晨星搜尋和研究指數基金和 ETF 網址：www.morningstar.co.uk/uk

| 謝辭 |

感謝上帝讓我們有機會寫這本書。我們知道，如果沒有祢的祝福和青睞，這是不可能的。願我們雙手的工作繼續為祢帶來榮耀。

肯恩：

我慈愛的父母，歐伯祖魯・肯恩・奧科羅福爾博士和歐珀菲・史黛拉・奧科羅福爾夫人。感謝你們為我承擔風險和犧牲，教會了我所知道的一切。你們一直都在，幫助我、相信我可以取得任何成就。即使已經六七十歲，仍然充滿勇氣、勤奮和道德，享受生活並且持續激勵我。謝謝你們的愛和祝福。

對我的兄弟姊妹——珍妮佛、帕梅拉和金斯利：我們一起經歷了這麼多，並且一路走了過來。如果沒有共同分享的所有經驗和彼此照應，這本書就不可能完成。謝謝你們相信我，並一直陪伴著我和家人。我愛你們所有人，願我們永遠像一家人一樣團結在一起。

瑪麗：

我衷心感謝我慈愛的父母，馬修・奧巴迪納先生和瑪蒂娜・奧巴迪納夫人，他們堅定不移地支持、鼓勵、無私的愛和祈禱，塑造了我這段旅程。感謝你們總是提醒我把上帝放在首位，感謝你們相信我，也感謝你們所做的所有犧牲。我永遠感激不盡。

對我的兄弟姊妹——法米歐拉、安迪、安德魯和休拉，沒有你們對我的影響，這本書就無法完成。我觀察、學習並受益於你們的成功，以及顛簸的人生道路上所展現的智慧。你們的錯誤成為我的教訓，你們的勝利激發了我的抱負。感謝你們的愛與支持。永遠愛你們。

對於我們的大家庭和親朋好友，言語無法表達我們對你們的愛。感謝你們一路走來的支持，細讀並為本書提供許多回饋和想法。也感謝你們以實際行動表達對我們的愛，例如在我們迫切需要的時候提供托兒服務。沒有這些情誼，我們的生活不會像現在一樣。

　　致我們的編輯艾米麗・阿爾比斯，你是如此特別，與你合作非常愉快，想到我們做得如此出色，心中無限溫暖。在一同工作的過程中，你自始至終鼓勵我們，並超越了我們。我們一起歡笑，一起為我們創造的東西感到自豪。不會有比你更好的編輯了。非常感謝。

　　致我們的經紀人奧斯卡・詹森—史密斯，我們很榮幸能與你合作完成這本書。你十分真誠，充滿了有趣的想法，並且一直為我們著想。我們感謝你對事情保密的承諾。感謝你為我們著想，並已經在考慮我們未來的計畫。我們珍惜每一次和你的對話。

　　致書籍封面設計師安娜・莫里森——每次看到這本精心設計的書籍封面時，都會心一笑，因為你呈現了我們想要的樣子，即一本權威的理財書，拿著和看起來很舒服，並且與眾不同。本書封面就像一扇美麗的前門。感謝你為本書的創作。

　　致插畫家羅伯特・勃蘭特，首頁和整本書的插圖令人賞心悅目。你完美地捕捉到了人們在看這些插圖時想要看到的本質，簡單而充滿力量。我們非常喜歡，除了安娜設計的封面之外，我們也把所有的插圖作為家中的藝術品裝裱起來。感謝你的耐心，打造出我們想要的插圖。

　　致文案編輯麗莎・休斯，在本書之前，我們一直不太理解文案編輯的作用，直到收到你對文稿的意見，我們才恍然大悟。你從讀者的角度考慮了我們思慮不周的一面，確保內容是在沒有假設、沒有模稜兩可或複雜語言下充分反映我們的想法。我們對你充滿感激與感謝。

　　致宣傳經理艾蜜莉・佩田思，我們仍然記得參觀你位於倫敦的辦公室，一起慶祝這本書後，你還拿出筆記型電腦，上面寫著你的公關意見。你的想

法和努力讓我們印象深刻，你的公關意見和工作讓我們和本書有了知名度。感謝你持續本書的宣傳，並始終讓我們了解最新進度。

　　致行銷經理夏洛特・基爾，感謝你與艾蜜莉・佩田思合作，將我們的書呈現在廣大讀者面前。從行銷到社交媒體和其他媒體平台上推廣本書的活動，無所不包。我們感謝你的創新、想法和努力。

　　最後，獻給你，讀這本書的追夢者。感謝你拿起這本書並遵循我們的十週計畫。如果沒有像你這樣的人支持我們，閱讀我們的部落格，觀看我們的視頻、播客等，我們的工作和社群就不會存在。總之，這份工作讓我們重新定義了生活目標。我們從心底裡深深地感謝你們。

| 作者簡介 |

肯恩・奧科羅福爾和瑪麗・奧科羅福爾是一對夫婦，他們在34歲時實現了財務獨立，100%無債務，還清了38萬英鎊的房貸。他們是「普通人的小錢」（The Humble Penny）和「財富喜悅學院」（The Financial Joy Academy）的創辦人，目標是幫助他人實現財務獨立。肯恩是第一代移民、特許會計師、企管碩士，曾任公司財務長。瑪麗出生在倫敦，父母是奈及利亞移民。他們和兩個孩子現居英格蘭東南部。

網址：www.thehumblepenny.com
電子郵件信箱：Book@thehumblepenny.com
社群 @TheHumblePenny

關注：

| YouTube | Instagram | TikTok | Facebook |

加入「財富喜悅學院」，這是一個追夢者組成的會員社群，目標是追求財富自由。

https://FinancialJoyAcademy.com

財富喜悅

作者	肯恩和瑪麗・奧科羅福爾
譯者	唐傑克
商周集團執行長	郭奕伶

商業周刊出版部

責任編輯	林雲
編輯協力	楊靜嫻
封面設計	bert
內頁排版	中原造像
出版發行	城邦文化事業股份有限公司-商業周刊
地址	115 台北市南港區昆陽街 16 號 6 樓
	電話：(02) 2505-6789　傳真：(02) 2503-6399
讀者服務專線	(02) 2510-8888
商周集團網站服務信箱	mailbox@bwnet.com.tw
劃撥帳號	50003033
戶名	英屬蓋曼群島商家庭傳媒股份有限公司城邦分公司
網站	www.businessweekly.com.tw
香港發行所	城邦（香港）出版集團有限公司
	香港九龍九龍城土瓜灣道 86 號順聯工業大廈 6 樓 A 室
	電話：(852) 2508-6231　傳真：(852) 2578-9337
	E-mail：hkcite@biznetvigator.com
製版印刷	中原造像股份有限公司
總經銷	聯合發行股份有限公司 電話：(02)2917-8022
初版 1 刷	2025 年 3 月
定價	450 元
ISBN	978-626-7678-11-4（平裝）
EISBN	9786267678107（EPUB）／9786267678091（PDF）

Copyright © 2024 Ken Okoroafor and Mary Okoroafor
Published by arrangement with Quercus Editions Ltd, through The Grayhawk Agency.
Complex Chinese translation copyright © 2025 by Business Weekly, a Division of Cite Publishing Ltd. ALL RIGHTS RESERVED

版權所有・翻印必究
Printed in Taiwan（本書如有缺頁、破損或裝訂錯誤，請寄回更換）
商標聲明：本書所提之各項產品，其權利屬各該公司所有。

國家圖書館出版品預行編目(CIP)資料

財富喜悅 / 肯恩．奧科羅福爾 (Ken Okoroafor), 瑪麗．奧科羅福爾 (Mary Okoroafor) 著 ; 唐祖蔭譯 . -- 初版 . -- 臺北市 : 城邦文化事業股份有限公司商業周刊, 2025.03
336 面 ; 17 × 22 公分
譯自 : Financial joy : banish debt, grow your money and live joyfully in 10 weeks
ISBN 978-626-7678-11-4(平裝)

1.CST: 個人理財 2.CST: 財務管理